DUI WAI HANYU JIAOXUE DE
YUYAN CESHI

对外汉语教学的语言测试

张林林 编著

广东高等教育出版社

广州

图书在版编目（CIP）数据

对外汉语教学的语言测试/张林林编著.—广州：广东高等教育出版社，2013.6
ISBN 978-7-5361-4873-4

Ⅰ.①对… Ⅱ.①张… Ⅲ.①汉语-对外汉语教学-水平考试-教学参考资料 Ⅳ.①H195

中国版本图书馆CIP数据核字（2013）第074886号

广东高等教育出版社出版发行
（地址：广州市天河区林和西横路）
邮政编码：510500　电话：(020)87557232
广州市穗彩彩印厂印刷
890毫米×1 240毫米　32开本　8.875印张　230千字
2013年6月第1版　2013年6月第1次印刷
印数：1~2 000册
定价：20.00元

目 录

第一章　中国传统的考试制度 …………………………… (1)
　　第一节　中国传统考试的发生和发展 ………………… (1)
　　第二节　语言测试与传统考试的区别 ………………… (7)
第二章　语言测试的基本概念和基本原则 ……………… (9)
　　第一节　语言测试的基本概念 ………………………… (9)
　　第二节　语言测试的基本原则 ………………………… (14)
　　第三节　语言测试的理论依据 ………………………… (16)
第三章　语言测试的种类和功能 ………………………… (28)
　　第一节　语言测试的种类 ……………………………… (28)
　　第二节　语言测试的功能 ……………………………… (38)
第四章　语言测试的规范 ………………………………… (40)
　　第一节　语言测试规范的性质 ………………………… (40)
　　第二节　语言测试规范的内容 ………………………… (41)
第五章　试题的类型、特征及其设计 …………………… (53)
　　第一节　选择答案类试题 ……………………………… (53)
　　第二节　非选择答案类试题 …………………………… (79)
　　第三节　试题的属性特征 ……………………………… (119)
第六章　语言要素的测试 ………………………………… (122)
　　第一节　词汇测试 ……………………………………… (122)
　　第二节　语法测试 ……………………………………… (132)

第七章　语言技能的测试 ……………………………（140）
第一节　听力测试 ……………………………………（141）
第二节　口语测试 ……………………………………（152）
第三节　阅读测试 ……………………………………（175）
第四节　写作测试 ……………………………………（195）

第八章　试卷设计与施考事项 ……………………（223）
第一节　试卷设计 ……………………………………（223）
第二节　施考事项 ……………………………………（226）

第九章　测试质量的分析 …………………………（228）
第一节　效度 …………………………………………（228）
第二节　信度 …………………………………………（240）
第三节　难易度 ………………………………………（248）
第四节　区分度 ………………………………………（250）
第五节　选择项分析 …………………………………（254）

第十章　成绩、常模与等值 ………………………（260）
第一节　成绩分析的基本概念 ………………………（260）
第二节　成绩分析的类型 ……………………………（264）
第三节　成绩分析 ……………………………………（265）

参考文献 ……………………………………………（276）

后记 …………………………………………………（279）

第一章 中国传统的考试制度

第一节 中国传统考试的发生和发展

测试,通俗地说就是我们平常所说的考试。我国是考试的故乡。孙中山先生在《五权宪法》中写道:"现在各国的考试制度,差不多都是学英国的。穷流溯源,英国的考试制度,原来还是从我们中国学过去的。"19世纪时,有一位美国人在谈到考试制度时说过这样的话:"中国现在的政治有一点使我们很感兴趣……就是文官必先经过考试及格取得学问上的资格,而后始能任职。在纠正恶习这一点上,中国人是走在我们前面了。同样,中国社会上都非常重视教育,也走在我们的前面。"[1]

运用精确的测量手段测试学习能力和学习成果,这不是我们的首创,但提出这种形式并把它制度化,这应该是我们中国人的发明。

现在,人们一提到科举考试总是首先想到隋唐时代的科举考试,其实,作为一种考核、选拔的手段,作为完整的教育中的一个环节,考试在西周时期就已经存在。

据《史记·五帝本纪》记载,尧考察继承人舜,把自己的两个女儿许配给舜,"以观其内",指派九个男子与舜共事,"以

---

[1] 邓嗣禹:《中国考试制度史》,431页,台北:台湾学生书局,1982。

观其外",并且以五典考察其德,以百官考察其能。① 原始社会后期的部落首领是由民主选举产生的。因此,我们完全有理由说,考核、考试的产生是顺应了一种社会需要。

考核、考试产生的另一种社会需要是学校教育。我国西周时期就有比较完备的学校教育制度,对入学年龄、各阶段的学习内容以及相应的考核标准都有明确的规定。贵族儿童6~9岁在家学习简单的数字,学习方位、处所、顺序概念的表达;10岁入学,在学校寄宿,学习书写、记数、音乐、舞蹈等;从13岁开始,学习礼、乐、射、御;② 20岁行冠礼,开始学礼制、仪节和行为道德规范等。当时不仅有分门别类的学习内容,而且还有明确的考核要求。如射、御作为两种基本的军事技能训练,都分别有白矢、参连、剡注、襄尺、井仪以及鸣和鸾、逐水曲、过君表、舞交衢、逐禽左等具体考核指标。③ 西周时期的考试无论是在考试功能上还是在考试类型上,都对后来的考试制度产生了深

---

① 《史记·五帝本纪》"乃以二女妻舜以观其内,使九男与处以观其外。""试舜五典百官,皆治"。五典,又称五教,即父义、母慈、兄友、弟恭、子孝;百官,即众官职官位;试百官,意即考察其在各个岗位上的能力。

② 礼,是政治伦理,包括奴隶社会的宗法等级世袭制度、道德规范和礼节。乐,是综合艺术,主要指六代乐舞,包括黄帝时代的"云门"、尧时代的"大章"、舜时代的"大韶"、夏时代的"大夏"、商时代的"大镬,同音字"、西周时代的"大武"。"云门"、"大章"、"大韶"和"大夏"是文舞,"大镬,同音字"和"大武"是武舞。射,即射箭,御,指驾御战车,二者都是军事技能。

③ 白矢等五项是射箭技艺的考核指标。白矢,考核射箭者的臂力,要求箭穿透靶子;参连,考核射箭者的连发速度,要求射箭者能连发四箭;剡注,考核所射箭头是否锋利,箭靶上的箭头是否朝下;襄尺,考核射箭者能否礼让,君臣同射,为臣者应该后退一尺;井仪,考核射箭者箭法是否精准,所射四箭能否排成"井"字状。鸣和鸾等五项是驾御战车技艺的考核指标。鸣和鸾,要求御者能使和与鸾这两种装饰铃有节奏地共鸣;逐水曲,要求御者沿着曲折的河道奔驰而不颠簸;过君表,要求御者进辕门时不碰到石磴;舞交衢,要求御者能在十字路口轻盈地来往穿梭;逐禽左,要求御者驾车追赶禽兽时能使禽兽都往左边跑,以便君主射杀。周礼规定,君主田猎,自左方射之。

远的影响，打下了深深的烙印。

秦代的官学叫学室，在学校教育方面有两点比较突出：一是明习法令；二是识字写字。秦代以"以吏为师"、"以法为教"的"吏师"制度的目的在于选拔刀笔小吏，因此，所考法律、书写、诵书等都与刀笔小吏的工作息息相关。

汉代"独尊儒术"，兴办太学。汉代太学既是当时的最高学府，又是考试的最高主管机关。汉代太学考试的目的有二：一是通过考试选拔人才，充实官吏队伍；二是激发学生学习儒家经典的兴趣。

魏晋南北朝时期是学校教育走向衰落，而学校教育的考试制度，具体地说，就是太学考试制度逐步健全的时期。魏晋伊始，虽然曹操提出过"唯才是举，以备录用"的用人政策，不拘一格选任贤才，但曹丕即位后听从了吏部尚书陈群的建议，推行"九品中正官人法"。九品中正官人法也叫九品中正制，具体做法：①设置中正：郡置小中正官，州置大中正官；由司徒选择"贤有识鉴"的现任朝廷官员兼任其原籍的郡小中正或州大中正。②品第人物：中正官员负责察访与之同籍的士人，了解其家世源流，整理其德才表现材料，做出总的评价。"家世"谓之"品"，"德才"谓之"状"。中正官根据其品状定其等第。等第分为九品：上上、上中、上下、中上、中中、中下、下上、下中、下下。③按品授官：中正官将品第人士的材料定期造册上报司徒府，司徒核定上报尚书录用。一般来说，品第高者任高官，品第低者任卑职。

南北朝后期的察举制已经孕育着国家设科招考和自由报考的分科考试制度，科举考试制度已经呼之欲出了。

隋朝初年，虽然也实行过九品中正制，但隋文帝很快废除了这种制度，把选官任人的权力集中到朝廷的吏部。一般认为，隋炀帝创设进士科标志着科举考试制度的正式产生。

科举考试制度，无论是从政治上，还是从技术操作的层面上看，是古代选士制度的分水岭，也可以视为古代选士制度的一次重大改革。从政治层面上看，科举考试把录取、任用权完全由中央掌控，限制了门阀士族把持选士的局面，为庶族地主参政开辟了道路，扩大巩固了统治阶级的基础；从技术操作层面上看，科举考试把以察举为主改为以考试为主，所谓声名德望不再是主要依据，使轻门第、重才学、任人唯贤的选士工作有了相对客观的标准。

唐代的科举考试制度日趋完善，常设的科目有进士、秀才等几十种之多，还增设了不少考试科目。唐代的考试方法也有所发展，常用的方法有帖经、墨义、策问、诗赋和口试等。唐代的考试在程序上也有变化，考生先得经过省试，即尚书省礼部试，礼部考试通过了算是有了"出身"，但还不能得到官职，还得参加吏部试。

相对而言，唐是盛世，经济发达，政治开明，唐代的科举进步不小，相对较为合理，与前代相比有几点明显的不同：一是将选拔士子的权力牢牢控制在中央，中央集权的措施使庶族参政的欲望得以实现，这样的措施强化了统治集团的社会基础；二是把读书、应考、做官获禄三者结合得更为紧密，使得士子认为这是读书人的不二法门；三是继续改变只重品行、门第，忽视知识才能的选士标准。它使得考试本为一项与学校教育相联系的评价手段变为了一项巩固统治、驯服臣民的政治措施。

宋代的科举考试基本上是沿袭唐制，但也有一些变化。这首先表现在考试科目的设立和考试内容上。宋代沿用了前代的许多科目，也开了如制科、词科、绘画试等新的科目。制科是皇帝亲自策问的考试，考试内容由皇帝临时确定，当时人们称之为"大科"，为众科之首。北宋的兴学和科举考试改革几起几落，都有一个共同的特征，即坚持把学校教育与科举考试制度结合起来，坚持育才是取才的前提条件这样一个观念。

元代的科举考试一开始就颇费周折。元朝统治者把人分为四等，科举考试的有关规定与考生所属等级有联系。如蒙古人属于第一等，色目人属于第二等，蒙古人和色目人参加科举考试只需考两场。汉人属于第三等，南人①属于第四等，汉人和南人参加科举考试必须考三场。蒙古人、色目人参加汉人、南人的考试，虽也考三场，若被录取，所授官级可比汉人高一等级。可见，元代的科举考试充满着民族歧视。

明清大抵实行荐举和科举两种方式，但实际上执行的是以科举为主的选拔人才的制度。明清时期的科举考试分为四个步骤：第一步是"童试"，由州、县长官主考，通过者为"生员"，俗称秀才。真正意义上的科举考试是从第二步乡试开始的。乡试是省一级考试，每三年举行一次。第三步是会试，会试是中央级的考试，乡试后的第二年二月在京城举行。皇帝钦点考官，由礼部主持。第四步是廷试，也叫殿试，殿试不是选拔考试，由皇帝亲自主持。殿试只考策问，考生必须当场作答。殿试考中称甲榜、甲科。

中国传统的科举考试作为一种制度，从隋唐算起至结束1 300多年。鸦片战争之后，一些有先进思想的知识分子从中国处处落后、动辄挨打的现状中，看到了中国缺乏经世致用的人才，看出了科举考试取士的弊端，呼吁开办新式学堂，废除科举考试制度，提出了改革的主张。

清末科举考试制度的改革是分三步走的。第一步是改革科举考试的内容。康有为等人在《公车上书》中第一次向光绪皇帝提出废除八股文的请求，戊戌变法时清朝采纳这些意见，下诏废除八股文取士制度，规定童试、乡试、会试一律改试策论。戊戌

---

① 南人，指长江以南的汉人。

变法后，八股文一度复活，1901年清朝廷第二次明令废除八股取士，改试策论。第二步，压缩科举取士的名额。光绪二十七年（1901）起张之洞等人先后提出递减科举取士名额，以学堂生员补充的建议。第三步，直接提出废除科举考试制度。科举考试不废除，对学生有很大影响。袁世凯、赵尔巽、张之洞等人奏请停止科举，兴办新式学堂。他们认为"科举不停，学校不广，士心既莫能坚定，民智复无由大开，求其进化日新也难矣"。迫于形势，清朝于光绪三十一年（1905）宣布停止科举考试，宣告了中国古代考试制度的终结。

从我国考试制度的发生、发展来看，往往是由一个良好的愿望发端，在实施的过程中，或是由于制度本身的先天不足，或是由于执行者的居心叵测，结果总不外乎是异化严重，流弊频出。西汉确定的太学考试制度和察举制度、魏晋南北朝时期的九品中正制，这些对政治和文化教育事业都起到过积极的作用，为古代考试制度积累了丰富的经验。但察举权多操纵于诸侯王、公卿之手，推荐也只重声名不重才行，所察举之人未必是真正的人才。

隋唐创立的分科考试取士的科举考试制度，一开始也起过进步作用，较好地解决了中央集权和调动地方、个人积极性的矛盾。但是，科举制度将读书、应考、做官三件有联系的事情以唯一的目的关系把它们串联起来，导致了科举考试控制教育，学校变成了科举考试的培训机构。

科举考试制度逐步建立起来的一套从内容到形式的范式，最初可以起到强化考试客观性和标准化的作用，但最终出现的是毫无生机的八股文和试帖诗。尤其是考试内容不能与时俱进，出现了重文轻理，所培养的人才可以坐而论道，但不能经世致用。我们不能简单地把中国近代社会与工业文明、科学技术、社会经济生活格格不入，全部归咎于科举考试制度，但那种局面的形成与长期实行科举考试不无关系。

第二节 语言测试与传统考试的区别

语言测试与传统的考试虽然有着千丝万缕的联系，但作为一种评价方式，语言测试与传统考试有以下几个方面的不同：

第一，从评价性质上看，传统考试是一种主观评价，即便是明清时期发展比较成熟的八股文、试帖诗在客观性和标准化方面已见端倪，但从根本上看，还是主观的。评判官认为好，皇帝喜欢，那就是好。

现代语言测试是运用数学手段的科学测量。运用数学手段是要走出经验科学，通过量化，使其走进经典科学的殿堂。科学上的量化有两个好处：一是使测试趋于稳定，二是用量化的形式使结果更准确。手段、工具的科学保证了测试的客观性。

第二，从目的来看，传统考试，尤其是古代的科举考试，其目的是单一的，就是取士。考试所呈现出来的所有信息仅仅把它作为选拔的依据之一。

现代语言测试的目的是多元的。我们可以把通过测试得到的信息作为选拔的某种依据，可以作为评价学习者能力的依据，也可以作为判断学习者对某种语言知识掌握程度的依据，还可以作为调整教学内容、教学目标、教学手段等的参考系数。简而言之，现代语言测试得到的信息可以用于与教学相关的研究、实验、反馈、诊断以及选拔等许多方面。

第三，从对这两种评价方式自身的价值判断上看，传统考试由于目的单一化，从某种意义上说，是为考试而考试，把评价视为一种孤立现象。

现代语言测试把它作为与学习相关的整个系统工程中的一个环节。如水平测试可以作为评价教学目标是否达到的依据，可以作为语言能力等级判定的依据。传统把它作为一种目的，现代语言测试则把它看成是一种手段,一个与目的相关的环节。

  第四,从所使用的题型来看,传统考试由于是一种主观评价,因此所使用的题目也大多是主观题,如科举考试的八股文、试帖诗以及后来的作文、古文翻译,开放性非常强。现代语言测试使用了大量的单项选择、多项选择等客观性题目。

第二章 语言测试的基本概念和基本原则

第一节 语言测试的基本概念

语言测试是语言教学的必要环节,也是对语言教学效果的一种评估手段。教授语言的教师,无论是教授母语的,还是教授第二语言的,作为教学过程的后续环节,在完成计划的教学任务后,往往要进行单元测验,或期中考试,或期末考试。这些测验或考试都是语言测试。

语文教学和研究、语言教学和研究,包括第二语言的教学和研究都与语言测试有着密切的联系,但是,语言测试与语文教学和研究、语言教学和研究并不是"孪生姐妹"。人们对语言测试的认识有一个逐步深化的过程,对这个概念以及这个概念所代表的方法有一个从不自觉到自觉,从被动使用到积极利用,从主观感知到科学认知的过程,这在对外汉语教学的语言测试的发展上表现得尤为充分。半个世纪来,人们在对外汉语教学中运用语言测试的实践中,使语言测试作为一种必要的教学环节在逐步发展和不断成熟起来,对语言测试价值的认识也在逐步加深,它的作用在逐步显现出来。

在语言测试学科中,测量(measurement)、测试(testing)、评价(evaluation),这几个概念经常用到,它们有相同之处,都是指对对象的评说,但又有所区别。

测量是用量化的方法描写事物本身具有的数量属性特征的过程;语言测量的目的是获得量化信息,通过量化信息来判断被测试者与语言相关的某一属性程度的手段或过程。

测量是一种观察事物数量属性特征的手段和方法,但在具体使用时有所不同。有些事物其数量特征是显性的,我们可以直接观测到,比如A4纸的数量特征是210 mm×297 mm,我们只要用标准的量具就可以测定。对这些具有显性数量特征的事物进行测量属于客观测量。而有些事物的数量特征是隐性的,一般不能一眼就看出。如果我们要了解其数量方面的属性特征,就得通过对与其数量特征密切相关的现象、表征的考察来推论其数量上的属性特征。我们之所以能够通过相关的现象或表征来揭示事物的某些属性特征,是因为事物的内在属性不是孤立的,它们总是相互联系,相互依存,相互制约的,人们语言能力方面的数量属性特征就属于这种类型。我们可以通过人们在交际过程中的具体表现,用一种量化的方法把人们在使用语言过程中能力上的程度差异,用量化的方式把它描写出来。通过不同的具体表现推断他们在语言运用上的程度差异,这样的测量相对前者而言多少带有一定的主观性。

测量作为描写事物数量属性特征的一种方法包含着三个要素:

首先,被测量的事物是可以通过特定的手段观察的,即便是隐性的,也可以通过相关的现象推论出来。人们的语言能力虽然是在动态交际中才呈现出来,但语言能力有程度上的差异是不可置疑的。这种差异会在言语交际中不自觉地流露出来。假如某一事物是不可观察的,那么,测量也将无法进行。

其次,被测量事物的属性特征可以从量化的角度进行描写,可以将它的属性特征转化为量化信息。这里所说的可以进行量化描写包含着两个层面的含义:一是指事物的属性特征本身存在着转化为量化信息的可能性。比如某受试的测试作文语句通顺规范，层次清晰，老师根据评分标准给了 90 分；另一受试的测试作文频频发生语病，或是搭配不当，或是不合汉语的用语习惯，老师按照评分标准给了 65 分。90 分与 65 分这两个数据是上述两位受试在写作能力上的数量特征，是他们程度差异的量化形式。另一层含义是我们能够将其量化，并且对这些量化信息进行分析，解释造成这样的数量差异的原因。我们还能够对这些量化信息进行推测，对这些量化信息进行前瞻性的解读。

再次，测量的客观性。客观性是测量的"立身之本"，这与前面提到的客观测量和带有主观性的测量不是同一概念。无论是前面所说的客观测量，还是带有主观性的测量都必须具有客观性。测量的客观性是针对测量的方法和规则而言的，是指测量过程中所采用的方法、所依据的规则，都必须摒除个人的主观价值判断，或者说所有的价值判断都必须统一到一个标准上来，对所有的受试用同一个标准。客观性是测量的基础，是测量结论可靠的保证，它直接影响到结论的可靠性。客观性越高，其结论的可靠性就越高，反之就越低，偏差就越大。

客观性的高低来源于标准的统一和对标准的认可。统一标准就是统一尺度，只有在统一尺度下才有可能得到同一的结论。对语言能力的判断从本质上说是一种个人的价值判断，绝对的一致是没有的。比如对某受试口语能力的判断，甲老师听后把他定在某等级上；乙老师可能把他定在另一等级上，等级上的差异可能是细微的，也可能是巨大的。这是很可能发生的事，因为甲老师可能是从口语表达的流畅性角度加以考察，而乙老师则从语音的标准角度加以评判，角度的不同势必造成结果的误差。对标准的认可程度上的差异也会造成评判结果的误差。同样是从表达流畅性的角度加以评判，对标准掌握的宽松严紧也会造成结果的不同。从这一点来看，测量的标准尺度不仅仅是一个制定标准的问题，同时也是一个执行标准的问题，二者不可偏废。

测试是对行为样本所做的客观的标准化的测量。测试作为一种对事物属性特征进行量化描写的方法或过程，应该具备以下三个要件：

首先是行为样本的典型性。测试作为一种描写事物属性特征的方法或过程，它不需要，也不可能对设计范围内的所有个体进行穷尽式的描写，它只是选取一些个体进行描写。所选取的个体必须具有典型性，个体所具有的特点就是这一类事物的特点。样本的典型性对测试的有效性有着直接的影响。

语言作为交际工具，它直接做功于言语交际活动，存在于言语交际活动之中，人们语言的不同能力体现在不同交际场合、谈及不同话题、对不同交际对象、运用不同语言形式、实现不同交际目的的言语交际活动中。简而言之，不同的交际因素会运用到不同的语言能力，所以，不同的言语交际样本会反映不同的语言能力。因此，我们所进行的语言测试必须有着明确目的，所抽取的样本应该与我们的测试目的相吻合，应该能充分反映出语言使用者特定的语言能力，这也就是说样本应该具有典型性。

样本的典型性是一个看似简单、操作起来却十分复杂的问题。这种复杂性表现在以下几个方面：一是言语交际是一种有多种因素参与的综合性活动，是诸多因素共同作用的结果，我们有时会一时难以判定哪些因素包含在其中；二是哪些因素在起着主要作用，哪些因素起着次要作用，我们也无法判定。从这个意义上说，选择行为样本的过程就是一个甄别、确定典型性的过程。

其次是测试的客观性。这里所说的测试的客观性总的来说是指测试要与客观实际相符合，具体有以下含义：一是测试的项目应该与受试的实际水平相符合，难度应该定在一个符合受试实际的水平上，不能脱离实际地过高或过低，只有把难度确定在一个符合受试的水平上，才能把受试实际水平的差异展现出来；二是测试的结果是真实有效的，测试结果与实际的情况相吻合，是受试语言能力差异的投射。

再次是测试的规范化和标准化。测试的规范化是指整个测试过程必须是规范的，必须按照科学的程序要求操作，程序正义是科学规范的保证。标准化主要是指要科学地设计测试项目、科学地制定评价标准、科学地解读测试结果。测试的目的之一是找出个体之间的差异所在，找出差异的基本方法就是比较，比较的基本保证是个体之间应该具有可比性，而个体之间所具有的可比性来自提取比较素材过程的规范化和标准化。

评价是为决策而系统地收集信息，通过对收集到的信息的解读和分析对对象进行评述。评价对信息的要求很高，强调所收集信息的系统性，信息的真实与否、典型与否、系统与否，都会影响到评价的准确、科学、客观。评价对收集信息的手段无所限制，在收集过程中不限于使用那些定量的量化手段，也可以运用面晤、观察等定性手段。评价可以是对对象的定性的表述，如我们可以说某位学生他的汉语听力能力较强，但是他的书面表达能力比较差，写的作文语病较多，错别字连篇；也可以是对对象的程度特征进行量化表述，如某位同学的汉语听力测试每次总排在全年级的前三名等。

这三个概念之间存在着两种关系。一种是上下位的包含关系。如测试在多数情况下是通过量化指标（分数、等级）来解释或区分受试的语言行为，这实际上是一种具体的测量。当然，测量也不限用于测试这一种形式上，还可以施用于不同的目的和不同的对象。另一种关系是部分重叠交叉关系。如评价可以采用测量的方法，可以采用测试的方法，也可以采用其他定性描述的方法。

第二节　语言测试的基本原则

语言测试是一项科学的测量工作，它的设计、开发和实施都应该遵循一定的原则，以保证这项工作在科学的轨道上运行。这些原则也就是语言测试的重要属性。具体包括：

无论是语言测试的设计开发还是实施操作都必须做到语言测试的成绩与语言的实际用途相吻合。任何测试都是一项科学的严密细致的量化工作，科学其中的一个重要内涵就是努力追求与实际相符。测试成绩是能力、水平的真实反映，这些成绩应该与我们的后续工作相连接。

语言测试应该突显其有用性（usefulness）。根据巴克曼（Bachman）的说法，语言测试的有用性具体包括信度、效度、真实性、交互性、影响和可实践性。其中的信度、效度，我们将在后面"测试质量的分析"一章中详细介绍，这里只对真实性、交互性、影响和可实践性四种具体属性加以说明。

对语言测试真实性有两种不同的理解。一种认为，语言测试的真实性就是不通过语言中介表现就能测量受试的语言能力。这是一种良好的愿望，但实际上很难做到，因为从本质上说，语言能力表现在大脑神经活动过程之中，这一动态过程无法仅仅用几个测试项目就可以完成，从这个意义上说，我们所做的一切测试都是一种间接测试。还有一种看法认为，语言测试的真实性就是指与现实生活的相似程度。

我们认为，语言测试的真实性是指语言测试的内容应该与语言的实际使用吻合。这里的吻合有两层含义：一层是指测试内容是目的语中真实存在的，另一层其实也是一种要求，它要求所测的在实际使用中绝大多数人都是这样用的。这第二层含义非常重要，通俗地说，这一含义要求我们，不要拿语言运用中的"小概率事件"作为测试内容。以汉语为例,我们在使用现代汉语进行交际时,有时在特定场合与特定的人交流,为了表达的需要或者个人的用语习惯,会使用一些不是那么常用或全民性较弱的词语或用法。这些词语或用法不是简单地用规范不规范就可以解释的。它们在现代汉语的实际运用中是一种存在,但缺乏全民常用性,这从某种意义上来说就是一种不真实。无论是对外汉语的语言教学,还是对外汉语的语言测试,都应该避免使用这样的语料或试题。

语言测试的交互性是指测试工作涉及诸多方面,如会涉及测试的各类试题、测试时间、测试地点等,就测试内容而言,就可能涉及受试掌握的各类语言知识和技能,还会涉及测试试卷的评阅,等等。把这些涉及的因素做一个粗略的分析归纳,可以看出无非就是涉及两个方面,一个是主试一方,一个是受试一方,这也就是说语言测试是一个涉及两方面的工作,任何一方的消极或被动都会影响测试的质量,因此,两方面都要积极投入。这就是语言测试交互性的基本含义。语言测试的交互性从某种意义上说,是否积极投入是一个态度问题,但它不仅仅是一个主观上的态度问题,它涉及许多具体的问题,仅仅是态度上的积极,有时并不能保证一定兑现交互性,如绝大多数受试对某次测试态度十分认真,很想考一个好成绩,但是打开测试卷子,上面的题目都是平时没有接触过,日常交际中也很少用到的,这样,受试想参与其中也无法实现。因此,语言测试的设计者不仅仅是在主观上要求受试积极主动参与,更重要的是要使受试的积极参与成为可能,应该尽可能使受试在测试中充分展现出他所掌握的语言知识、所具备的语言技能和能力。从某种意义上说,语言测试不是测试某种单一的能力,而是测试由多种因素相互作用的、以语言能力为主导的一种关系,或者说,语言测试对这些相关因素都要有所关照。总之,语言测试的交互性关乎主观和客观两个方面。

影响指对社会、教育制度以及这个制度对个人的影响。影响可以分为宏观上的和微观上的。如教师普通话水平测试的涉及面较大，降低标准会间接影响到我们语文课的教学质量；对特定地区的特定人群不切实际地坚持所谓标准，就会伤及教师的切身利益，影响特定地区教师队伍的稳定。既然是测试，人们通常会赋予特定的测试以特定的价值，人们会把通过测试得到的某一方面的结果与某一目标挂起钩来，如是否能够毕业、能否获得学位、能否晋升等。可以说，影响是测试有用性的一个重要内容。

可实践性与其他几项属性不一样。信度、效度乃至于影响等都与测试的结果——分数有着程度不同的联系，而可实践性与分数不发生直接联系。可实践性指的是如何将测试付之于实施。任何一种语言测试工作，不仅涉及专业方面的知识，还会涉及与这项工作相关的人力、物力、财力以及时间、空间等因素。设计语言测试时要充分考虑到这项工作的可操作性。

第三节 语言测试的理论依据

一、语言测试的理论依据

任何一种方法总是基于对某一问题的某种认识，这种认识与某种方法有着直接的关联，这种认识就是与之自然关联的方法的理论依据。

语言测试是一门多学科交叉渗透的学科，它涉及语言学、教育测量学、应用语言学，等等，尤其是与第二语言教学、语言习得等有着密切的关系。对语言测试的认识、语言测试的设计与操作，与对语言、语言能力的认识有着极高的相关性。有的学者认为，"人们对语言测试的认识跟他们对语言规律的认识是一致的，也就是说，有什么样的语言观，就有什么样的语言测试观"[①]。语言测试的理论依据从本质上说是语言观的问题。

应该说，打从有了第二语言的教学就有了语言测试这一环节或者说类似的工作内容，但较早时候的语言测试，我们已无从考证。仅从现当代的第二语言教育发展史来看，语言测试经历了三个发展阶段，这三个阶段的语言测试分别与三种不同的理论相联系。

学术界一般把20世纪40年代以前的第二语言教学的语言测试叫作科学前语言测试（pre-scientific testing），也有人把这一时期的语言测试叫作经验—本体的语言测试。这个时期的语言学虽然较之以前有了很大的发展，但是，还没有彻底摆脱原子主义的束缚，还不自觉地接受着语文学的影响，对语言以及与语言相关的对象的分析还基本上停留在经验的层面上。

他们仍旧把语言视为一种知识的聚合。这样一种认知既体现在对语言的研究上，也体现在语言教学上。在语言研究上，认为语言是由语音、词汇、语法三个知识系统构成的，语言研究就是要解释这三个子系统是怎样构成的，语言本体的构成和一些静态的规律是语言研究的终极目标。在描写揭示语言构成时所使用的材料几乎都是书面语语料，自觉或不自觉地完全忽略了语言的表达。在语言教学上，着重展示语言这三个子系统是如何构成的，如现代汉语普通话的元音、辅音各有多少，声母、韵母、声调各有多少；词汇可以分为基本词汇和一般词汇，一般词汇中又可以再分为古语词、方言词、行业词、外来词，等等；语法包含着词法和句法两个子系统，词法系统可再细分为实词与虚词，实词又可分为核词与饰词，核词与饰词都可再细分，等等；还会讲授哪些用法是规范的，哪些用法不规范。正是由于语言研究、语言教

[①] 杨翼：《对外汉语教学的成绩测试》，31页，北京：北京大学出版社，2010。

学对语言本体的"情有独钟",对语言运用的漠不关心,所以,在语言测试上,把测试的内容主要集中在概念的识记和理解领会上,对语言的综合运用少有涉及。

20 世纪 40 年代之后,语言学界发生了翻天覆地的变化,结构主义思潮影响着整个社会科学领域,人们不再是原子主义地看待问题。人们在性质和构成元素上把语言看作一个由若干符号构成的相互联系的形式结构和符号系统。尤其是美国学派,在分析方法和技术上,提出了"发现程序"。结构主义的思潮和成果开启了第二语言教学、语言习得新的思路和方法。加之结构主义语言学接受了心理学行为主义的影响,认为人们学习语言就是要通过学习掌握运用这套规则的技能,从行为主义心理学的角度说,就是训练对刺激做出正确反应的行为习惯。在这样的学术背景下,带着这样的对语言和第二语言教学的认知,就出现了心理测量学—结构主义语言学的语言测试。

根据心理测量学—结构主义语言学的语言观,语言可以解读为语言技能和语言成分两个部分,语言技能指的是听、说、读、写的能力;语言成分是指构成语言这个符号系统的各类单位,如声母、韵母、音位等语音单位,语素、义项等词汇单位,主语、谓语等语法单位。语言是一个非常庞大的系统,我们要了解人们运用语言的能力,不可能对人们运用各类语言单位的技能一一考查,我们只能选择那些有代表性的项目加以考查,受试对这些代表性项目的回答反映了受试的语言能力。

心理测量学—结构主义语言学的语言测试较之较早前的科学前的语言测试除了语言观的截然不同外,在语言测试的具体内容上也有许多不同。最大的不同是科学的因素在增加,主观经验的因素在减少。比如这个时期出现的分立式测试,一题一个考点,多采用完形填空。其次是重视口语,重视口语表现在两个方面,一个是在教学中,把口语能力的考查摆在读写能力的考查之前,测试时给听说以应有的地位；另一个是重视口语材料，把原来只认可书面语改变为书面语和口语并重。这不是测试设计者对语料选择上个人的好恶，而是语言观上的价值判断，这种价值判断在昭示着第二语言教学开始对语言真实性原则的重视。

诚然，行为主义—结构主义语言学的出现、心理测量学—结构主义语言学的语言测试的出现并不可能一揽子解决语言学和语言测试当中的所有问题，有些旧的问题可能还依然存在，并且新的问题也会随之出现。如语言运用的情景问题依然没有得到应有的重视，许多测试项目还是名副其实的编制，而不是语言运用真实场景在语言测试项目里的再现。这也说明，语言真实性原则的真正落实还任重道远。

20世纪50年代后期，乔姆斯基的形式语法问世之后在对语言的理解上带来了不小的震动。乔姆斯基所说的语言能力和语言行为迫使我们对什么是语言这样的基本问题进行重新审视。虽然他所说的语言能力还只是一种抽象的能力，还不足以解释言语交际的全部行为，但这样一种对什么是语言的新的解读，使原先人们习惯性忽略的语言的表达问题从后台走到了前台，使人们认识到，语言交际不单单是单纯的语言能力问题，还有诸多与之相关的因素参与其中，这是一个不争的事实。不管是后来的韩礼德的社会文化功能，还是卡莱德的真实语境，无非都是在进一步强调语言的使用是一个动态交际过程，这样就出现了一个比语言能力更具概括力的语言交际能力。这样的语言观催生了一种新的语言测试——交际语言测试。

交际语言测试的理论依据是语言交际是一个语言知识、语言技能以及心理因素交织在一起，相互影响、相互制约、共同发生作用的动态过程。它与其他的语言测试最大的不同之处表现在两个方面。一个是交际因素、心理因素提到了应有的高度，这些因素的加入是认知上质的飞跃，因为它把言语交际还原为动态过程。我们之所以说它是一个质的飞跃，是因为我们以前的语言测试都不自觉地忽略了这个因素，导致我们所进行的测试大多在知识的考查上兜圈子，虽然也注意到了对能力的测量，但在对能力的认识上，我们并没有认识到语言能力是在言语交际动态过程中才能显现出来，所以表面看起来是在测试语言能力，实际是在检查运用时要使用到的知识。另一个是把言语交际中的各种因素视为一个整体。我们以前的认知中，或是忽略言语交际中某种因素的存在，或是把言语交际中的各种因素做一个泾渭分明的区分，"只见树木，不见森林"，其结果测试的还是语言知识而不是语言能力，因为语言能力从构成的角度看是一个综合体，它不是单质的。交际语言测试的属性特征，我们将在下面专门章节中介绍。

二、对语言能力的理解

语言测试的不同源于不同的理论依据，不同的理论依据具体说是源于对语言能力的不同理解。人们对语言和语言能力的认识有一个过程。随着认识的深入，人们对语言测试的认识也逐步深刻起来。人们的这一认识过程可以概括为三个方面的变化：从静态的知识走向动态的能力；从单纯的技能走向综合的能力；从能力的不可分走向能力的可分解。这既是对语言能力认识的三个变化，也是对语言能力的三种认识。

语言测试包括对语言学习能力的测试，或者说，语言测试是利用一些手段对受试的语言能力做出判断。语言测试与语言能力是密不可分的。对语言能力的认识，不同时期、不同学者，从不同的角度出发，观点、看法也就自然不同。

国外的语言测试领域对语言能力的研究是从20世纪60年代初拉多（Lado）发表《语言测试》开始的，主要出现了这样一些不同的看法。

（一）技能成分说

这一理论的倡导者主要是拉多。他应该是位虔诚的结构主义信徒，因为他注重语言行为的描写，不注重语言能力的解释；注重语言本体，不注重与语言有关的心理因素和社会因素；注重语言的个性，不注重语言间的共性。他接受了金斯纳行为主义心理学的主张，把刺激→反应作为语言能力技能成分说的理论基石，把心理测量学的方法作为语言测试的工具和技术手段。

拉多认为，语言是一种交际习惯系统，这种习惯系统涉及不同层面上语言单位形式、意义以及这些单位的分布，而语言的习得也与这三者的结合密切相关。

语言测试涉及两个变量：成分和技能。成分指语音、词汇以及这些元素的有意义的排列，这些成分都被列入可测试的对象。它们都不单独出现，而是以不同形式的联合出现在听、说、读、写各项技能之中。因此，语言测试实际上是测试运用语言成分的技能。

拉多之所以这样确定语言测试的对象和任务，是因为他把语言能力理解为一种成分与能力相结合的能力。

约翰·卡罗尔（John Carroll）在20世纪60年代初对语言能力也做出了一个与拉多大致相同的解读。在1961年5月11日至12日美国为研发托福（TOEFL）由应用语言学中心召开的一个会议上，约翰·卡罗尔就语言测试问题做了一个发言，提出了一个语言能力模式。他认为人们的语言能力由语言与技能这两个维度构成，在这两个维度上又聚合着若干具体元素。如下图（图2.1）所示：

我们有时为了理解或讲解的方便把这些元素独立出来，其实它们真实的存在状态是联系的、彼此密不可分的。

把语言能力解读为技能加成分的观点，对20世纪中叶的语言测试产生过较大的影响。这种影响表现为语言测试更注重考试

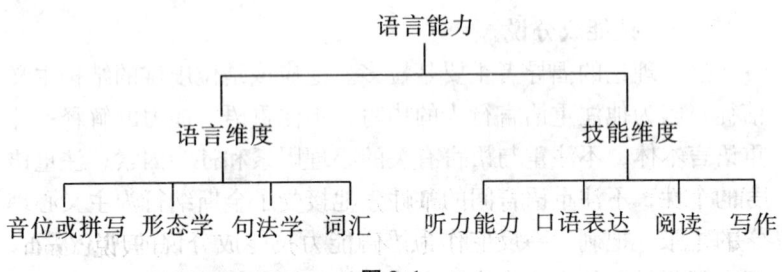

图 2.1

的客观性。客观性考试从测试内容上看,可以在较短时间内测试出学习者在一段时间里学习语音、词汇、语法的代表样本;从测试的技术层面看,可以介入速度和难易度,可以引入计算机改卷评分,因此也就可以扩大考试规模。

这个影响的另一个表现就是催生了分立式测验（discrete-point test）,分立式测验的典型代表就是广为流传的托福考试。分立式测验的理念是,成分与技能总是结合在一起的,应该在听、说、读、写四种语言技能中测试音位、句法、词汇等语言要素。言语行为虽然是由语言交际场景（situation）和语言要素（element）构成,但语言交际场景在理论上是无法穷尽的,它是一个变量,而语言要素总是有限的,是一个常量,所以,从效率、可操作性等角度看,人们只会选择语言要素。

（二）一元化说

一元化说也叫单一能力假说（unitary competence hypothesis, UCH 或者 unitary trait hypothesis, UTH）。20 世纪 70 年代,人们发现原来所谓相互独立的不同维度其实存在一种高度相关的联系,不同维度反映的往往属于某一相同的能力域,因此,技能成分说受到怀疑,分立式测验的客观性也受到质疑。

这时的奥勒（Oller）提出了一元化的观点。所谓一元化是认为语言能力根本没有结构,它就是一种单一的不可再分的能力。奥勒认为，所有的测验不论给它们贴上什么样的标签，测量的对象都是一个一般因素；测验所得到的不同结果并不是因为它们体现了不同的能力，而是测量这个一般因素时具有不同效力。

奥勒在对语言能力进行解读时，提出了三个假说：一是语言技能可以被分为若干成分，即可分假说（divisibility hypothesis）。二是语言能力是一种黏性物质，不可拆分，即不可分假说（indivisibility hypothesis）；也可以称为单一能力说（unitary competence hypothesis）。三是部分可以分假说（partial divisibility hypothesis）。奥勒并没有完全否定语言能力的可分性质，他认为有一小部分其他变量是一些测验所特有的语用测验（pragmatic test），也就是说有些能力是可以拆分的。

奥勒在此基础上提出了语用测验。这种测验强调语境因素，要求学习者能够运用语言序列要求的基本语境条件，要求学习者在大语境的情况下产出有意义的语言序列。

奥勒的一元化理论以及在这一理论支撑下的语用测验也有漏洞。比如我们要判断一位学习者的口语能力如何，是不可能通过写作测验来得到真实信息的。如果我们把人们的语言装置看成是一个单一的、不可分的一个整体，就不可能解释它的构成，也就不可能解释它的运转机制，那么，我们在这样茫然的背景下所做的一切探索，从某种意义上说，都是徒劳的，等于说我们失去了一个最基本的支点。

其实，20世纪70年代以来，这种单一能力假说的观点还是有一定市场的，这种看法的出现导致人们对离散性测试项目的质疑，必须用完形填空、整段短文听写和短文改错等综合性的项目。

（三）语言交际能力说

到了20世纪80年代，单一能力假说很快就被否定，人们在讨论语言能力时引入了一个新的概念——交际能力（communicative competence），交际能力由多种能力构成。如美国社会语言学家戴尔·海姆斯（Dell Hymes）所认为的语言交际能力涉及合乎语法和在文化上的可行性、交际情景中的得体性和现实性，就很具有代表性。主张这种观点最具影响的是卡纳尔（Canale）、斯温（Swain）模式和巴克曼（Bachman）模式。卡纳尔和斯温认为，语言交际能力由以下四种能力构成：①

（1）语法能力：所谓语法能力其实就是语言知识，具体包括语音、词汇、语法等知识。这些知识在理解信息和交流信息时需要用到。

（2）社会语言能力：所谓社会语言能力是指人们在各种实际的言语交际过程中能够准确理解说者的意思、准确而得体地表达自己所要表达的意思的能力。

（3）语篇能力：所谓语篇能力具体包括两个方面的能力，一是话语的结构能力，说话人使每一个句子有机地连贯起来；另一个是话语形式与话语的意义能够有机地结合起来的能力。

（4）交际策略能力：具体指言语交际活动如何开始、如何继续、如何调整话轮次序、如何转换话题等能力。

卡纳尔和斯温模式与前人不同之处在于他们给予了社会语言能力和交际策略能力在语言能力构成中的应有地位。这两种能力我们以前或是忽视，或是只是隐约感觉到它们的存在，没有意识到它们本身就是一种语言能力。但是，卡纳尔和斯温只是引入了新的概念，提出了新的思路，但没有细化，没有具体阐述这四种能力之间的关系，也没有继续跟进，把这种对语言能力的解构模式在实际的语言测试中加以检验。

20世纪90年代，巴克曼提出了一个具体的语言交际模型。

---

① 详见刘润清、韩宝成编著：《语言测试和它的方法》（修订版），22页，北京：外语教学与研究出版社，1991。

他的语言交际模型由三块构成：一是语言能力（language competence），由一组特定的语言知识构成；二是策略能力，这是一种心智能力，是在情景化口语交际中选择运用各种语言知识的能力，它是言语交际得以实现的手段；三是心理生理运动机制，这也是一种能力，因为语言交际过程从某种角度看，就是一些与声学有关的物理现象，不过除了有发音器官的参与之外，发音过程也充满着心理活动，所以也是一种心理生理活动过程，说话者会有意识地去掌控这个过程。巴克曼的语言交际模型如下图（图2.2）所示。

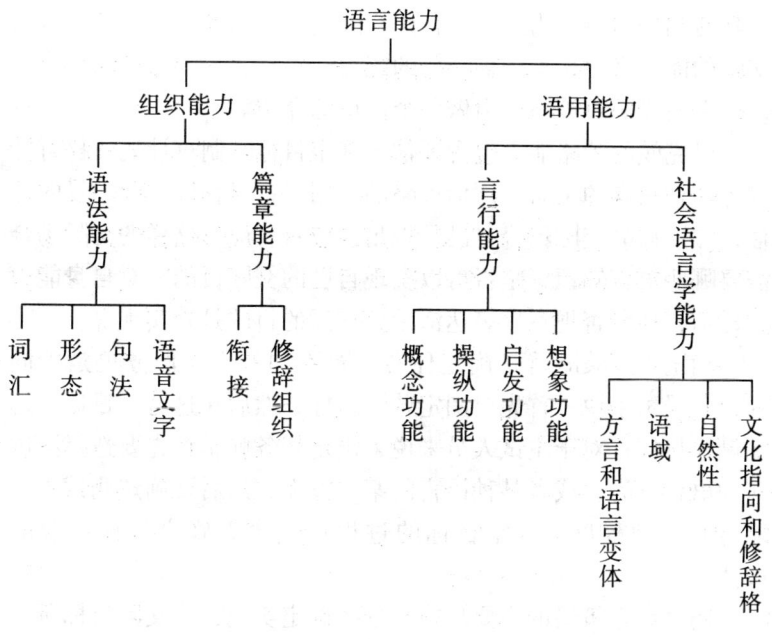

图 2.2

巴克曼认为，语言能力具体来说包括语言组织能力和语用能力。语言能力包含生成和辨认符合规范的语法结构的能力、理解话语意思的能力和调整组织话语结构的能力。语用能力包含在具体语境中的表达能力和符合社会用语习惯的组织能力。①

巴克曼的策略能力与卡纳尔和斯温所说的策略能力有很大的不同。他对策略能力做了另一番解读并赋予了策略能力更高的地位。卡纳尔和斯温的策略能力主要指言语交际时的补救手段，对于言语交际来说，补救不是时时发生，所以它是可能有的能力，不是必备的能力。巴克曼的策略能力实际上是指人们伴随着言语交际的心理认知活动，这种心理认知活动不是可能发生的，而是与言语交际活动相伴相随的，贯穿于言语交际的全过程，是言语交际活动的枢纽，为人们的言语交际提供了认知的纽带。对言语交际的能力来说，是一种必备的能力。

下面我们对策略能力做一个简单的介绍。

巴克曼的策略能力包含评估、确定目标、制订计划和执行计划等四种具体的策略。评估策略的作用包括对言语交际场景的评估，如这样的交际场合自己是否足以应对、应对这样的交际场合需要哪些语言知识、是否可以实现自己的交际目的；对自身能力的评估，如能否把意思表达清楚、交际的目的是否实现等。

确定目标策略就是确定任务。对不同的人，任务也是不同的。对受试来说，首先要圈定若干目标，然后在这若干目标中选定最终目标；对于主试人员来说，确定任务就是首先要选择测试何种语言能力，或者某种语言的某一方面，然后要确定测试语言能力的何种程度。确定目标的过程也包含着确定目标实现的载体。

制订计划策略的主要功能是选择确定实现言语交际目标所需要的语言知识、知识图式和情感图式。

---

① 详见刘润清、韩宝成编著：《语言测试和它的方法》（修订版），24～25页，北京：外语教学与研究出版社，1991。

执行计划策略是指在实现交际目标的过程中，要在心理生理的层面上，关照心理生理因素，把心理生理因素与语言知识、知识图式、情感图式、各种技能有机地结合起来，实现交际目标。

巴克曼特别强调四种策略的相关性。这四种策略不仅与语言知识、情感图式等有着密切的关联，四种策略之间也密切相关，它们在功能上是互补的，在实现交际目标的过程中共同发挥着作用。他举例说，如果我们打算请一位朋友吃饭，恰好在一次朋友的聚会上碰到了他，本想顺便把这个打算告诉他，但他的旁边有其他人，在这种情况下跟他讲不方便。于是，我们会临时调整交际目标，另找一个机会再跟他说。这个实例说明，在言语交际中，我们很可能会根据交际场景的情况，校正我们的交际目标。

巴克曼所说的心理生理机制是指在言语交际的过程中会涉及生理活动和心理活动。言语交际中，从生理的角度讲，编码的一方会涉及人的发音器官和掌控书写的手；解码的一方会涉及听觉器官和视觉器官。

许多人都认为，巴克曼对人们语言交际能力的看法概括了人们语言交际能力的三种因素：特质因素具体指语言能力和策略能力；技能因素指心理和生理运动机制；方法因素包括语言使用的情景、信息的分布、信息的类型和反应的方式等。特质因素涉及人们语言方面的潜在能力；技能、方法因素和语言表现相联系，是想说明潜在能力是如何转化为语言表现的。可以说，巴克曼的认识解释了语言能力和语言表现之间的内在联系。巴克曼的认识为语言测试提供了理论支持，20世纪后期，有些语言测试就是以他的模型为能力框架开发设计的。

第三章 语言测试的种类和功能

第一节 语言测试的种类

语言测试可以根据不同的标准把它分为不同的类。从实际来看，用单一的标准未必能穷尽所有的类，而且分出的类也未必准确，类与类之间也未必泾渭分明。比如语言测试具体包括语言学习能力的测试、语言学习成绩的测试和语言水平的测试。这三种测试其实是密切相关的，因为某种语言学习能力的强弱一般会体现为相应的语言水平，语言水平一般又会以具体的成绩呈现出来。

我们下面以不同的标准来对测试进行分类。

一、以测试的目的作为分类标准的测试

（一）学习能力测试

学习能力测试（aptitude tests），简称学能测试，一般用来考查受试学习某一语言的潜能。这类测试一般安排在学习某一语言之前进行，通过测试结果预测学习者将来可能的学习结果，所以，这种测试又叫预测性测试（prognostic tests）。学能测试在我国现在多用于实施教学前的分班测验，根据测验得到的量化信息把学习者按照能力程度的差异分为不同的类，这种差异是从大处着眼，不强调细微的差别，然后分门别类地把它们纳入适当的教学计划中去。学能测试目前在汉语测试中使用得还不普遍，研究

得也不够深入。

学能测试关注的是受试眼下整体的知识积累和学习能力，与其他测试相比，最大的特点是，测试内容是受试者之前没有学过的，有时甚至可以是一种类似语言的人造符号，其目的就是考查受试是否具备学好某种语言的能力。学能测试的题量与其他测试相比往往要多些。具体测试的能力有：听辨语音的能力、模仿语音的能力、辨认和利用语法形式的能力以及记忆力，等等。

（二）课程进展测试

课程进展测试（class progress tests）是指在教学计划实施的进程中，教师为了了解学生对所学内容的掌握情况而组织的测试。课程进展测试在教学活动中使用得最为频繁，小到单元测验，大到期末考试，都属于课程进展测试。从教学过程来看，我们把单元测验、期中考试叫作进行性测试（formative test），单元测验也称为随堂测试（classroom test），把期末考试叫作终结性测试（summative test）。课程进展测试是基于教学大纲所进行的测试，所以，测试的内容必须在教学大纲的范围内，考与学大体一致。一般来说，课堂上学过什么，平常练习做过什么，测试就考什么。这是它与水平测试的最大区别所在。课程进展测试虽然形式灵活，测试设计者往往就是教师本人，自主权较大，但设计者在设计过程中应该有明确的教学目标意识，测试项目要与课程的总目标和阶段性目标相吻合，要把这些教学目标分散安排到所进行的几次课程进展测试中去，不要有所遗漏；同时也要关照到教学重点，以保证测试的目的性、连续性。课程进展测试由于一般由任课教师自行组织实施，所以正式程度较低。

课程进展测试的三个小类有许多共性特征，但它们又有自己的特点。随堂测试的测试项目涵盖面一般不大，涉及的知识或能力一般是最近一周左右学习的，难度系数也不大，同时，测试形式灵活，时间可长可短，题型可单一可多种，题量可多可少，基本没有定制。

期中测试的目的与随堂测试的目的有很大的不同。它是通过测试前的复习，巩固学到的知识和能力，使知识和能力系统化，强化学习者的综合能力。正是基于这样的目的，用于期中测试的项目大多具有较高的综合性和系统性，而不是体现单一知识或能力的项目。

期末测试虽然在功能上属于课程进展测试，但在具体要求上还是与前几种测试有所不同。我们传统上习惯把期末考试仅仅看作是对即将过去那个学期学生学习情况的检查，其实，期末测试的目的不仅要检查学生学习掌握的情况，而且还要根据测试得到的信息，有针对性地调整安排下个学期的教学任务。由于是终结性测试，所以涉及内容以及测试的量较之随堂测试和期中测试要多一些，更为重要的是，期末测试的重点在于测试受试实际的综合运用能力。从测试设计上来看，期末测试虽然要依据教学大纲，但不是简单地把教学大纲上的知识目标照搬上去，而是要从综合运用的角度测量学习者对这些知识的掌握。

（三）水平测试

水平测试（proficiency tests）考查受试掌握学科的一般知识和运用这些知识的能力水平，如汉语水平考试（HSK）。水平测试还可以用于考查受试是否具备其所从事职业的要求的语言水平，如我国在 HSK 主干考试下研发的 HSK（少儿）、HSK（商务）、HSK（文秘）、HSK（旅游）四个专项考试。

水平测试有以下特点：

第一，水平测试具有选拔性考试的功能。国内的对外汉语教学专业硕士的入学考试，国外的托福考试、雅思考试等，它们都不同程度地决定着能否取得入学资格。

第二，水平测试不与某一课程挂钩，不考虑受试以前是否学过，考查的目的不是看受试对某一课程的理解、掌握得如何，而是考查受试现有的语言能力。

（四）学业测试

学业测试（achievement/attainment tests）考查受试对所学内容的掌握情况，通常是在一门课程结束时进行。我国目前实行的高中会考制度以及大学非英语专业的四、六级考试、英语专业的英语四、八级考试都属于学业测试。

学业测试有以下特点：

第一，测试内容不受具体课程和所用教材的限制，但必须以课程教学大纲规定的教学目标、教学内容为依据。这是学业测试与水平测试、课程进展测试最大的不同。

第二，一般采用标准化测试形式。

第三，一般由测试专家组织命题。

（五）诊断测试

诊断测试（daignostic tests）是为了了解学习者在学习过程中碰到的困难、存在的问题而进行的测试。通过测试，了解情况，以便在随后的教学过程中，改进教学方法，调整教学计划，有针对性地解决这些问题或难点。

从某种意义上看，诊断测试与课程进展测试在功能上是互补的，课程进展测试是通过测试了解学习者的学习成果，诊断测试则是了解学习者的学习难点。

在语言测试领域，专门为诊断而设计的测试并不多，因为通过测试了解学习者在学习上所遇到的问题，是其他许多测试可以做到的。如课程进展测试、学业测试、水平测试等，都可以用于诊断，都可以提供诊断信息。

诊断测试有以下特点：

第一，题量与实施时间无限制。题量可多可少，视所要了解的信息而定；教学过程中随时可用。

第二，所考与所教大体一致。

第三，考试内容有比较明确的侧重点和针对性。

（六）分班测试

分班测试（placement tests）也叫分级测试，是考查学习者，尤其是入学新生，不同的语言水平，根据测试成绩调整教学内容、计划，或者把学习者编入不同进度的班级，如在对外汉语教学的实践中，通常分为初级班、中级班、高级班，这就是分班测试的后续行为。

分班测试难易度的把握十分重要，是关系到测试是否有效的关键，难度过大或过小都会使测试起不到分班分级的作用。

分班测试有以下特点：

第一，分班测试是考查受试现有的实际水平，学能测试是考查受试通过学习取得成绩的潜能，这是二者的区别所在。

第二，测试内容注重均衡全面，如对外汉语教学中的分班测试，在内容上，会涉及口语、听力、阅读、写作等能力，在语言知识上，会关照到语音、词汇、语法等语言项目的掌握。单一的信息不足以作为分班分级的依据。

（七）速度测试和强度测试

速度测试（speed tests）是测量掌握知识的熟练程度。速度测试试题的难度不大，但题量大，一般在规定时间内难以完成。

强度测试（power tests）是测量受试对知识了解的广度和深度，题量不大，但难度大。受试大多不能完成的原因不是时间不够，而是对测试内容不太了解。设计强度测试时一般考虑至少有75%的受试能完成95%以上的试题。

二、以测试的评分方式作为分类标准的测试

（一）主观测试

在评分过程中，评阅人需要对受试提供答案的正确性或满足测试要求的程度做出主观判断的叫主观测试（subjective tests）。

主观测试往往与某些内容和某些题型有某种程度上的自然关联，使得主观测试考查的面受到一定的局限，如写作、翻译、口语等内容多用于主观测试。

各种具体的主观测试，其主观程度（subjectivety）也会有差异。由于开放性试题（open-ended items）（写作、翻译等）的答案往往无正误的区别，只是满足测试要求的程度上的差异，在理论上可以有许多答案，而简短答案题（short-answer items）（填空等）的正确答案数量是有限的，所以，开放性试题的主观性程度要高于简短答案题。

主观测试中的评分人对测试结果的影响较大，同样的答卷，不同的评阅人可能有着不同的评价，有时成绩差异还很大，这势必影响测试的信度。因此，在一些大规模的选拔性测试中，要适当控制主观测试类试题的量，增加客观测试类试题。因此，从这个层面上说，采取相应的阅卷方式，提高阅卷人评分的客观性、准确性是提高主观测试信度的关键。

（二）客观测试

在阅卷过程中，评分人不用对受试的答案的正确与否或满足测试要求程度做出主观判断的叫客观测试（objective tests）。客观测试与测试所用题型、测试内容也有一定程度的自然关联。如多项选择、正误判断、配伍、听音辨音、语段排序等封闭性试题（closed-ended items）都属于客观性试题。客观性试题答案明确，无需评分人做出个人判断，比较适合客观测试。

客观测试的长处是阅卷便捷，许多题目可以用机器阅卷；测试结果客观，信度较高；适用的题型较多，测试涵盖的面较广，比较适合分离性测试。但是，由于客观测试类试题在回答的过程中一般只要求选择、配伍，或者做一些简单回答，受试输出性的语言运用能力没有充分展现出来，尤其是选择、配伍和判断题存在着猜题的可能性，因此，对客观类测试试题的运用也要慎重。

三、以测试的方式作为分类标准的测试

（一）分离式测试

分离式测试（discrete-point tests）也叫分散式测试，指一道试题考查受试掌握一个单独的语言成分的情况，通俗地说，一道题目只牵涉一个考点。

分离式测试反映了设计者的语言观和语言能力观。设计者认为，语言是由若干具体的小的语言成分（语音、词汇、语法）构成的，人们的语言能力也是可以分解的，人们的语言水平是其掌握语言成分之和。

分离式测试有以下特点：

第一，每道试题提供的信息单一、具体、明确，不掺和其他因素。

第二，试题多采用多项选择题和正误判断题。

第三，试题一般彼此独立，不提供上下文语境。因此，一般认为，分离式测试测量的主要是受试掌握的语言知识，而不是语言能力。

（二）综合式测试

综合式测试（integrative tests）是考查受试综合运用语言的能力。这种测试的倡导者认为，人们在使用语言的过程中，需要动用各种语言知识和与语言相关的各种知识才有可能完成信息的交流。综合测试的试题一般不只含一个考点，如写作要求运用词汇、语法、语篇、思想内容、文化意识等多方面的知识与能力。在综合式测试中，经常涉及的内容和形式有写作、翻译、阅读理解、口语面试等，经常使用的题型有完形填空、简答、论述等。

综合式测试有以下特点：

第一，由于考查的是受试在真实情景下运用语言的综合能力，所以，相对分离式测试而言，它的效度要高一些；也正是由

于它的综合性，所以，一般不拿它用于诊断测试。

第二，综合式测试侧重于考查语言的意义和功能，而不是语言的形式。

第三，综合式测试强调熟练运用语言的整体性。

根据受试的测试行为与实际运用中的行为之间的相似性，可以把测试分为直接性测试和间接性测试。

（一）**直接性测试**

直接性测试（direct tests）在近似实际语境的情景下直接测量受试的语言能力。比如，要了解受试汉语声调、语调的掌握情况，我们可以让他们朗读一篇短文或让他们用汉语会话。朗读和会话都直接涉及声调和语调的使用，教师可以直观地了解学习者这两方面的能力。

直接性测试有以下特点：

第一，直接性测试侧重考试形式的真实性（authenticity），侧重考试内容与实际语境的紧密联系（close resemblance）。

第二，接受性技能从某种意义上说是不可观察的，因此，直接性测试多用于说、写等产出性技能的测量。

第三，从命题者的角度看，直接性测试有比较明确的测试目标。

第四，直接性测试是在真实的语言运用情景下进行的，测试行为与语言运用行为具有较高的相似性，所以，相对间接性测试而言，直接性测试具有更高的表面效度。

（二）**间接性测试**

在接触间接性测试（indirect tests）这一概念前，我们先了解这样一个事实。人们的语言能力与语言技能是既有联系又有区别的一对概念。能力指的是能干什么，如写作能力。然而写作能力又是由一些具体的因素构成的，这些具体的因素就是技能，如文章的结构、文章的用词、语法等。间接性测试就是通过测量那些相关的技能,从而达到评估能力的目的。如一道近义关联词的选择题看起来是考查语法知识,但实际上间接测试了受试的写作能力,因为关联词语的使用是写作的一项具体技能。我们平时所进行的语法考试、词汇考试等都是属于间接性测试。

间接性测试有以下特点:

第一,间接性测试不强调考试形式上的真实性,考试形式无需与真实运用情景有高度的相似性。由于不强调相似性,所以所选择的测试技能可以更具有代表性和概括性。

第二,多选用多项选择题型,以提高测试的信度。

四、以测试成绩的解读方式作为分类标准的测试

常模参照测试和标准参照性测试是根据受试所得分数的方法区分出来的两类测试。

(一) 常模参照测试

一般来说,受试在测试中得到的分数本身是没有确切含义的,也不能根据这个成绩就断定受试达到何种水平。但是,当一个受试的分数与同时参加测试的其他受试的分数进行排序比较后,就有了明确的意义。换言之,对一个受试成绩的解释是相对于其他受试的成绩或标准而言的。

我们可以为经常使用的大规模的语言测试建立常模。通常的做法是,把历届测试中受试的成绩用平均分和标准差来表示。通过用标准差作为尺度来衡量一个分数和平均分的距离可以确定该分数在全部分数中的位置。常模参照性测试(norm-referenced tests)把受试按分数排成等级序列从而建立一个分界点。比如,允许60%或者其他任何一个具体数值的受试通过这项测试。分界点的确定全凭经验,并不是事先确定的标准。托福考试就是典型的常模参照性测试,600分是一个重要的分界点。

常模参照测试比较适合于选拔性测试。

（二）标准参照性测试

相对于常模参照测试的是标准参照性测试（criterion tests）。标准参照性测试以事先确定的标准作为测量的依据，测量受试应掌握的某一语言的知识或能力水平。在测量过程中，受试的分数只与既定的标准作比较，而不必与其他受试的分数作比较来确定相对位置。

标准参照性测试一般用于了解学习者对所学内容的掌握程度是否达到要求，是教师了解教学目标实现程度的重要手段。汉语的普通话水平测试、英语的雅思考试都是典型的标准参照性测试，我们在教学过程中经常采用的期中考试、期末考试也都是属于标准参照性测试。

不同的标准参照性测试使用不同的标准。标准的确定应该科学，应该以语言学理论作为设计基础，充分关照语言交际的各种技能。标准内部等级的确定也应该有科学的依据，比如，要确定一类学习者的写作能力等级，应该以相当于该类学习者的写作样本为基础，在分析样本后再确定等级。这样制定出的标准等级可以真实地反映学习者的写作能力状况，客观地评价学习者的写作水平。

我们还可以根据测试的要求或命题形式分出标准化测试和教师自主命题的测试（standardized tests and teacher-made tests）。

标准化测试的基本特征是强调标准规范。各种标准化测试的测试内容都要有所依据，如学业测试、课程进展测试的内容应由教学大纲或课程计划决定；试题一般由命题组的专家命制，试题要经过试测和修正，要经过信度和效度的分析；为追求高信度，一般多采用客观性试题；测试得到的原始分通常转换成百分位或标准分并根据受试的分数建立常模；测试所得分数是判断受试语言能力或水平的唯一依据。我国的普通话水平测试、国外的托福考试、雅思考试都属于标准化测试。

教师自主命题测试就是教师为自己所教的学生准备的测试。这种测试的基本特征就是教师自主。整个的测试都是由任课的教师来完成的，教师根据教学目标决定测试内容并命题。由于是任课教师阅卷评分，所以评分标准统一。这类测试所得分数不能作为评价学生语言能力的唯一依据。

此外，还有根据语言要素分出的语音测试、词汇测试、语法测试；与教学过程和环节密切联系的随堂测试、单元测试、期中测试、期末测试；与语言技能相联系的听力测试、口语测试、阅读测试和写作测试（语言能力的测试，我们将在后面设立专门章节进行讨论）。我们目前还找不到这样一种适用于任何领域、任何场景、任何对象的测试，我们也不敢说哪一种测试绝对优于其他同类。各类测试都有各自适用的领域，都各具特点，因此，也都有自己的存在价值。

第二节 语言测试的功能

测试的类型与功能是两个密切相关的概念，将测试分为若干不同的类型往往依据的是它们功能、作用的不同。测试既然是教学活动中必不可少的一个环节，是一种检测评估手段，那么，教学功能应该是测试最为主要的功能。

学习者走进学校学习，从某个角度说，就与测试结下了不解之缘。一般来说，走进学校前有入学考试；入学后有分班或分级考试；学习过程中有单元考试、期中考试或课程进展测试、诊断测试；学期结束前有期末考试或课程结束测试；等等。

测试的功能作用对不同的人，意义不完全一样。教师是测试的使用者，他们把测试作为整个教学活动的一个环节，作为提高教学效果、评价教学目标达到程度的措施之一。教师作为测试的使用者既重视测量得到的量化信息，也重视测试本身，因为测量得到的信息是一种客观存在，不可更改，而测试是否进行对教学效果的影响是直接的。如在一门课的教学过程中，诊断测试是否进行，对教学的针对性、学习者的学习情绪都有着直接的影响。此外，在教学功能的实现上，教师是矛盾的主要方面，应该积极主动地去兑现测试的各种教学功能。

对学习者和教育管理部门，测试的教学功能主要体现在测量信息的反馈和使用上。测量得到的信息在一定程度上反映学习者在学习上的进展或存在的问题，反映学习者的语言能力和水平。对于教育管理部门，测量得到的信息可以作为评估教学、课程设置、任课教师教学水平的一种依据。从这个意义上说，学习者和教育管理部门在测试教学功能的实现上是被动方。他们更重视量化信息，而对测试本身的热情远不及教师。

测试的另一项功能是可以用于科研。以语言研究为例，无论是语言能力性质的探讨，还是语言习得、二语教学等，测试作为一种测量形式，都发挥着重要的作用。测试的科研功能主要是通过测量得到的量化信息实现的，而不是测试活动本身。

第四章　语言测试的规范

第一节　语言测试规范的性质

一、测试规范

测试规范（tests specifications）是指就测量什么、如何测量以及与测试相关的问题所做出详细规定。测试规范与考试大纲有联系，但又是两个不同的概念，它们的区别在于：

第一，从针对的对象看，测试规范是针对命题人员和测试评估人员的，而考试大纲是针对教师和受试的。测试规范对受试没有直接的制约作用。

第二，从内容上看，测试规范会详尽地表述从测试内容到评分标准等测试涉及的各个环节，而考试大纲只是告知可能考的内容、所用题型、分值分布等内容，不涉及评分标准、评分方式等。

第三，从功能方面看，测试规范是指导性的，它规定着测试设计人员以及其他相关人员如何按规定操作测试的每一个环节，这种指导是强制性的；考试大纲是知照性的，对于考试大纲的颁布者来说，是想让所有参与考试的人都知道、了解，但对于每一个参加考试的个体来说也未必都知道，考试大纲不具有强制性。

二、测试规范制定的重要性

语言测试不分规模大小，不管何种用途，不论采用哪种题型，都是一次科学的测量工作，科学、准确、稳定，是语言测试的生命线。

语言测试规范是全面阐述测试的文件，会从几个不同的维度来规定、设计语言测试工作，从整体上考虑语言测试的效度、信度。效度是衡量语言测试是否科学、准确、稳定的重要标准之一，而效度又是制定语言测试规范必须关照的内容。测试规范通过具体措施保证测试的内容、测试的方式方法、测试的评估等项目分布的合理性，能够避免出现测试设计上的片面性。

语言测试规范是评估语言测试工作的重要依据。我们对一个定期举行的正规语言测试进行评估一般是通过对这项测试的几份具体试卷的评估来实现的。比如，我们要评估某次语言测试的内容效度如何，就要检查测试规范中内容效度是否涉及、定义是否准确、测试内容是否具有代表性等因素。

语言测试是一项常规工作，如对于期末考试，我们一般的考虑是，总的框架不变，但每次试卷又应该有所不同。要兑现这样的想法，就要通过测试规范来指导每次测试前的命题工作，以保证这次考试与这之前的每次考试有衔接性，但试卷又不雷同。

第二节 语言测试规范的内容

下面结合国内某一留学机构招聘外籍员工时进行汉语测试的实例，具体说明语言测试规范的内容。

一、测试目的

制定语言测试规范的第一步是明确阐述测试目的（test purpose)。该机构是想通过汉语测试,了解应聘的外籍员工的汉语能力,尤其是在文化、教育等国际交流场合汉语的实际应用能力和熟练程度。

鉴于该机构对此次测试所寄予的希望,强调的是使用语言的恰当性和规范性,那么,这次汉语语言测试的目的可以表述为:

这次测试是考查母语为非汉语的人士在文化、教育以及其他社会生活等国际交流场合汉语的实际应用能力和熟练程度。

测试目的是测试设计者要明确的第一要素,因为只有明确的测试目的,才能确定测试的类型和内容。

二、受试的能力范畴

严格意义上的语言测试是测量人们运用语言的实际能力。所谓受试的能力范畴(theoretical construct and operations)就是受试运用语言的能力结构,就是能够构成某一语言能力的具体技能。前面所说的测试目的是说明为什么要测试,而这里所说的能力范畴是要讲清楚测试什么,是要确定语言测试的类型。

确定测试能力范畴是测试设计中的一项重要工作,它直接关系到测试的效度以及测试理论支撑是否科学的问题。所以说,确定能力范畴的过程也就是逐步建立被测试效度的过程。

在教学实践中,我们已经习惯将人们的学习理解能力概括为以下一些范畴,这些范畴对表述语言使用能力依然适合。这些能力范畴包括:

(1)识记,是指通过记忆了解掌握一些知识概念、术语、事物的基本分类、事件的主要过程等的能力。实际的对象从性质上说都是知识性的,从教学目标上说,只要求学习者通过学习能够识别、辨认这些知识。在语言测试中对知识的考查大多是测试受试的识记能力。语言测试中的名词解释就属于测试识记能力范畴的试题。

(2) 领会理解，是指用自己的话语复述、解释学过的概念、基本原则，或用学到的方法对事物进行归纳、分类的能力。在这个过程中，涉及的对象还是知识。语言测试中有些简答题测试的就是受试的领会理解能力，如"举例说明现代汉语普通话的双宾语句可以分为几类"等。

(3) 分析，是指对概念的内涵、理论、方法、规则的构成或内在联系进行解构，指出它们之间的联系或区别的能力。分析是对知识的强化，也是理解、领会能力的深化，是为了更好地应用，但它本身还不是应用。

(4) 简单应用，是指把学过的原则、理论、方法以及规则等运用到实际的言语交际中去的能力，比如造句、根据要求组词成句等。简单应用这里指的是对单一规则或方法的应用等，比较简单，但这毕竟是一种应用，与单纯的复述、归纳、分类仍有很大的区别。

(5) 综合运用，是指把所学到的理论方法、言语交际原则等运用到实际交际活动中去的能力。它与简单应用的区别就在于综合，它所要求的不是单一的知识、单一的方法或单一的规则，而是多种知识、多种方法或多种技能。综合运用能力就是人们在日常生活中的言语交际能力。综合运用能力离不开简单应用能力，但它不是多种简单应用能力的简单相加，二者是一种化合关系，而不是加合关系，简单应用能力是综合运用能力形成、发展的一个阶段，不是综合运用能力构成的一个部分。我们在语言测试中经常用到的写作测试题就是在测试受试的语言综合运用能力。

人们的语言学习运用能力范畴是一个层级系统，从这种能力的习得过程来看，识记、理解领会和分析能力可以看作是低层次上的能力。这些能力虽然在言语交际中会运用到，但从能力本身构成看，它们还是单质性的，从运用的角度看，它们也还是解释性的，而不是直接用这些技能生成交际中的话语，从某个角度看，它存在于对知识的掌握、理解的层面。简单应用和综合运用应该属于高层次上的能力。高层次上的能力的构成不是单质性的，它是构成性的，涉及多种因素，它直接作用于言语交际活动，这种能力的使用直接产生言语交际作品，是实际语言能力的具体运用。

设计测试能力范畴时有几点需加以注意：

第一，所确定的能力范畴应该有理论依据。语言能力一般认为是不可直接观察的，因此，也就无法直接测量，但是，某一语言能力总是与某些语言使用行为有某种自然关联。

第二，所测量的能力在测试中应该有具体的体现。通俗地说，第一点是让语言行为找到一个语言能力的支点，而第二点则是让语言运用的实际行为变为具体的测试点。

因此，我们可以将那家机构汉语测试中受试能力范畴确定并表述为：

a. 具备运用听音、辨音、发音等交际技能；
b. 能够灵活地使用句法策略和语义策略进行句子理解；
c. 能够恰当地表达自己对某一事情或现象的看法。

三、测试对象

无论是母语教学、外语教学，还是对外汉语教学，乃至其他理工科专业教学，都是一种教学活动。但凡教学活动都由教和学两方面构成，重视一方，忽视另一方，都是不行的，语言测试也是这样。如果把测试看作一种教学活动环节，其活动主体也是由主考和受试两方面构成，同样也忽略不得。在测试过程中，我们对受试关注了没有，关注的程度如何，都可能影响到测试成功与否，测量的结果准确与否。

在测试规范中，应当尽可能地详尽描写受试与测试有关的信

息,并且在设计试卷时充分地关照这些信息。一般来说,对受试的以下几个方面的信息要予以高度的关注:

(1) 个人特征 (personal characteristic),具体包括年龄、性别、国籍、母语、所受教育层次以及考前培训状况等。

(2) 文化或背景知识 (topical knowledge),对所学语言国家社会、文化的了解程度,相关领域内的知识等。

(3) 受试的语言能力 (language ability),包括语言知识和语言运用能力等。

测试对象 (test taker) 的相关信息,就与测试的关系而言,可以分为两大类。一类是直接性信息,所谓直接性信息,是说这些信息与所要测量的能力范畴是一致的,如受试的语言知识、语言运用能力、所操母语以及考前培训状况等,这些信息的个体之间的差异,直接影响受试对问题的回答;另一类是间接性信息,所谓间接性信息,是指这些信息虽然与所测试的内容不属于同一范畴,但它们个体之间的差异也会影响测试结果。

有些间接性信息看上去是属于自然属性的,但这些原本是自然属性的特征,在语言学习、语言运用方面会呈现出个体差异。如性别因素,女性对语音的敏感度往往高于男性,而男性对语法的敏感度往往又高于女性。又如年龄因素,在二语学习,包括汉语作为第二语言的学习过程中,小学低年级学生出现语义过度概括的频率高于初中生和高中生;在职学习二语的成年人语法过度概括的频率高于在校生。

鉴于测试规范对测试对象相关信息了解的要求,我们将在该机构的测试规范中对测试对象描述如下:

参加考试的人员,男女不限,年龄在45周岁以下(含45周岁),持英联邦国家护照,母语为英语,大学本科毕业;对中国的社会、文化有一定的了解,尤其是对中国的教育法规、大学教育的有关情况比较熟悉;学习过汉语,能够在国际文化教育的交流场合，就相关话题用比较流利的汉语与人进行交流。

四、测试内容

测试内容（test content）是测试规范的主要部分，是测试中量化信息的信息源，测试内容是内容效度的具体体现，也是取得结构效度的前提条件，没有内容效度也就谈不上结构效度。在制定语言测试规范时，测试内容应该尽可能详尽。

根据上述机构的测试目的，我们将其测试内容规定为：

话题以及语料题材：

——与中国国内不会说英语的人联系沟通；

——对当前中国的高等教育现状的了解；

——对中国城市年轻人价值观的了解；

——对中国传统文化的评价。

语言知识、语言能力重点。测试将重点考查受试对汉语的实际应用能力：

——流利、恰当表述对某一事件、现象看法的能力；

——客观、生动描述某一过程的能力；

——准确、简洁评价某人、某事的能力；

——恰当、得体询问他人的能力。

测试内容与受试的能力范畴（测试类型）是密切相关的两个概念。测试内容是只用来测量能力范畴程度差异的具体材料，受试在阅读、理解、运用这些具体材料的过程中表现出他们驾驭这些材料的能力和技能。受试的能力程度差异可以在使用不同的语言项目时呈现出来，由具体语言材料构成的语言项目从理论上说是不可胜数的，因此，二者之间的联系不是唯一的。能力范畴是运用语言的能力和技能，虽然个体之间存在着差异，不同学者概括的也有所不同，但人们语言能力的构成元素总是大致相同的。

五、测试方式

测试方式（test method）是在整个测试中不可忽略的因素，方式是否得当关系到测试的准确性。总的说来，在考虑测试以什么方式进行时，要关照以下三个因素：

第一，测试的效度。如上面提到的那家机构要通过测试考查受试的汉语实际应用能力，那么，就应该让受试在相似实际交际情景中完成试题，随后通过受试的交际样本来评判他们的汉语的实际交际能力。

第二，测试的信度。测量得到的分数应该可靠，能真实地反映出受试的实际水平。

第三，测试的可行性。从测试的内容到测试的时间、地点以及受试能否如期赴考等都应该是可行的。任何一个细节的不落实，不协调一致，都可能导致测试不能如期举行。

以上三方面的因素是缺一不可的。但是，对于不同类型的测试，由于追求的目的不同，我们可以对有些因素有所侧重。如对强调测试效度的测试，我们可能更多地使用直接性测试；而对看重测试信度的测试，我们则倾向于使用间接性测试。

对上述机构的应聘测试，我们主张直接性和间接性测试结合、以直接性测试为主的方式来考查应聘者汉语的实际使用能力。

六、测试项目形式

测试项目形式（test tasks and item types）也就是考题类型。考题的类型和特征，我们将在第五章中专门讨论，这里只讨论考题的选择原则。

考题的选择与确定是一项有明确目的、选择标准的工作。考题的选择和确定要考虑以下几个因素：

第一，真实性。任何语言测试不外乎预测或测量受试在实际运用环境中的能力，所以，在考虑选择何种考题时，真实性是选择的基本原则。这里所讲的真实性有两层含义：一层是试题所描述的事情、事件等，是受试在日常生活中曾经碰到过的，我们把这种真实叫作生活的真实，比如问路、找人；另一层是试题所示，是受试在课堂教学中或课后练习中接触过的，我们称之为语言学习的真实。不管哪一种真实性，联系到具体的测试可以有所侧重，如水平测试，真实性将主要通过生活的真实体现出来；如果是课程进展测试，其真实性将通过语言学习的真实性体现出来。在考题的选择上，真实性与效度在本质上是一致的，并不矛盾。不同类型的测试，真实性会以不同形式体现出来。

第二，代表性。代表性是指要选择最能体现效度的考题形式。如在考虑语言学习真实性时，存在着协调练习与试题的关系问题。语言练习有两类，一类属于直接练习，其典型形式是短文写作、情景会话等。短文和情景会话涉及语义连贯、词语选择、语法结构等，覆盖面较广，作为考题，能够反映受试在实际环境中的真实水平。另一类是间接练习，包括改错、填空、语句连贯等，它往往用于语音、词汇、语法等语言内容的强化练习，作为考题，能够体现课堂活动的特点。

第三，可操作性。可操作性是指考题实施的条件应该具备。考题实施的条件分两种：一种是软性的，指与考题本身相匹配的条件，如设计上原打算选用听音辨音类的考题，但找不到语音标准、发音清晰的发音人，这类情况就属于软性条件不具备，考题没有可操作性；另一类是硬性的，指与考题配合使用的设备器材，没有这些设备器材，考题也无法实施，如选用听音辨音考题必须备有录音扩音器材，不具备这些条件，也无法施考。

我们为上述机构选择的考题形式有：改错、语句连贯、情景会话和短文写作。这些考题形式的确定充分考虑到了测试的目的,遵循了考题选择的原则。情景会话、短文写作侧重强调效度和真实性,关照到了应聘者使用语言的恰当性;改错、语句连贯,考虑了考查应聘者使用语言的规范性。这些考题形式可以测量出应聘者的语言知识和实际的语言运用能力。

七、试卷结构与分值

语言测试规范还要具体规划出试卷的结构,即试卷有多少道大题,每道大题包含多少小题,每一道小题多少分。试卷结构和分值(test organization and weighting)与测试目的和测试能力范畴有大致的对应关系,只有这样才能使得测试具有测试效度。比如,上述留学机构的汉语考试属于水平测试,测试的目的是考查应聘者的汉语实际应用水平。根据这种情况,应该加大直接性试题的分量,以保证测试的表面效度和结构效度,并且在分值分布上与之呼应。因此,我们设计的试卷结构为:

题型	题量	分值
改错	10	20
多项选择	10	20
情景会话	4	40
写作	1	20

试卷结构中,直接性试题的分值占60%,间接性试题占40%。直接性的占60%,与测试的目的和考试效度吻合,而40%的间接性客观试题又保证了分数的可靠性。

八、测试时间

与语言测试有关的测试时间(time duration)有两个:一个是指测试何时进行,这是一个真实的时点。测试主持单位会在考试须知中注明这个时点;受试必须知道,否则无法赴考。另一个是完成试卷所需时间,这是一个预估性的未然的时段。我们这里讨论的是这个预估性的时段。

这个预估性的时段实际包含着两个，一个是每一小题所用时间，另一个是整份试卷所用时间。这两个时段是部分与整体的关系。

测试时间是保证测试可操作的重要因素。时间预估得准确与否对测量受试的真实水平有极大影响。要做到预估准确，要考虑三个因素：

第一，每一个小题预估的所花时间之和与考试规定时间大致吻合，准确地说，部分之和应该略小于整体。部分大于整体则表明受试无法完成测试，导致这样结果的原因或是题量过大，或是难度过高。部分远远小于整体，则说明题量过少，或难度太低。

第二，要做好前期的吻合工作，就要预估得准确，就应该认真调查受试做同类题目大致所花时间。有了这样的调查数据，就为预估提供了一个参数，随即将理论上的预估与调研得来的参数对应起来。

第三，要考虑到测试的类型，不同类型的测试对时间的控制也会有所不同。有些测试，如纯粹的速度测试，时间的控制应该紧一些，这类测试时间一般都控制在即便是做得最快的受试也不可能做完所有的题目；而在难度测试中，给受试的时间应该留有余地。

与测试时间密切相关的是题量。一次测试的题量多少取决于以下几个因素：

第一，测试的时间，时间长，题量就可以大一些，反之，就少一些。

第二，题型，一般来说，以客观题为主的，题量可以大一些，以主观题为主的，题量则应该少一些。

第三，阅读、书写量相对大的，题量应该少一些，反之可以大一些。

第四,测试的类型,常模参照性测试一般应保证75%左右的受试在规定时间内能答完每一道题,而标准参照性测试应保证90%以上的受试在规定时间内答完每一道题。速度测试则要求题量大。

九、评分标准

语言测试规范必须提供完整的评分要求和答案。一般来说,对客观性试题,要提供标准答案;对主观性试题,要提供详细的分步骤的参考评分标准(scoring criteria)。关于评分问题,后面将有专门章节讨论。

十、测试命题的细目表

制定测试规范的最后一项是制定命题细目表,制定细目表的目的是使命题任务具体化。细目表有这样几个作用:一是使命题人员在命题过程中有章可循,避免随意性;二是在一定程度上可以保证一套试卷内部的整体性以及各套试卷之间的统一性;三是有时命题工作不是一次可以完成的,细目表可以使时间跨度较大的命题工作有连续性。根据要求,我们为上述汉语留学中介机构的汉语职业能力水平测试,制定了一份考试细目表(表4.1)。

表4.1 考试命题细目表

组成部分	测试技能	被测技能数	考试考点	考点数量
改错	语法知识	10	标点符号、代词一致、动宾搭配、句类选择、主动态/被动态。	2 2 2
	词汇知识	10	反义词、同义词、外来词、成语、歇后语等。	2 2

续上表

组成部分	测试技能	被测技能数	考试考点	考点数量
便条写作	语篇知识	5	提出请求；提出意见，发表观点和看法；下达命令；提供或询问消息；问路或指路。	2 3 3 2
小作文	能够为了特定目的而有效的选择和组织相关的信息； 能够掌握句子和段落的使用，并且有效地使用各种表达方式； 在明白写作对象的情况下，能够用适当的语气来表达	5	描述各种人物、事物或者地点。 讲述一件事	10 每次考试的考点应均匀分布

第五章 试题的类型、特征及其设计

试题可以用不同的标准分为不同的类。我们根据对外汉语教学的实际把试题分为选择答案类（selected-response）、非选择答案类（constructed-response）两类。

第一节 选择答案类试题

选择答案类试题要求受试在若干选项中选取答案。选择答案题属于间接性测试题，测试者根据受试的选择测试行为推断他的知识和能力水平。选择答案题也属于客观性试题，不需要评分人对受试的答案的正确性做出主观判断，评分客观。目前选择答案题已经实现了计算机阅卷，所以，这类试题阅卷迅速，经济性最高。

但是，这类试题也存在不足。受试不写一句话就可以完成测试，加之试题又属于间接性的，过多使用可能会对学习者的听、说、读、写能力的提高带来消极影响。

多项选择、正误判断、词汇以及词义配伍等形式都是比较典型的选择答案题。

一、多项选择题

多项选择题一般由题干（stem）和备选项（options, responses, alternatives, choices）构成。备选项中包括正确选项

(answer, correct option, key) 和干扰项（distraltors）。备选项可以是 3 项、4 项、5 项，在实际使用中，人们多采用 4 项。选用 4 项基于以下考虑：从命题的工作量上看，3 项的工作量较小，5 项的工作量较大，4 项适中。从受试答题看，3 项猜中的概率是 33%，难度较低；5 项猜中的概率是 20%，难度较高；4 项也是居中的。因此，在实际设计时，人们多使用 4 个备选项。

（一）多项选择题的适用范围

多项选择题属于客观性试题，适用面较广，使用频率较高，常用于间接性、客观性以及分离性测试。从语言知识角度看，可以用于语音、词汇、语法等知识点的考查。例如：

【1】上次我们在动物园照的照片呢？
  A. 动物园很远　　　　　B. 我们一起去的
  C. 我放在家里了　　　　D. 不知道怎么去　　【听力理解】

【2】我刚来，对这里的情况还不太____
  A. 知道　　　　　　　　B. 理解
  C. 熟悉　　　　　　　　D. 懂得　　　　　　【词汇】

【3】下面的句子中唯一正确的是
  A. 大家也觉得这件事都难办
  B. 大家也都觉得这件事难办
  C. 大家都也觉得这件事难办
  D. 大家觉得这件事也都难办　　　　　　　　【语法】

【4】最近，在苏州的餐饮市场出现了一群"导吃女"。她们向旅游的客人们宣传："需要用餐的请跟我来，不超过 15 元……"同时，还向他们介绍当地有名的小吃。这些"导吃女"都经过一段时间的专门训练，对当地的小吃非常了解，会说一口流利的普通话，其中个别人还会说英语或日语。"导吃女"的主要工作是

A. 带客人在苏州旅游　　B. 在市场里卖当地小吃
C. 向当地人介绍小吃　　D. 把旅客们带到小吃店

【阅读理解】

(二) 多项选择题的类型

多项选择题虽然通常是由一个题干和若干选项构成，但题干和选项的组配可以有多种变化形式，根据这些变化形式可以将多项选择题分为以下三个小类：

1. 非完整句类

所谓非完整句类（the incomplete-statement type）是指题干本身不完整，缺少一个词或一个短语，而备选项中的某一项可以使题干在语义和结构上完整。非完整句的多项选择题与填空题有些相似，不同的是填空题没有提供项目，而非完整句的多项选择题提供了3~5个备选项。例如：

【5】＿＿＿＿＿＿学习有困难的同学，老师要帮助。
A. 对于　　　　　　B. 作为
C. 为了　　　　　　D. 关于

2. 替代类

替代类（the substitution type）从本质上看是同义或近义替换。一般在被替代词语的下方加上着重号，受试在备选项中选出在语义和结构上能够替代题干中所标示的词语。例如：

【6】对这个问题，我们大家都很感兴趣。
A. 对于　　　　　　B. 对待
C. 对付　　　　　　D. 对应

3. 问答句类

问答句类（the question-answer type）的题干一般是一个问句形式，备选项提供几个可能答案。从试题的构成看，问答句类选择题与简单的问答题相似，有问有答。所不同的是一般的简单问答题是一问一答，主试问，受试答；问答句类的选择题是一问多

答,主试已经提供了几种回答,受试只是从其中选择出最适合的。例如:

【7】我从不养那些又贵又难养的花,在我家的阳台上,只有"死不了"。这是一种非常普通又非常美丽的花。只要你在家门口随便挖点土,把它种在花盆里,再适当地浇些水,"死不了"就能健康地成长起来,开出漂亮的花朵。花朵有各种颜色,红的、粉的、白的……在阳光下,每一朵小花都显得那么美丽、活泼。

"死不了"的特点是什么?
A. 容易生长　　　　　　B. 不用浇水
C. 不喜欢阳光　　　　　D. 四季都开花

(三) 多项选择题的特点

第一,一题一个考点,目标明确,受试阅读题干后能明确考点所在。

第二,只要求受试做出选择,涉及技能单一,可以把要测试的知识掌握情况或语言能力细化,分为若干单一的项目,不会发生交叉或混合现象。

第三,适用面广。从知识层面看,可以用于语音、词汇、语法等;从技能层面看,可以用于阅读理解、听力理解等;从能力层面看,可以用于识记、领会以及简单应用等。我们可以通过多项选择题显示出来的受试的具体情况,有针对性地调整我们的教学内容或方法,因此,一般认为多项选择题具有较好的诊断功能。

第四,答案固定,评分不受主观因素的干扰。可以用机器阅卷,阅卷成本低,更为重要的是大大提高了测试的信度。

但是,多年的实践也表明,多项选择题也有一些局限性,比如:

第一,不太适合测量语言能力,尤其是综合性或产出性语言能力（productive skills），而产出性语言能力是语言能力最典型的体现。作为间接性测试，不能反映言语交际的真实情况，不能有效测量受试的语言能力，过多使用，会对交际能力的培养带来负面影响。

第二，从某种意义上说，选择是否正确都带有一定的偶然性，这在一定程度上鼓励了受试盲目猜题。

第三，命题难度相对较大，也比较费时，对命题人员要求较高。

第四，从某种意义上看，测量的是思维的结果，较难反映思维的过程。

（四）多项选择题的设计

在命制多项选择题时，命题人员需要在两个方面加以注意。

1. 在内容方面如果考虑不周，会影响到试题的科学性

内容层面具体包括以下几个方面：

第一，一题一个答案，除非题示中写明是多个答案。例如：

【8】他又叫了两_____，里面还是没人回答。

A. 趟　　　　　　　　B. 声

C. 句　　　　　　　　D. 下

这道题的选项 B 和 D 都是正确答案，使该题目无效。"叫"可与动量词"声"组合，书面语、口语都可用，"叫"也可以与动量词"下"组合，多用于口语中，如"打两下""喊两下""看两下"等。建议把 D 项改为"回"。

第二，多项选择题是分离式的，一般是一题一个考点。例如：

【9】他把单面复印过的纸厚厚地钉成了

A. 笔记本　　　　　　B. 一本草稿本

C. 一册笔记本　　　　D. 草稿本

这道题本来的设计考点是动宾组合，正确的选项是 B。但是，4个选项涉及的知识点有动宾组合、数量词的强制性选择、名词与个体量词的组合等 3 个考点。建议改为考查名词与个体量词的组合，把 A 项改为"几页草稿本"，C 项改为"一册草稿本"，D 项改为"一点草稿本"。

在关照一题一个考点的同时，也要避免考点的重叠。考点的重叠不仅会降低试题的难度，使原来的 4 个选项实际上变为了 3 个或 2 个，而且还会影响该试题的区分度和信度。

第三，题干与备选项必须具有一致性，这种一致性也有人称之为相容性。这里所说的一致性有两个层面的含义：一方面是指题干与备选项之间在语法、搭配和语义组合方面的一致性。具体地说，正确选项无论是从语法上还是语义上都应该是一个能够接受的合法组合，而干扰项或是在语法上，或是在语义上至少有一方面不能与题干构成合法组合。关于干扰项与题干组合一致性的问题，不能简单化处理，要结合测试类型加以考虑。如在语法知识类的测试题中，干扰项与题干的不一致应该发生在语法上，而不是因为语义上或语体等其他方面的不一致导致不能组合。同样道理，词汇知识或词义理解类的测试题，干扰项与题干的不一致也应该设计在词义上，应该允许干扰项与题干在语法组合上的一致性。另一方面是指 4 个备选项之间的一致性。备选项之间的一致性是指 4 个选项在长度、结构、难度等方面的大致相同。这方面的一致性问题我们将在下面用专门小节讨论。如果备选项相互之间不一致，可能会误导受试，也可能有提示作用，这样会影响试题的信度。例如：

【10】你是大学毕业_____？
  A. 得   B. 嘛
  C. 过   D. 吗

A 项结构助词"得"，C 项动态助词"过"，无论是在理论上还是实际上都是不能组合的。所以，A、C 两项基本上可以不假思索就排除。这是题干与选项之间不一致。这道题的 4 个备选项之间也不平行，A 项是结构助词，B 项是语气助词，C 项是动态助词，D 项也是语气助词。可以考虑将 A、C 两项分别换为语气助词"呢"和"哟"。

多项选择题的题干最好来自实际言语交际的自然篇章，这不仅是语言测试真实性的要求，而且这样的题干无论是对命题者还是受试都会有实际的帮助。它会给受试一种真实感，能够给予受试语境信息的提示；对命题者来说，命题也较为容易。

第四，试题要避免考常识。语言测试考查的是语言知识和语言能力。如果考查常识，可能会出现两种情况：一是这道题没有表面效度，该考查的没有考查到；另一种情况是很可能存在隐性的不公平。有些受试知道这一常识，而另一些受试则不知道。知不知道这则常识，与语言知识和语言能力没有直接的关联，最终，这道题的信度也值得怀疑。例如：

【11】老舍是_____著名的现代作家。
  A. 中国　　　　　　B. 日本
  C. 韩国　　　　　　D. 朝鲜
老舍是中国著名现代作家，这是略有中国文化常识的人都知道的，用不着阅读题干就可以做出正确判断的。再说，即便不知道，也不能说明语言知识或语言能力有关的问题。

多项选择题不要在内容上设置世人皆知的常识，但是也不等于说，题干或备选项可以不关照常识，相反，多项选择题的内容要合乎逻辑，符合情理，不能认为反正不是正确选项，不合逻辑或情理无关紧要。非正确选项也要合乎逻辑和情理，这样才能起到干扰项的作用，否则，受试仅凭不合逻辑和情理就将那些选项排除了。这不是凭借语言知识或对语言能力的掌握所做出的选择，而是用逻辑常识进行的推断。例如：

【12】他平时不爱跑步,今天这一跑,把大家吓了一跳,因为_____。
　　A. 他打破了校运会纪录　　B. 他比博尔特还快十分之一秒
　　C. 他跑的成绩还可以　　　D. 他是一路走过来的

B、D两项的内容不合情理。B项说比博尔特还快十分之一秒,这不真实。博尔特是目前百米世界纪录保持者,而且近半个世纪以来,百米世界纪录也只是以百分之一秒的优势打破。D项说没跑,这也是不可能发生的事。这样的选项,受试第一时间就会排除掉,所以,这道题实际只有A、C两个选项。

　　第五,多项选择题由于题干和备选项所用文字有限,所以必需的信息要考虑充分,有许多选择是在必需信息充分的条件下,答案才是唯一的,否则,很可能出现两可的情况。因此,设计时要提供必要的语用情景。例如:

【13】麻烦你帮我把外面的箱子拿_____。
　　A. 出来　　　　　　　B. 下来
　　C. 进来　　　　　　　D. 上来

命题者认为C项是正确项。但D项也有可能是正确的,因为说话者也有可能在楼上。如果加上一个语用情景,D项就是唯一的正确项了。例如:

【14】我在楼上懒得下去了,外面的箱子里有些资料我急着要用,麻烦你帮我把它拿_____。
　　A. 出来　　　　　　　B. 下来
　　C. 进来　　　　　　　D. 上来

对题干的携带信息的要求是充分而简洁。充分是指题干所包含的信息能够使受试明白题意,不能让受试不知所云以致不知所为;简洁是指题干不能携带与答题无关的信息,无关的信息会给受试造成不必要的干扰,结果同样是不知所云,不知所为。

2. 设计过程中技术层面上的问题

有些细节虽然不是内容上科学不科学的问题，但会影响到试题的规范性，有的还可能影响到试题的信度。设计试题时技术层面上要注意以下几个方面：

第一，几个备选项的长度（以词为计算单位）尽可能大致相同。某一备选项的过长或过短，都会误导受试把它选为正确项。例如：

【15】女：你倒给我说说看，你们的一把手到底怎么样？

男：我不是说过了吗？帮助别人的事从来不做，损人利己的事从来不少做。

女：记者来采访的时候你可不是这样说的！

男：我是怕被穿小鞋、炒鱿鱼嘛！

女：怪不得他们做坏事时从不心虚，原来是有你这样的人存在呀！

对于领导的所作所为，男的是什么态度？

A. 尊重　　　　　　　B. 赞同
C. 斗争　　　　　　　D. 认为不对，但不敢揭发

D 项过长，有提示作用。建议修改 A、B、C 三个选项内容为：A. 认为无所谓对与错；B. 作为领导可以这样做；C. 应该谴责这种行为。

第二，在设计题干和备选项时，应该尽可能让选项的长度短于题干。因此，遇到备选项中有相同词语时，应该把它们调整到题干里去，使选项的文字简洁，避免浪费受试的读题时间。例如：

【16】据统计，1993 年以来，全国图书价格的年平均增长幅度在 24% 以上，1995 年增长 31%，为最高增幅。以后逐年下滑，其中 1996 年为 24%，1997 年仅为 6.6%。这表明图书市场在价值规律的调节下，价格正逐步趋于合理。

至于部分图书价格仍然偏高,新闻出版署计财司孙明司长认为有四方面原因:一是一些图书印数较少,每本图书承担的费用较多,定价自然稍高。二是一些图书被出版社预测为畅销书、紧俏书,在定价时定得过高。三是部分图书不仅要考虑成本费用,更要考虑其自身的文化价值;一些书如典籍、史料等具有很高的收藏价值、历史文化积淀价值,不能仅用成本费用来制定价格。四是"以盈补亏"造成的。出版社出的书有的赚钱,有的不赚钱,有的书定价就会高一些以弥补其他书造成的亏空。如人民出版社1997年出的书中,有47种书亏损达46万元,因此其他一些书定价稍高一些。

(《北京晚报》1998年7月1日)

这段话主要写的是:
A. 分析图书市场最近五年来的大好形势
B. 分析图书市场少数图书价格偏高的原因
C. 分析图书市场所存在问题的严重性
D. 分析图书市场价格正趋于合理的原因

4个选项都含有"分析图书市场",应该调整为:

这段话主要是分析图书市场的:
A. 最近五年来的大好形势
B. 少数图书价格偏高的原因
C. 所存在问题的严重性
D. 价格正趋于合理的原因

第三,避免选项中出现一对反义词,出现反义关系容易误导,会把受试的注意力吸引到这组选项上来。同时也要避免在考查非词汇、词义知识的题干与选项中出现一组同义或近义词语。出现同义或近义关系,答案其实已经不选自明了。例如:

【17】钱在一定程度上可以使运动员创造_____,可是太强调钱的作用,就会使运动员走向反面。

A. 成功　　　　　　B. 失败
C. 好成绩　　　　　D. 坏成绩

A项和B项是一对反义词，C项和D项是具有反义关系的词组。从语义上看，好的成绩才是自主创造的，不好的成绩是不得已而为之，所以只有选C项。又如：

【18】同学们在座谈会上谈了不少自己学汉字的心得。
A. 体会　　　　　　B. 经过
C. 故事　　　　　　D. 益处

"心得"与"体会"是一组同义词。

第四，题干原则上用肯定形式表述，确实要用否定形式的，应该在否定词语下加着重号，以引起受试的注意。例如：

【19】下面一般不与程度副词组合的形容词是
A. 认真　　　　　　B. 雪白
C. 仔细　　　　　　D. 懒惰

第五，测试理解应用能力的多项选择题，不要沿用教材或练习中惯用的材料，应使用新的材料，否则，测试的只是记忆能力而非理解和应用能力。

第六，多项选择题必须有一个唯一正确或最佳答案。最佳答案类多项选择题，其题干必须包含诸如"下列答案哪一个最好"之类表述。例如：

【20】表述一个地方自然风景非常好，最常用的表述是
A. 那地方的风景很漂亮　　B. 那地方的风景很美丽
C. 那地方的风景很宜人　　D. 那地方的风景很大方

第七，正确选项不能有任何形式的暗示。通常容易产生暗示的因素，一是正确选项中包含了题干中的某些词语，而其他项没有，这样会误导受试产生联想；二是长度的暗示，正确选项与其他选项的长度明显不一致；三是逻辑、语法上的不一致。

第八，干扰项的编写是影响多项选择题质量的一项重要工

作,在编写干扰项时一般要关照以下几方面的因素。首先,尽可能选择常用常错的偏误来作为干扰项,这样的干扰项对受试来说比较"眼熟",能真正起到干扰作用,也使试题具有真实性。在对外汉语教学的实践中,类似这种常用常错的偏误,多发生于下面几种情况:一是容易发生混淆的规则、知识,由于还没有真正把握理解,运用时难免发生错误;二是由于母语的干扰产生的负迁移;三是语法过度概括、语义过度概括等;四是由于文化的差异导致理解上的偏差。不过,二语习得过程中的过度概括错误带有明显的阶段性特征,将这类常用常错的偏误作为干扰项要与测试类型和受试对象类型相一致。对于母语干扰产生的负迁移和文化差异产生的偏误,我们也要充分考虑受试的民族、国别以及文化信仰是否相同。参加测试的受试如果民族、国别、文化构成不同,应该避免使用含有这些因素的干扰项,忽略这些因素的差异会造成隐形的不公平,影响测试的信度。其次,要考虑干扰项与题干的相关性。干扰并不是要有明显的逻辑上的错误,相反,干扰项与题干在逻辑上或事理上要有某种关联,唯有这样才能真正起到干扰的作用。再次,干扰项与正确选项在难度上也要大致相当,难度差异过大会降低试题的难度。正是由于在命制多项选择题时要考虑到这方方面面的因素,才使得多项选择题的命制费时费力,成本较高。

此外,多项选择题一般不要指明正确选项的个数,正确选项数一般也不要多于错误选项数。

二、正误判断题

正误判断题也叫是非判断题。从某种角度看,正误判断题就是一种两个备选项的选择题。从结构上看,正误判断题一般由一个单句或复句构成,但有时也可以是一个句群;从内容上看,它可以是陈述一个事实,也可以是说明一个观点。受试对这个语句的表述进行正确或错误的判断。一般采取正确用√表示，错误用×表示。例如：

【21】汉语普通话中，"上"的声母是舌尖后音。（√）

【陈述事实；单句】

【22】只要你认真学习，汉语也能说得和他一样好。（√）

【说明观点；复句】

【23】体育锻炼是一种爱好，更应该是一种生活方式。在这一点上，东方人与西方人的认识还有比较大的差距。（√）

【陈述事实和说明观点；句群】

正误判断题一般多用于考查受试对某一细节的理解或某一概念的把握。例如：

【24】现代人的包里除了钱包、钥匙等日常用的东西，还多了瓶眼药水。但要是错误地使用眼药水，对眼睛没有好处。对于经常使用电脑的人来说，每天点眼药水3~4次比较合适。同时使用两种或两种以上眼药水，在滴过一种后需要再过5~10分钟，再滴另一种。

①这段文字主要介绍如何使用眼药水。（　　）

②眼药水要5~10分钟点一次。（　　）

①是考查受试对短文整体意思的把握，②则是对其中一个细节的理解。通过这两道正误判断题，我们基本上可以了解受试是否读懂了这段文字。

（一）正误判断题的适用范围

正误判断题考点单一，多用于考查具体细节，但这并不意味着该类试题只能用于考查某种特定的语言知识或某种单一的语言能力。正误判断题可以用于考查听力理解、阅读理解、语法结构判断等多个方面。例如：

【25】（录音）虽然说这孩子脑子不笨，也不怎么贪玩，可是学习方法不科学，成绩老是上不去。

这孩子学习成绩还不错。（　　）　　　　【听力理解】
【26】下面哪一个句子正确？
①我和那位老师是偶然认识的，谈不上熟悉。（　　）
②我和那位老师是偶尔认识的，谈不上熟悉。（　　）
【语法判断】

【27】在教育发达的美国，大约有5%的家长不愿意把孩子送进学校，他们选择自己在家教孩子读书。

这些家长一般来说知识水平比较高，经济条件也不错。他们认为：孩子不上学，接受这种"家庭教育"就不会受到坏学生影响；而且孩子待在家里念书，家长可以不必为他们的安全担心；此外还可以学习第二、第三外语，而在学校，一般只能学到一种。

①这段话只是说"家庭教育"的好处。（　　）
②家长不愿意把孩子送进学校的主要原因是他们的知识水平比老师高。（　　）　　　　【阅读理解】

（二）正误判断题的特点

正误判断题无论是它的长处还是它的局限性都是比较明显的。

1. 正误判断题的长处

表现在：

第一，取材容易，考点的覆盖面广，命题时受到的限制不多，命制难度不大，命题人员可以在较短时间里命制出大量试题，因此，有些临时决定的测试、随堂考试中常用到这种题型。

第二，答案唯一，评分客观。

第三，考点明确，受试可以迅速作答，回答正误是非题的时间一般较短，因此，在速度性测试中常常采用这类试题。

2. 正误判断题的局限性

具体表现为：

第一，每道题的考点单一，综合性不强。单一的考点使它只适用于考查具体的细节。

第二，答案无非正确或错误，猜题的概率高。

正误判断题两个方面的局限性都与它的考点单一、答案简单有关。正误判断题之所以多用于考查具体细节的掌握情况，是因为试题本身的容量有限，无法容纳多种语言知识或语言能力以及文本的整体内涵。该类试题猜题率高也是与答案只有两种可能性直接相关，正确或错误概率各占50%。

（三）正误判断题的设计

正误判断题形式相对简单，局限性较多，因此，在设计上要因势利导，发挥试题形式自身的优势。设计时要注意以下几个方面：

第一，答案明确，不能模棱两可。例如：

【28】从公共汽车上下来，已经是万家灯火了。我擦了擦头上的汗，赶紧去骑我的自行车。奇怪，车子不见了！这儿是车站，那么多人，又是白天，不会有人偷车呀！

今天我起晚了，都七点了才从家里出来。骑到这个车站时，正好后面来了一辆车。我怕上班迟到，就停下来，顺便把车靠在了这棵小树上，马上追过去跳上了公共汽车。是不是匆忙中忘了锁车呢？不对，这不，钥匙还在我手上呢。

我围着车站转了半天，才在前面那家小吃店门口发现了我的那辆自行车。

车子没什么变化，只是后货架上多了一张纸条，是从作业本上撕下来的一页，上面写着两行铅笔字：

叔叔（阿姨）：

对不起，我把您的车子搬到这儿来了，希望您能理解——我们这个世界太需要绿色了。

①写条子的人想说，请注意保护环境。（　　）

②写条子的人想说，请不要随便放车。（　　）

命题人员认为①是错的，但根据阅读材料，这两道题都应该是对的。

但是,也不能为了明确而采取用反复问的提问形式。例如:

【29】女:你得把这件事向领导反映反映。

男:反映又怎么样?不反映又怎么样?无所谓。

男的这种对待事情的态度,对吗?(　　)

反复问的提问会使本身就比较简单的形式更为简单。此外,反复问有时不需要根据语句内容来回答,只需按情理常识回答就可以了。这样,测试的就不是语言知识或能力,而是常理、常识或对某种事情的价值判断。

第二,正误判断题的题干应该尽可能避免使用本身带有暗示作用的词语。如带有主观判断的词语、全称量词等,往往隐含着提示作用,会给受试暗示。例如:

【30】起初,我们发现顾老师很不像话,课教得很毛糙,仿佛没有备课似的,下课铃一响就急匆匆地离开教室,也不管我们有没有问题要问。每当我们有问题去问他时,他还常常不在办公室。上自修课了,我们想,这下可以问他了,谁知他竟伏在讲台上睡着了,下课的铃声都没有把他惊醒。我们便渐渐对他有点儿反感起来。

后来,教我们的其他老师也是如此,仿佛顾老师的那种病一下子传染了他们似的。

老师教得不细心,我们学得也不认真,整个教室乱哄哄的。唉,这哪儿像个学校!

鉴于这种情况,我们班委会讨论决定,给老师们来个最后通牒。

第二天,我们在教室的黑板左侧醒目地贴出一张大红纸,上面写道:

最近我们发现,老师们在上课时没有以前认真,我们班的成绩也因此下滑了。希望老师们能够严肃地对待教学,负责地考虑我们的前途,为人师表,不要误人子弟!

我们发现每个看到红纸的老师的神情都很难看,我们在下面也不由得窃窃地发笑。虽然我们有些过分,可他们也太不像话了,我们出此下策也是老师们逼的,活该!

过了两天,我们再次走进教室的时候,忽然发现我们贴的那张红纸旁边儿又贴了一张绿纸,上面写着:

各位同学:

由于我们十个月没发工资了,多次去有关部门反映均未奏效,我们又无法调动工作,迫于生计,我们不得不去夜市卖小吃、小商品,去山上炸石头卖,去承包土地等,不能全身心地投入教学工作,影响了教学质量,我们向同学们表示歉意。同时奉劝同学们抓紧转学,以求实现鸿鹄之志。对于无能力转学的同学,我们同是天涯沦落人,敬请谅解!

两张纸,一红一绿,很醒目,也很刺眼。

教师上课从来都不认真。(　　)

【31】所有的上海人都不爱吃辣椒。(　　)

上面两例都含有全称量词,尤其是例【31】,全称量词的使用使得其正误不用阅读材料就可做出判断。

第三,应该考查与所提供的语料相关的问题。尽管正误判断题多考查具体的知识点,但是还得依据语料,从语言知识或语言能力着眼。要避免三种取向:

一是找一些细枝末节设题。例如:

【32】1月12日,汉语水平考试(HSK)在全国8个城市12个考点同时进行,共有近5 000名外国人参加了考试,其中北京的三个考点有3 000多人,年龄最大的是一个67岁的日本老人,最小的是年仅14岁的韩国男孩。教育部明文规定,外国人要到中国高等院校学习非汉语专业必须通过HSK。

另外,一些外国公司也要求职员通过HSK。目前,HSK在全国18个城市、16个国家和地区设有考点。

这次汉语水平考试最小的应试者是一个小男孩。（　　）
这段文字是概括介绍汉语水平考试健康发展状况的，有许多与语段主旨有关的信息点可以设题，类似男孩、女孩的信息太微不足道了。

二是脱离文本，利用一些与文本材料有些间接联系的常识设题。例如：

【33】在加拿大，最受欢迎的体育运动要数冰球了。全国上下都喜欢这项运动，全国到处是冰场，人们从小就学，几乎人人都会滑冰、打冰球。

加拿大的冰上运动项目水平很高。（　　）
喜欢体育的人，尤其是喜欢冬季项目的，大多都知道加拿大的冰上项目，如冰球、冰壶、短道速滑、花样滑冰等项目的运动水平很高，这是一个不争的事实。但文本只是表明加拿大的冰上运动项目非常普及，并未表明加拿大的冰上运动项目水平很高。就一般情况而言，运动项目水平高往往与普及程度有着正相关关系，但就这段语料来看，还只是间接联系。如果简单地判断这是不正确的，又与事实不符。

三是不要对文本材料做推理，或根据背景知识设题。例如：

【34】统计学是一门很有用的科学，各种统计数据在专业人员手中能被运用自如。有关健康问题的统计数据也为大众所关注，由于他们并非专业人员，所以往往造成许多误解。错误理解的原因大致有两种：一种是心理上的，另一种则是统计学问题。

心理上的原因，是因为对司空见惯的事物见怪不怪，却对新出现的事物过于关注而造成的紧张。其中最典型的例子是1993年美国出现的一场轩然大波。当时美国电视报道了一则诉讼案，原告声称他妻子过多地使用大哥大（移动电话）而患脑癌不治身亡，因此他状告电话公司要求赔偿。此案引起了社会上一阵恐

第五章 试题的类型、特征及其设计 ·71·

慌,甚至造成电话公司和大哥大制造厂股票跌价。"

1993年美国大哥大生产厂家因这起诉讼案导致销售困难,产品积压。( )

大哥大销售困难,产品积压,这是从文本最后一句"此案引起了社会上一阵恐慌,甚至造成电话公司和大哥大制造厂股票跌价"推演出来的,从事理上来说,有这种可能。但是,文本材料没有论及。换言之,无论认为它是正确的还是错误的,都没有依据。再者说,这样设题,测试的不是与语言直接相关的知识或能力,而是逻辑上的推理。

除此之外,设计正误判断题时,在技术层面上也有一点需要注意,要避免在题目中使用文本中原来的语句,否则会降低题目的难度。例如:

【35】中午,当我们走进专门做家常菜的"雅居乐"时,只见十来张桌子已经坐满了人,后来的只好排队等候。服务员告诉我们:"除了星期六、星期天,差不多天天都是这样,11点30分就开始不断来人,一直到下午1点30分。"一位等着上菜的商场营业员张小姐说自己是这儿的常客,虽然商场里也有食堂,可是不如这儿的品种多,味道好,价位也不高,还能省点儿钱。

从这段短文可以知道,雅居乐的品种多,味道好。( )

正误判断题答案猜中的概率是50%。这样高的猜中率可能对测试带来两种影响:一是使本身就不可能高的难度再次降低;二是信度降低。为了改善这种状况,近来有些学者提出了一种改进的办法——增加一个备选答案,即"本题内容文本材料未涉及",简称"未涉及"。这也就是说,正误判断题可以有三个可能的答案:正确、错误、未涉及。例如:

【36】水彩画传入中国大约是在20世纪初,但它真正获得迅速发展却是在中国改革开放以后的几十年。综观中国当代水彩画,就其风格而言,大致有三种倾向,即写实型、写意型和装

饰型。

　　写实主义仍是当代水彩画的主流。许多作品有较强的时代感，并溶入了浓郁的乡土气息和民族情感。

　　写意型作品在中国当代水彩画中所占比例也不小。作者们借景抒情，强调主观感受，追求意境表达，与中国传统水墨画有许多相近之处。

　　另一类作品偏重装饰风格。这类作品较多地借鉴了西方现代艺术的构成因素，不强调光影效果的表现，而注重画面的形式结构。

　　近代欧洲水彩画对中国水彩画有所影响。（未涉及）
这道题如果简单地回答为正确或错误，都是不准确的。从美术史的资料看，中国的水彩画早期确实受欧洲，尤其是英国透纳等人的影响。如果回答为"错误"，与史实不符。这一改进的好处不仅是降低了猜题的可能性，更为重要的是使答案更为科学。

　　正误判断题有一种变化形式，叫作"多重判断题"。一般由阅读材料、指导语和若干判断题三个部分组成。所谓"多重"是指它的判断不是孤立的一个，而是成系列的多个。例如：

　　【37】科学家观察发现，在成群的蚂蚁中大部分蚂蚁都争先恐后地寻找食物、搬运食物，可以说是相当勤劳，但有少数蚂蚁整天则东看看，西望望，似乎无所事事，什么活儿也不干。它们被科学家称为"懒蚂蚁"。

　　为了深入研究这些懒蚂蚁在蚁群中如何生存，科学家做了下面的实验。

　　他们在懒蚂蚁身上都做上标记，然后断绝蚁群的食物来源，并将蚂蚁窝毁掉。在随后的观察中发现，在这种情况下，那些蚂蚁不知所措，一筹莫展，而懒蚂蚁挺身而出，带领伙伴们向自己侦察到的新的住所的方向转移，并顺利建立起新的蚁窝。

　　接着，实验者把这些懒蚂蚁从蚁群中抓走。结果发现，剩下的蚂蚁都停下了工作，乱作一团。直到把那些懒蚂蚁放回之后，整个蚁群才恢复到井然有序的工作和生活状态。

看来，绝大部分忙忙碌碌、任劳任怨的勤劳蚂蚁，根本离不开为数不多的懒蚂蚁。懒蚂蚁把大部分时间花在"侦察"和"研究"上，能在情况发生变化时运用头脑分析事物，发挥行动引导作用，具有使蚁群在困难时刻存活下来的本领。显而易见，懒蚂蚁能看到蚂蚁面临的问题并找到解决问题的办法，是蚁群赖以生存的组织者和指挥者。

阅读以上材料，判断下列表述的正误。对的在句子后的括号内画"√"，错的画"×"。

（1）一窝蚂蚁有的搬运食物，有的不搬运食物。（　　）

（2）蚁窝一旦被毁，懒蚂蚁会带领大家建造新的蚁窝。（　　）

（3）在一窝蚂蚁中，懒蚂蚁的数量不多。（　　）

虽然说多重判断题是正误判断题的变形，不要把多重判断题看作是正误判断题提问的简单相加，二者的区别是明显的：

从测试的重点来看，正误判断题着重测试受试从语法形式上识别错误的能力；多重判断则是着重考查受试从意义上识别是否符合汉语表达习惯的规范性。因此，多重判断一般多用于测试受试辨析事件事实、理清事情各种逻辑关系的能力。

从试题形式上看，正误判断题不附带其他文字，而多重判断题一定附带其他文字。

从所设问题来看，正误判断题只设一个问题，不存在问题的相关性的问题，问题都是相对独立的；多重判断的问题要关照两方面的联系，一是由于是多个问题，问题之间应该有所关联，二是问题应该与所提供的材料相关联。

多重判断题的优缺点与正误判断题大致相同。有的学者认为：多重判断比其他选择形式更可信，它并不逊色于选择题，而且命制容易，测试效率较高。在相同的时间内，可以测试较为广泛的汉语知识和技能。但是，由于答案就只有"对"与"错"两种，容易导致受试猜题，且猜测概率是50%。在实际使用中，多用于测试较低层次的汉语知识和技能。答案只是提供了一个静态结果，无法了解错误产生的原因，没有诊断价值。①

三、匹配题

匹配题也称为配伍题、配对题，俗称"画线题"。匹配是一个关系概念，匹配题由匹配项和被匹配项两部分构成，受试答题时要给这两类项目予以正确的匹配。例如：

【38】　　　A　　　　　　B
　　　　1. 新　　　　　a. 矮
　　　　2. 高　　　　　b. 小
　　　　3. 大　　　　　c. 旧
　　　　4. 胖

（一）匹配题的适用范围

匹配题的适用性较广，在语言知识层面上，可以用于考查受试的语音知识、词汇知识、语法知识以及文字知识等；在能力层次上，主要用于考查识记和领会能力。例如：

【39】　　　A　　　　　　B
　　　　1. yuán　　　　a. 齐齿呼
　　　　2. jiāng　　　　b. 开口呼
　　　　3. zhǎng　　　c. 合口呼
　　　　4. fù　　　　　d. 撮口呼　　【语音知识、领会】

---

① 杨翼：《对外汉语教学的成绩测试》，263页，北京：北京大学出版社，2010。

【40】　　　A　　　　　　　B
　　　1. 成果　　　a. 中性
　　　2. 结果　　　b. 贬义
　　　3. 恶果　　　c. 褒义　　【词汇知识、领会】

【41】　　　A　　　　　　　　B
　　　1. 因为天气冷，　　a. 这玩意儿才会转起来。
　　　2. 只有把电源接上，b. 我们就改天再去。
　　　3. 如果天气冷，　　c. 所以我们决定改天再去。
　　　4. 事情的经过就是这样，　　【语法知识、领会】

【42】　　　A　　　　　　B
　　　1. "辶"之底　　a. 理
　　　2. 双人旁　　　b. 送
　　　3. 斜玉旁　　　c. 行
　　　4. 草字头　　　　　　【文字知识、领会】

匹配题考查能力时主要用于简单运用。例如：

【43】　　　A　　　　　　　　B
　　　1. 谢谢您，给您添麻烦了。　a. 别客气，应该的。
　　　2. 请问，去图书馆怎么走？　b. 同事之间，举手之劳。
　　　3. 唉，老是麻烦你。　　　　c. 前面十字路口，左拐就是。
　　　4. 请大家安静一下。　　　　【单项技能运用】

用于阅读能力考查也是一种比较常见的题型。例如：

【44】阅读下面的短文，然后在短文中找出在意义上相应的词语填在D栏里，使D栏里的词语在意义上与A栏上的词分别对应。

自然界的各种环境因素中，没有哪一种因素比水对人体健康的影响更直接、更广泛。有人认为，既然市场上卖的纯净水是经过人工处理的，而且还卖得那么贵，经常喝一定会对身体有好处，多花钱买健康也是值得的。

多花钱一定能买来健康吗？对这个问题，营养学专家的回答是否定的。

他们指出,纯净水在加工过程中,水中的有害物质被除去了,但是同时也失去了人体健康不可缺少的一些矿物质,因此长期饮用对身体没有任何好处,特别是少年儿童,更应该提倡他们多喝天然水,否则会对他们的健康成长造成影响。

     A   B
   1. 有危害的 a. _____
   2. 损失   b. _____
   3. 主张   c. _____
   4. 天然水 d. _____ 【阅读理解】

(二)匹配题的类型

匹配题从匹配项目的类型看,可以分为两类,一类是相互匹配的项目是语言项目,前面讲适用范围所举的例子都属于这一类;还有一类是一边是文字,另一边是图画或画面,这类多用于听力理解和阅读理解中的图文转换。例如(图5.1):

【45】   A(录音)
1. 同学们在等公共汽车 2. 房间里摆着两张沙发
3. 小伙子躺在床上打电话 4. 有三个人在游泳

     B(图)

(a)

(b)

第五章 试题的类型、特征及其设计 ·77·

（c）

（d）

图5.1　　　　　　　　　　【听力理解】

（三）匹配题的特点

匹配题最大的优点是题型适用面较广，命制相对容易，评分客观，评阅操作便捷。匹配题可以测试语言知识的相关性，也可以测试受试的识别、分析理解能力。受试作答必须比较几个项目之间的不同，因此，可以测试受试对细节的把握情况。

匹配题的局限性表现在两个方面：一是多用于测试语言知识、单项技能和简单运用，如果要用于测试语言的综合运用能力，设题难度较大；二是有时会难以找到完全匹配的项目，即使找到了，答案的科学性也不尽如人意。

（四）匹配题的设计

匹配题的设计应该分为两个层面来考虑，一个是内容层面。设计匹配题时在内容上要注意两点：

第一，答题指导语要清晰明确，受试知道如何作答。指导语不明确，受试可能会不知所措。例如：

【16】根据短文的内容决定A、B栏目中语句的取舍。

发菜，是一种形状、颜色像头发一样的菜，据说它的营养丰富，而且具有一定的药用价值。更重要的是，它的发音很像"发财"——指得到大量的钱，因此，广东人非常喜欢这道菜，特别是过春节的时候，人们喜欢用它来送礼、请客、招待朋友。

然而，人们经过调查发现，挖到二两发菜要破坏相当于16

个足球场面积的草场,大量消费发菜必然会对我们周围的环境造成严重影响。为此,专家们提出,为了不给我们的子孙后代留下遗憾,该是彻底结束这种习惯的时候了。

    A   B
1. 广东人之所以喜欢吃发菜 a. 所以要改变吃发菜这一习惯
2. 发菜的挖掘会破坏草场植被 b. 是谐音想以此图个吉利
3. 因为发菜有一定的药用价值 c.   【听力理解】

如果依据指导语,受试可能只是删去 A3。其实,试题的要求应该是根据短文的内容将 A、B 两栏的项目分别匹配起来。

  第二,相互匹配的项目,从理论上看,结构或逻辑上能够匹配。如果结构上或逻辑上本身就不能匹配,受试首先就将它排除了,这样会降低试题的难度。但在测试语法知识时,有些匹配项目相互之间可以在结构上匹配。例如:

【47】 A   B
   1. 打扫   a. 卫生
   2. 清理   b. 废品
   3. 清洗   c.

这道题是测试语法知识,A1 只能与 Ba 组合,A2 只能与 Bb 组合;A3 则既不与 Ba,也不与 Bb 组合。

  此外,题干、选项必须同质或相近,否则也会降低题目难度。例如:

【48】 A   B
   1. 长城   a. 美国作家
   2. 海明威   b. 秦代
   3. 文艺复兴 c. 15 世纪
          d. 19 世纪

题干与选项的性质迥异,中国古代遗迹、作家的国别、思想解放运动,在通常情况下,这三个概念不发生直接的关联。这样的题目受试可以仅凭平时积累的常识做出回答。

同质也是测量知识、范围具有确定性的基本保证。例如：

【49】　　　　A　　　　　　　　　B
　　　1. 床　　　　　　　　a. 一个
　　　2. 床头柜　　　　　　b. 一张
　　　3. 椅子　　　　　　　c. 一把
　　　　　　　　　　　　　d. 一副

题干上提到的事物都是卧室里的用具，选项都是计量单位。这道匹配题可以测试外国留学生对汉语中量词的掌握情况。

另一个是技术层面。设计匹配题时，首先，一般不要等量匹配，如果等量匹配，最后一项的匹配实际上是无效的；其次，匹配的项目数量不宜过多，因为短时间记忆长度是有限的，有专家建议多则 10 项到 15 项；再次，作答方式必须做明确规定和说明，如同一选项是否可以多次选用等。

第二节　非选择答案类试题

非选择答案类试题也叫构建答案类试题。这类试题要求受试提供自己认为正确的答案，因此，又叫开放性试题。非选择答案类试题常用于直接性测试以测量受试的产出性语言运用能力。

非选择答案类试题可根据评分过程中的客观性程度分为限制性答案类（restricted response items）和扩展性答案类（extended response items）两类。

限制性答案类试题一般只有一个或有限的几个正确答案，而且答案简短，通常是一个词或一个短语。有些答案虽然较长，如语篇听写，但答案只有一个。限制性答案类试题评分客观、快捷且实用性高，特别适合用于教师自己命题的考试。常见的限制性答案类试题有完形填空题、简短答案题等。

扩展性答案类试题要求受试写出语篇性答案。一般来说，答案可以不止一个。受试可以根据自己的理解，结合自己的经历做出自己的回答。扩展性答案类试题要求测试行为与人们日常的语言运用行为有较高的相似性。这类试题的评分往往会带有一定的主观性，可能会出现对同一答案，不同的评分人做出完全不同评判的情况。因此，使不同的评分人尽可能地统一标准尺度、缩小个体间的差异，也是使用这类试题进行测试取得成功的关键。这类试题的评分相对限制性答案类而言，费力、耗时且成本较高。用于书面语能力测试的作文和口语面试测试的试题都属于扩展性答案类试题。

常见的扩展性答案类试题有以下一些类型。

一、完形填空题

（一）完形填空题的构成

完形（closure）是格式塔心理学的核心概念。格式塔心理学家们认为，人们在观察物体形状时，会下意识地把物体形状中的不完整或者说空缺部分补全起来。格式塔心理学家把这种能力称之为完形能力，补全空缺部分的过程就是一种完形程序。受到格式塔心理学家的启发，应用语言学家们发现，人们这种补全不完整图形的完形能力也表现在人们的阅读过程中。把一个言语片段中的几个词语去掉，人们在阅读的过程中也能下意识地补全去掉的词语，使之变成相对完整的言语片段。人们补全言语片段的过程本质上也是一种完形程序，或者说，人们的完形能力也投射在语言能力上。

当然，言语片段的完形与图形的完形还是有些不同，因为二者毕竟是不同质的事物。二者的不同在于它们的内在构成因素。言语片段的完形程序与语言冗余性有密切关系，冗余性是言语片段完形程序的语言学基础。信息在语符链的不同层次的不同项目上可能存在着重复性，因此，某些信息可以被省略而不影响信息的完整性和信息的传递。如"小王他们夫妇俩双双被他们车间给推选为厂职工代表大会的代表"，句子主题的复数信息四次被提示（小王他们夫妇、俩、双双、他们），被动信息两次被提示（被他们车间、给）。

完形填空题（cloze items）也叫综合性填充题，一般由一个或多个句子构成，其中个别词语或句子已被删去，受试应根据要求填入恰当的词语或句子补全意思。例如：

【50】我们班_____一个人都有一本《现代汉语词典》。
受试应该在空格处填上正确答案"每"。

完形填空题的评分方法有两种，这两种评分方法其实就是删词的方法。一种叫原词法（the exact word method），即原文中被删去的词是唯一正确答案。这种评分方法最大的好处是客观、快捷。例如：

【51】西藏是高海拔地区，游客必须量力而行，出发前应该做好身体检查以及进藏心理和药物_____。
试题的命制者把原文中的"准备"删去了，"准备"是唯一正确答案。

另一种叫可接受词法（the contextually acceptable word method），即在语义和语法上，在语言的实际运用中真实存在并为说这种语言的人们所接受的词语，都认可它的正确性。这种评分实际上就是承认答案的多元化。例如：

【52】各国政府应当采取_____行动来减少温室气体的排放。
在空位处填上"一致"或"共同"，无论是语义上还是语法上都是正确的。

对这两种评分方法存在着不同的看法，尤其是有不少的人认为原词法过于刻板，不太公平。其实，有研究表明，这两种方法对二语学习或二语教学来说,具有高度的相关性。原词法看似严格,实际上与可接受词法在测量上反映出的差异是一致的。

(二)完形填空的适用范围

完形填空是综合测试类题型,适用范围较广,可以用于测试受试的语言知识,也可以测试受试的语言能力。例如:

【53】(录音)刚才谈了很多理财的手段,其实,我们还可以找一个适合自己的项目,通过创业来获取我们的第一桶金。年轻人由于经济实力不是特别强,可以先从一些投资少、见效快的项目着手。我身边的年轻人就挺热衷投资一两万开一家奶茶店啊,或者小首饰店什么的。这些店呢,位置肯定要选好,店面不要求太大,但是对消费者的定位要准确,不能跑到工厂区去开眼镜店,也不能跑到大学生生活区开店卖农具什么的。

奶茶店的地理_____最好选在比较繁华的地区。(位置)

【词汇、听力理解】

【54】书房坐_____那么多人,还是去客厅吧!(不下)

【语法知识】

【55】出门度假,最_____的办法就是参加旅行团,你只要选择想去的地方,便会有人替你安排好一切,你要_____的只是跟着走,省心、省力。(简单 做)

【词汇、阅读理解】

【56】

A:打扰一下。请问,_____? (去文科教学大楼怎么走?)

B:文科教学大楼?哦,这栋楼后面那栋圆顶大楼就是。

A:喔。_____? (怎么个走法?)

B:从这栋楼的左边绕过去就是了。

A:_____。(谢谢)

B:不用谢。

【语言运用能力】

（三）完形填空题的类型及其特点

1. 标准的完形程序填空题

这类完形填空题是在一长度适中的语篇中删除一定数量的词语。删词的方法有两种。一种是固定比率删词法（the fixed ratio method），即每隔一定的距离删除一个词。这种每隔一定的词距就删除一个词语原本是完形填空题命题的原则，即随机删除原则。有实验表明，有规律的删除词语能保证测试的效度和信度；反之会降低测试的效度和信度。但是，如果删除的词是数词、专有名词或其他受试不可能回填的词或其他不宜删除的词，可以改为删除相邻的词。例如：

【57】通常，人们在听话的时候，都会选择对自己有利的部分来听。__A__，对自己不利的部分就不喜欢听。在生活中，大人们会以自己的__B__告诉孩子们，什么事该做，什么事不该做。但孩子们却觉得受到了__C__，不自由。

这道题在 A、B、C 的位置上分别删去了"相反""经验""限制"，A 与 B 之间相隔 18 个词，而 B 与 C 之间相隔 19 个词，因为 C 的位置上是一个动态助词"了"。本题设计时考虑的是测量对实义词的理解，所以往后调整了一个词位。

一般认为，删词的词距与试题的难度有直接的关系。词距少于 5 个词的，难度会过大；词距多于 11 个词的，难度会过低。一般都控制在 5~11 个词距的范围里，超过 11 个词距的一般起不到完形测试的作用。

还有一种是变化比率删词法（the variable ratio method），即按照既定的测试要求，根据测试目的，删除某一类词，如实词或虚词，甚至可以具体到只删除某一具体词类，如动词或名词等，而不考虑删除词之间的间隔。这种删词法只遵循测试内容，随机原则不予关照，更多的是关照测试目的和实用性。例如：

【58】1914 年，爱迪生的实验室突然着了大火，所有的研究

成果很快就要烧掉了。爱迪生的儿子非常__A__，到处找爸爸，却意外地发现爱迪生也站在人群中__B__地观看大火，好像着火的不是自己的房子。儿子__C__地对他说："实验室都快烧光了，我们该怎么办？"爱迪生看着大火对儿子说："去把你妈妈找来，这样的大火很难见到。"

这道题测试受试对述人性形容词语法知识的掌握情况，在A、B、C处分别填上"着急"、"平静"和"生气"。

标准的完形程序填空题的特点鲜明。其优点是：

第一，这类试题，无论是固定比率删词法的还是变化比率删词法的，命制难度都不大。一段篇幅不长的短文可以生成相对较多的题目，删词的间隔越小，生成的题目就越多，测试的信度也就越高。

第二，评分的客观性较高，即便还不能利用计算机阅卷，但速度也较快。

第三，可以同时测试一种以上的语言知识或技能。

但是，这类试题在实践中也暴露出一些不足，有些问题还得注意：

第一，这种试题，尤其是采用原词评分法的，测试难度较高，如有些汉语水平测试的题目让母语为汉语的人来做，也时常做错。

第二，这种试题测量一般语言能力的效度较低，因为它与常用来测量一般语言能力的测试之间相关性不高，就像有些受试认为的那样，这种试题不像测试。有些学者认为，这种试题用来测量词汇语法知识更有效，而用来测量阅读能力或推论、演绎等高层次技能方面的效度相对较低。

第三，语料的选择和删词的起点会影响试题的信度和效度。有人通过实验发现，用难度较大的语料命制的试题比用难度较低的语料命制的试题测量理解事实性信息等低层次技能的效果更好。采取固定比率删词法，第一个被删词的选定会影响到后续被删除词。如果删除的是主要起语法作用的虚词，测试的难度一般就不会太高；如果是实词，这就既涉及词义的搭配，又牵涉语法上的组合，测试的难度就会较高。测试难度上的差异会直接影响到测试项目的区分度，从而影响到测试的信度，进而影响到效度。

2. 强制选择完形填空题

这种试题也叫语篇填空题或者选择删除的语篇题。它是将从原文中删除的词语和起干扰作用的词语混合在一起，要求受试选择正确的填空。例如：

【59】在发展中国家纷纷把购买一辆汽车作为生活改善的标志时，西欧国家却兴起了自行车热。人们因为种种原因__a__使用汽车，如避免交通堵塞，__b__尾气排放或是锻炼身体等。大规模"自行车革命"引发的环保生活方式备受__c__。

A. a. 丢弃　　b. 放弃　　c. 摆脱
B. a. 减轻　　b. 减少　　c. 减小
C. a. 注意　　b. 欢呼　　c. 关注

这类完形填空与多项选择题十分相似，但二者还是有所不同的。不同之处在于测试的问题嵌入语篇之中后，正确答案的选定就不仅仅依赖于句子成分之间的语义关系，还要依赖于句子之间的语义关系。换言之，这类完形填空题是在更大的语境中决定正确选项的。因此，这类完形填空题的难度要高于多项选择题。由于这类完形填空题不是没有任何依傍的，给出了包含正确项的备选项，就等于给受试划定了一个选择范围，很可能出现本来受试没有想到如何作答，但看到备选项后马上做出了正确选择，选择项给了受试一些提示。所以，也有学者认为，就区分度和难度看，这类完形填空题又要低于标准的完形程序填空题。

强制选择完形程序填空题的长处和局限性都体现在功能上。

作为长处，命题者可以事先自主决定删除的词语，使选定的词语与将要测量的语言功能项目对应起来，同时还可以对被测试项目进行调整以求达到测试的理想效果。

但是，受试题类型所限，只能测量句子层次的成分，即便是用于测量阅读理解，一般也不用于测量推论、演绎等高层次技能，或者略读、泛读等更广泛的阅读能力。

3. C—测试

C—测试（C-test）也就是首字母提示型，是完形填空的一种变体。这种题型是德国学者布雷利（Klein-Braley）在20世纪80年代首先开始使用的。这种试题早期的具体形式是，选一个言语片段，第一句和最后一句不删除任何词，从第二句的第二个词开始，每隔一个词就删除一个，所删除的不是整个词，而是那个词的第一个或前几个字母后的字母。这种题型的形式后来又有所变化。相对强制选择完形程序的填空题，C—测试的提示作用更具体一些，强制选择类的只是提示了四种可能性，每个选项的概率只有四分之一，而C—测试则具体到答案的前半段。C—测试多用于使用表音文字的语言，对外汉语教学中偶有使用，但不常见。例如：

【60】Have you ever opened a book and discovered that no words were printed on it? Blank bo _____ have be _____ very pop _____ in t _____ last f _____ years.

【61】我收_____了他的来信，可是因为忙，仅回过他一封信。

C—测试的优点是命题难度小；评分客观，快捷；答案唯一；相关的研究结果表明，C—测试的信度和效度都较高。但是，C—测试删除的是词的后半部分，给人的印象是过于残缺，支离破碎，这会影响C—测试的表面效度。

4. 完形删除

完形删除（cloze elide）是在短文中插入若干词语，要求受试识别这些插入的词语并将其删除。完形删除是与完形填空反向操作的一种题型，完形填空是将词语插入短文，而完形删除是将插入的词语删除掉，从这个角度看，完形删除是完形填空的变化形式，与传统的改错题有相似之处。例如：

【62】一提台风，人们便会想到（由）它带来的狂风暴雨以及（因为它）由此引起的危害。然而，假如没有这种热带风暴，（最终）结果又会怎样呢？

完形删除多用于测量阅读理解能力，但只限于测量理解事实性信息等低层次技能，不能测量推论、演绎等高层次技能。

（四）完形填空题的设计

完形填空题的设计对试题所用语料的要求较高。所选文章的语言应该规范、地道、鲜活，最好是出自大家之手的名作，最好是原作，不要删改，删改后会影响标准答案的确定；不要选择非本族作家的作品，否则会影响测试的信度和效度。短文难度要适中，要低于阅读理解文段的难度；文中较少专有名词和专业术语以及数字。篇幅一般控制在350个词左右，过长，需要过多的阅读时间，增加难度；过短，可能造成提供的信息不充分，不能提供一个完整的语言环境。

设计者要明确具体使用固定比率删除法还是变化比率删除法。如果要测试受试的阅读水平，一般多采用固定比率删除法，间隔选定在5~7个词之间。间隔过短，会让受试觉得短文支离破碎；间隔过长，会降低难度。如果要测量受试的语法知识等，一般多采用变化比率删除法，可以有针对性地进行删除。单篇短文删除总量以不超过20个词为宜。

完形填空题的难度不仅与删词的词距有关，一般说来，词距越小，难度越大，同时与删除哪一类词语也有密切关系。相对而言，回填实词的难度要大于回填虚词的难度；需要依据前后句甚至整个语段的信息方能决定回填词的难度比只需依据本句信息就可以决定回填词的难度大得多。在依照某种方法进行删词的同时，我们还要关照难易的搭配，都难或都易，会影响试题的效度。

设计试题时要考虑到答案。完形填空题的答案与评分方法有密切关系。如果用原词法评分，答案应该是唯一的；如果是用可接受词法，要尽可能穷尽可接受的答案。

明确测试对象，考点要相对单纯，不同的考点不放在一起测试。

二、排序题

排序题是命题者提供一些语言项目，受试将这些语言项目排列起来，使之成为在语义、语法上都可接受的语句。排序题可用于测量语法知识，也可用于测量阅读能力。例如：

【63】把下面的词语组合成一个句子。所给词语不得删除，也不得重复使用。标点符号可酌情添加。

孩子的　追求　是　因此　不断　玩具　变幻　新　孩子
天性　创新　应该　新奇　出　产品　让

【语法知识、阅读能力】

（参考答案：追求新奇是孩子的天性，因此，玩具应该不断创新，变幻出新产品让孩子惊喜。）

【64】把下面的语句组合成一段符合语义和语法规则的话。

a. 作为世界第一煤炭大国，中国每年都有成百上千的人丧生于瓦斯事故。

b. 但瓦斯也不是一无是处的物质，因为瓦斯的主要成分和用途广泛的天然气一样，都是由甲烷构成的。

c. 瓦斯，又称煤层气。一谈到它，煤炭工人都有谈虎色变

第五章　试题的类型、特征及其设计　·89·

之感，它在中国有煤炭工业"第一杀手"之称。

d. 不仅如此，瓦斯还极大地污染了地球大气环境，排放到空气里的瓦斯产生的温室效应是二氧化碳的20倍。

e. 如果能有效地利用，它也是一种清洁高效的能源。

【阅读理解】

（参考答案：cadbe）

排序题有三种常见的形式。第一种是多词、多句排序，如例【60】【61】。

第二种虽然也是多词、多句排序，但命题者已经提供了所要构成句子的前半部分或后半部分。实际上，是排序加完形的变化形式。例如：

【65】根据下面句子前半部分所表示的意思，用下列词语使下面的句子意义连贯，结构完整。可根据表达的需要添加标点符号。

白天　来到　练功的　在　练习　工作　学校　衣服　音乐声中　辛苦　换好　鞋子　认真地

每到黄昏时分，他们忘却了＿＿＿＿＿＿＿。

（参考答案：每到黄昏时分，他们忘却了白天工作的辛苦，来到学校，换好练功的衣服、鞋子，在音乐声中认真地练习。）

第三种是确定某一词语在特定语句中的位置。这种题型在汉语水平考试中往往与多项选择题结合。例如：

【66】下列语句中都含有"都"，哪一项中"都"的位置最恰当。

A. 每一个人对自己的故乡都该很熟悉。

B. 每一个人对都自己的故乡该很熟悉。

C. 都每一个人对自己的故乡该很熟悉。

D. 每一个人对自己的故乡该很都熟悉。

排序题主要用来测量语法知识、语篇知识以及语言综合运用能力。在测量语言综合运用能力时,主要是针对语义连贯能力和利用语法、语篇知识深度阅读的能力。

排序题的难度受两个因素的影响。一个是素材自身的难度。语言符号之间的连接有两种手段:一种是通过一些关联词语把符号连接起来。这些关联词语是一种形式标记,如"因为……所以……"把两个分句连接起来,并且表明这两个分句在意义上是因果关系。其他如关联副词、能够作为语义格格标的介词等功能词,都是具有连接作用的形式标记。这类形式标记有提示作用,它们的出现会使难度降低。还有一种是无形式标记的,词语之间没有功能词。由这样的素材构成的试题难度较大。

另一个因素是试题形式。排序题如果以多项选择的形态呈现出来,试题本身已经提供了几种排序的结果,受试只需在这其中择其正确者。这类排序题难度较低,因为在选择的过程中可以充分利用语法知识,只要提供的备选项中有某一结构体不符合语法规则就可以将其排除,不用做过细的推敲。例如:

【67】下列语句中都含有"频繁地",哪一项中"频繁地"的位置最恰当。

   A. 频繁地她最近提到公司的将来,提到困扰着她的现实的忧虑。

   B. 她频繁地最近提到公司的将来,提到困扰着她的现实的忧虑。

   C. 她最近频繁地提到公司的将来,提到困扰着她的现实的忧虑。

   D. 她最近提到公司的将来频繁地,提到困扰着她的现实的忧虑。

"频繁"是述动性形容词,只与动词性的词语组合,因此,A、B、D三项都不符合这个语法语义组合要求。A项中的"频繁地"修饰的是一个主谓短语；B项"频繁地"与"最近"组合也不成立；D项"频繁地"后置，汉语中不多见。此外，结构助词"地"是状语的标志，为此，D项也就可以排除了。汉语中常见的句首状语是由"关于""对于""对"等介词引起的，表关涉到的人或事，由形容词加助词"地"作句首状语的很少见。至此，A项也可以排除了。

如果是不提供备选项，只是列出可以构成句子的词语，试题的难度会大大提高。提供的词语越多，难度就越大。这类排序题之所以难度大，是因为前面那种提供备选项的，仅仅是测试受试的语法能力，基本上不涉及语义，尤其是句义，只是要求受试对语法的合法性做出判断。不设备选项的，测试的不仅是语法知识，还涉及语义搭配、句义的构成。句义的解构是一种高层次的语言综合运用能力。

设计排序题时要注意以下几点：

第一，要认真筛选命题素材，推敲答案，因为这类试题可能出现多个正确答案的情况。认可转换题有多个答案是可接受的，而承认排序题的多个正确答案似乎不妥。例如：

【68】下面4个句子中都含有"据说"，哪一句中的"据说"位置恰当。

A. 据说，目前我国大学生创业比例比较低，不到毕业生总数的1%。

B. 目前我国大学生创业比例比较低，据说不到毕业生总数的1%。

C. 目前，据说我国大学生创业比例比较低，不到毕业生总数的1%。

D. 目前我国大学生创业比例比较低，不到毕业生总数的1%，据说。

例【68】的A、B、D三项的说法在汉语中都是可接受的，导致这种结果的主要原因,是选择"据说"作为考察项目不合适。"据说"在这个结构中是一个独立成分,在句法结构上是游离的,它只要是与一个具有叙述表达功能的结构体连接,一般都是可接受的。

第二,评分标准应该细化,不能用简单的全对或全错来处理,从考试的实际来看,会有类似半对半错的情况,尤其是多个句子的排序题会出现类似情况。简单处置会影响到试题的信度。例如:

【69】给下列语句排序,使之构成一个在语义上和语法上可接受的语篇。

所谓普瑞玛法则如下:

A. 我们可以用一天到两天的时间给自己做一个行为记录,把你通常每天要做的事情记下来,即使粗粗地记,大约也会有几十件。

B. 然后把剩余下来的几十件事情按照你的兴趣排列,把最不喜欢做的放在第一,最喜欢的放在最后一位。

C. 最后就可以在一周内开始行动,每天一早从最不喜欢的事做起,按照顺序做到最后一件。

D. 把其中一些如吃饭、睡觉等必须完成的事情剔除。

E. 整个过程,开始会觉得困难,但是只要咬牙坚持,就能顺利进行下去。

这道题的正确答案是 A—D—B—C—E,但是不排除有受试答为 A—B—C—D—E,只有一个顺序环节不正确。从阅读理解的角度看,受试基本读懂了,只是个别地方不清楚。在制定评分标准时,应该对类似情况有一个合理的、实事求是的区分,这样评出来的分数才能真实反映出受试的水平或能力。

三、转换题

转换（transformation items），也叫变换，包括形式的转换和意义的转换。因此，转换题也就可以分为三类，即结构转换题、功能转换题、图文转换题。

（一）结构转换题

所谓结构转换题是在保证语句结构的基本信息不变的情况下，结构上有所变化。这里说的结构转换只是一个方便的说法，包括了不同句式之间的转换，不同句型之间的转换。例如：

【70】把下面的"把"字句转换成双宾语句。

他把那本书送给了我。→他送给了我一本书。

他把自行车借给了我。→他借给了我一辆自行车。

【句式转换】

【71】把下面的动词谓语句转换成主谓谓语句。

我吃完了饭。→饭我吃完了。

我做完了作业。→作业我做完了。　　　　【句型转换】

在现代汉语里，句型和句式是两个有联系但又有区别的概念。二者的联系体现在都是着眼于结构划分出来的类。二者的区别在于，句型是着眼于句子的整体结构分出来的上位结构类型，如我们经常说的主谓句、非主谓句、名词谓语句、主谓谓语句等；句式是着眼于句子的局部结构特征分出来的类，如"把"字句、双宾语句、存现句等。

句型转换题一般认为是测试受试的语法知识的，但也不绝对。任何转换都涉及表达功能的变化。转换前后的语义看上去没变，其实，没变的只是低层次上的语义关系，高层次上的语义关系实际是发生了变化的，高层次上的语义关系的变化意味着语句的表达功能也发生了变化。① 所以，句型转换题不仅是结构的转换，也涉及语义的变化、功能的变化；看上去测试的是语法知识，实际上也牵涉语义理解和表达能力。

　　但是，句型转换题在汉语的各类测试中不是很常见，多见于任课教师自主命题的课程进展测试和诊断测试。这是因为，转换会涉及几个方面的变化，然而对这些变化的感觉未必都能体会到，尤其是对二语学习者，因此，在对外汉语教学中，往往把它用来测试语法知识的掌握程度；而在母语教学中，使用频率较高，也用于测试其他知识或能力。这种频率上和用途上的差异，是教学目标和测试内容的不同导致的。在用于母语的测试中，句型转换题属于综合类试题，用它不仅可以测试语法知识的掌握程度，还可以测试对不同句型、不同句式在表达上不同差异的理解。如"我吃完了饭"转换成"饭我吃完了"，前者结构上是一个主谓句，表达上侧重于对事件的陈述；后者结构上是一个主谓谓语句，表达上侧重于对事物的描写。在对外汉语教学中，句型转换题属于单纯类试题，用它主要测试对语法知识的掌握，尤其是关于句法结构的知识的掌握。如将"把"字句转换为双宾语句，存现句转换为受事主语句等。

　　结构转换题具有以下特点：

　　第一，这类试题的测试功能会随着使用领域的不同而有所不同。在母语教学领域，它是综合类试题，可以测试多种知识的掌握和能力；而在对外汉语教学领域中，它属于单纯类试题，主要测试对语法知识的掌握。

　　第二，这类试题主要考查受试的书面表达能力。具体说，排序题考查句子、语段组合的能力，句型转换考查句法组合的能力以及对不同结构之间联系的理解。

---

① 朱德熙：《变换分析中的平行性原则》，载《中国语文》，1986年第2期。

第三，这类试题与其他构建类试题一样，答案一般都不是唯一的。

设计结构转换题时，指导语要明确，要认真推敲答案，因为某一句式或句型可能存在一对多的情况。例如：

【72】将下面的存现句转换成施事主语句。

台上坐着主席团。——→主席团坐在台上。

　　　　　　　　——→主席团在台上坐着。

例【72】的两个变换式都是可接受的。

（二）功能转换题

结构的转换与功能的转换是两个密切相关的问题，结构转换是手段、形式，功能转换是目的、结果。功能转换是指语句的表达功能发生了变化。特定的句子总有特定的表达功能，如有些句子是用于询问，有些句子是命令某人做某事，有些句子是陈述事实或表达观点、看法等。我们能够根据表达的需要，把原本陈述事实的句子略加调整，转换为要求某人做某事的句子。

句类转换是最典型的功能转换。句类是句子根据语气和功能划分出来的类。根据这一标准，我们把现代汉语的句子分为陈述句、疑问句、祈使句和感叹句。

我们可以利用语法上的或其他手段，使原本表达某一功能的句子转换为表达另一功能的句子。句类的转换可以是不同功能类之间的转换。例如：

【73】把下面的陈述句转换成是非问句。

这小伙子是英国人。——→这小伙子是英国人吗？

也可以是同一大类内部小类之间的转换。例如：

【74】把下面的是非问句转换成反复问句。

这小伙子是英国人吗？——→这小伙子是不是英国人？

这里所说的功能属于表达范畴，运用语句实现某种表达功能是语言运用的一种能力。句类的转换不仅要了解不同功能类形式上的差异,更要了解表达功能上的差别,所以说,句类转换用来测量的主要不是语言知识而是语言能力。

句类转换题属于综合类试题,在对外汉语教学中,可以用它测试书面语能力,也可以用它测试口语能力。

设计句类转换题时,有两个问题要加以注意。一是指导语要具体明确;如果过于笼统,可能会有多个答案。例如:

【75】把下面的陈述句转换成疑问句。

小王来了。——→小王来了吗?
　　　　　——→小王来了,是不是?
　　　　　——→小王来没来?

如果把题干修改为"把下面的陈述句转换为反复问句",相对来说,要明确得多。

二是要考虑到答案确实是多元的。如例【75】即便是修改为"转换成反复问句",还是可能有三个答案:小王来了,是不是?小王来了,对不对?小王来没来?

(三) 图文转换题

图文转换题也叫信息转换题,一般是指把图或表格传达的信息用语句的形式表达出来,换句话说,就是改变信息的载体,由原来的图或表格转换为语言文字。这类试题多为由图或表格转换为语言文字,把语言文字转换为图或表格的不多见。图文转换题属于综合类试题,在母语教学中,一般用来测试受试的语言综合应用能力。例如:

【76】科学家培根等人曾经提出一种科学知识增长的模式(见图 5.2),请用简洁的语言予以表述。

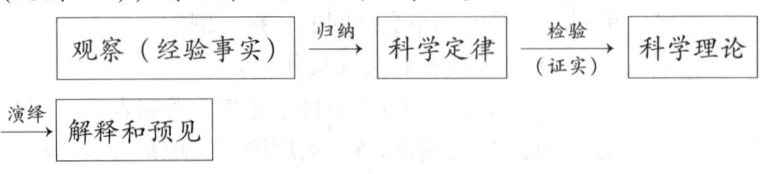

图 5.2

【77】下面是2008年奥运会四个比赛项目的标示图形（图5.3）。请你选取其中的一个，围绕图形的内容，紧扣动态特征，展开联想，写一段话。要求语言通顺，运用两种以上（含两种）的修辞手法，不少于40字。

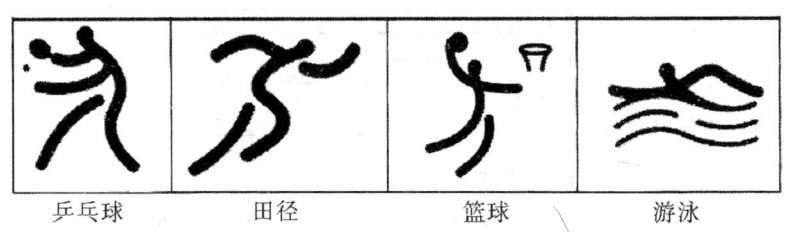

乒乓球　　　　田径　　　　篮球　　　　游泳

图 5.3

【78】下面的图5.4和图5.5，是有关机构对我国不同群体通过电视获取科技信息情况的调查。请根据图反映的情况，补充下面文段中A、B、C处空缺的内容（不出现数字），使上下文语义连贯。

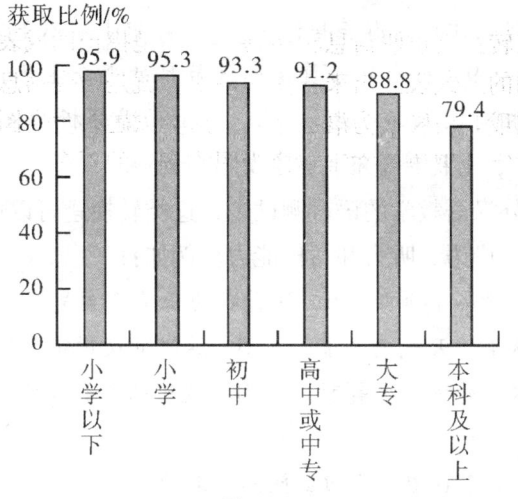

图 5.4

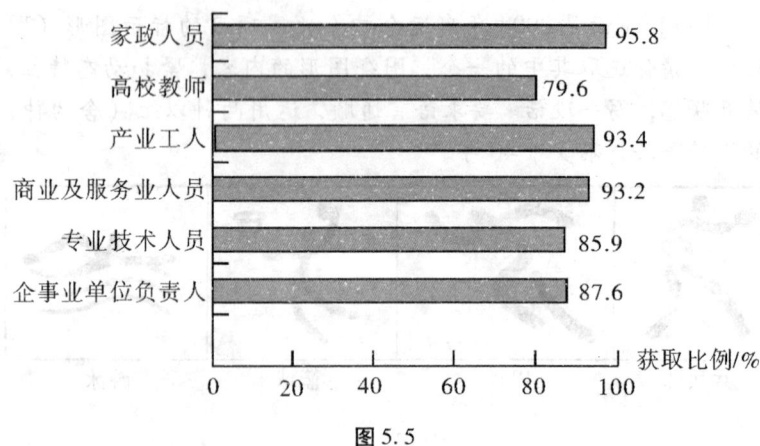

图 5.5

根据 2005 年中国公众科学素养调查,对我国不同群体获取科技信息主要渠道分析的结果显示:女性通过电视科普节目获取科技信息的比例高于男性;不同年龄的群体通过电视科普节目获取科技信息的比例也有差异; __A__ ,其中小学以下文化程度的比例高达 95.9%;家政人员是电视节目的观众主体,而高校教师的比例相对较低。可见, __B__ 。上面的分析结果告诉我们,如果 __C__ ,电视科普节目就会更有针对性。

在对外汉语教学的语言测试中,这类转换题可以用来测试受试的阅读、口语、听力和写作能力。例如:

【79】观察下页图 5.6,这道题的正确答案是

A. 这里的天气太冷了　　B. 这里的交通很方便

C. 这里的风景很美丽　　D. 这里的东西真便宜

【阅读理解】

【80】看下页图 5.7 回答问题。北京二环内各高档楼盘价格起点高,户型面积大,对高档住宅产品的成交产生了明显的抑制

第五章 试题的类型、特征及其设计 ·99·

图 5.6

作用。有关数据显示,二环内目前在售 5 个高档楼盘总体成交量持续低迷。纳格上院开盘两年多来只售出 22 套。

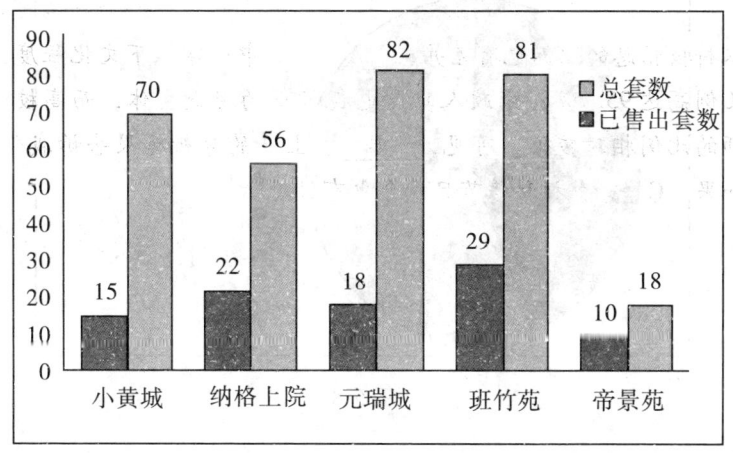

图 5.7

问：关于北京二环高档楼盘，哪种说法是正确的？
A. 价格起点偏低　　　B. 户型面积偏大
C. 纳格上院刚刚开盘　D. 元瑞城只售出一套

【分析比较】

图文转换题看上去是测试口头交际或阅读能力，其实图文转换题属于综合类试题，完成这类题目要运用到多项语言技能。图文转换题的特点，首先是它强调语言的综合运用，测量两种以上的语言运用技能。例如：

【81】看图5.8回答问题。2004年，武汉以新型服务体系为基础的现代服务业有了较快发展，全年新增企业数1 758户，注册资金额30.78亿元。其中，技术研发以17.15亿元的投资额位居首位。对现代服务业领域的投资进一步加大，有利于提升武汉城市服务功能。

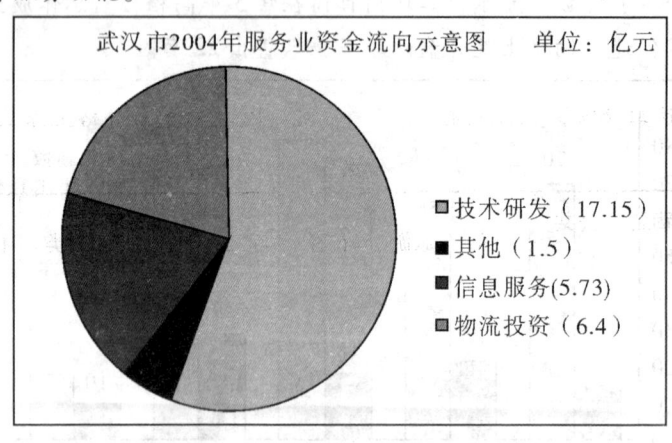

图5.8

问：关于武汉市2004年现代服务业的投资额，哪种说法是正确的？

A. 投资总额几乎达到了 30 亿
B. 技术研发的投资额所占过半
C. 物流投资额比信息服务的少
D. 社区服务的投资额未做统计

要完成这道题，首先要运用阅读理解能力读懂表述这个示意图表的语句，然后在这个基础上再运用阅读能力去阅读 4 个备选项，最后通过比较分析选出正确选项。

其次，图文转换题与实际语言运用环境有很高的相似性，从某种意义上说，它就是语言实际运用的真实再现。

再次，图文转换题有一种较好的导向性，既让语言学习贴近语言运用，把语言知识还原为语言能力。它不应该是为语言测试而设计出来的题目，而是语言生活片段的节选。例如：

【82】看表 5.1 回答问题。2007 年某市市场价格出现结构性上涨。全年居民消费价格总水平比上年上涨 3.2%，八大类分类价格指数呈现"六涨二跌"格局。在食品类价格中，蛋类价格上涨 21.8%，油脂价格上涨 29.8%，肉类及制品价格上涨 23%。

表 5.1

消费品种类	公共交通	居住	旅游	衣着	水产品	食油	蛋类	肉类
升降幅度	↓4%	↑11%	↓16%	↓28%	↑23%	↑29.8%	↑21.8%	↑23%

问：关于该市 2007 年市场价格，哪种说法是正确的？

A. 六类消费价格有所增长　　B. 居住价格上涨最多
C. 蛋类价格涨幅不到 20%　　D. 公共交通价格有所上涨

图文转换题有着非常突出的优点，但这类题目自身也存在一些问题。这些问题要在设计试题时加以注意。

第一，图文转换题属综合类试题，测试的是综合语言运用的技能，只有当受试的语言运用的各项技能都均衡地达到一定水平的时候，才能顺利地完成题目。如果受试的语言技能存在不平衡现象，有某一项或几项较弱，可能导致不能圆满完成题目。但是，不能就此判定该受试的语言综合运用能力很差，实际上，他可能只是某一项能力弱一些。例如：

【83】看表5.2和表5.3回答问题。中国电力企业联合会宣布，2005年全年全社会用电量将达24 560亿千瓦时，第四季度电力缺口将大幅度下降。分地区看，华北地区将成为全国电力供需形势最紧张的地区。华东地区紧张局势大为缓解，东北地区、西北地区总体平衡。

表5.2 2004年、2005年全国工业、生活用电计划对照表

单位：亿千瓦时

项目	第一产业	第二产业	第三产业	生活用电	总计
2004年	9 500	4 000	4 500	5 000	23 000
2005年	10 000	4 060	5 000	5 500	24 560

表5.3 2005年全国各大区生产生活计划用电表

单位：亿千瓦时

地区	华北	华东	东北	西北	西南	中南	总计
申请数	8 000	5 500	4 100	3 200	3 500	4 200	28 500
核准数	4 900	5 000	4 000	3 000	3 500	4 000	24 560

问：关于2005年中国全社会用电量，哪种说法是正确的？
  A. 第一产业增长最多 B. 全年用电总量减少
  C. 华北电力形势紧张 D. 生活用电增长最多

这道试题涉及阅读理解、分析概括两项技能。测试数据显示，答对的占66.39%，33%左右的没答对。没答对的，理论上存在三种情况：一种是基本读懂了，但分析能力差一点，分析比较时出

了问题；另一种是阅读理解能力差，有些语句没读懂，接下来的分析概括没法做，其实他本来的分析能力不弱；还有一种情况是既没读懂也没有分析概括，本来分析能力就差一些。这就要求我们在设计试题时，涉及相关能力部分在评分上要有独立性，即分项评分。诊断性测试中使用这类试题更应该如此，否则，诊断就不明确具体，教师和学生都不明了问题到底出在哪里。

第二，转换的步骤应该明确清晰，不宜繁琐。繁琐可能导致受试无所适从，或是测试偏离目标。例如：

【84】国际能源机构10日说，2008年第一季度，俄罗斯凭借950万桶的原油日产量超过沙特成为世界第一大产油国。根据IEA提供的数据，今年首季，中国的原油日产量达到380万桶，为全球第五。具体情况请见表5.4。

表5.4 2008年第一季度全球前十位产油国原油日产量

单位：万桶

排名	国家	日产量	排名	国家	日产量
1	俄罗斯	950	6	墨西哥	291
2	沙特	920	7	阿联酋	262
3	美国	510	8	科威特	258
4	伊朗	400	9	加拿大	250
5	中国	380	10	委内瑞拉	239

阅读上面的文字和表格，回答下面的问题：

a. 2008年首季十大产油国的日产量发生了什么变化？

b. 欧洲、亚洲、拉丁美洲三大洲的排位具体情况怎样？

c. 中东三国的原油日产量约占前十位总量的几成？

这道题的转换步骤过多，设有三个问题，难度虽然不大，但头绪多，有国与国的比较，洲与洲的比较，还有某一地区与其他国家的比较。所设置的问题也偏离了测试目标,如第二个问题涉及了十大产油国的洲际归属问题,这要求受试具备一定的人文地理知识。第三个问题还涉及了数学上百分比的计算,如果计算上失误,答案很可能不符合要求。从这一点看,第二、第三个问题是分别建立在一定人文地理知识和数学心算能力基础之上的,偏离了语言测试的主要目标。

四、简答题

简答题要求受试用简短的语言形式回答问题。简短,可以是一个词、一个短语、一个句子,也可以是几个句子构成的一段话。测试者通过受试提出的答案来测试其某一方面的能力或技能。简答题用途广泛,可以用来测试阅读、听力理解等。例如:

【85】根据下面的要求写一段话。(100~150字)

在你的母语中有没有和汉语意义差不多的谚语或成语?请举一些例子。

【86】阅读文章,回答问题。

我们一生都试图摆脱压力,但最终还是白费工夫。科学家认为,人需要激情、紧张和压力。如果没有既甜蜜又痛苦的冒险的刺激,人的生命里就根本无法存在。对这些情感的追求有时就像药物和毒品一样让人上瘾。适度的压力可以激发人的生气和活力,从而延长人的寿命。试验表明,如果将一个人关进隔离室里,即使让他感觉非常舒服,但没有任何情感的尝试,他会很快发疯。

此外,适度的冒险可以增强新陈代谢能力,改善大脑营养,增强抵抗力,最主要的一点是人体摆脱沉重的压力。正因为如此,人们对恐怖影片、高山滑雪的热爱有增无减,儿童常常在晚上要成年人为他们讲述神话和恐怖故事。这是对付生活中真正悲剧的一种特殊"疫苗"。

一些心理学家认为,有一类人,危险对于他们具有很大的吸引力。以色列的科学家前不久的发现从另一方面证明了这一观点:在吸毒者、兴奋型比赛选手、酗酒者和赛车手体内都存在某类基因,这些基因能在大脑内产生一种物质,使人寻求新奇和刺激。

科学家后来还发现,寻求刺激与大脑中另一种物质过低有关。这种物质直接影响对快感的传递。当这种物质不足时,人就自然产生了将其提高到正常水平的愿望。

在非常紧急和恐怖的情况下,人有时能显示出惊人的力量。美国一个旅行者在乡间旅行时遇到了泥石流,紧急之下,他的奔跑速度居然打破了世界纪录(他的朋友用摄像机对这一场面录了像)。一位英国冒险家在旅行途中遇到了地震,被埋在了混凝土中,他自己竟然将一块半吨重的混凝土移开。

有时,我们并不害怕确实对我们有害的东西。例如,科学家认为,X射线对人体有害,但人们并不逃避接受X射线检查。游泳(就从事这种运动死亡的人数来说)是最危险的运动之一,但喜欢游泳的人却并没有减少。多数人认为,飞机是比汽车更危险的交通工具,尽管交通事故每天使数千人死亡。

有些并不可怕的东西却使我害怕,有些真正可怕的东西我们反倒不害怕。对此,科学家的解释是:人有一种"接受冒险"的心理。有时人的恐惧完全是心理的原因:人对没见过或不大了解的东西并不大害怕。

问:这篇文章的主要观点是什么,这种观点有什么依据?

简答题的主要特点有:

第一,简答题常常用于直接性测试,直接考查受试的语言能力,基本上避免了受试猜题的可能性。它要求测试行为与人们语言运用行为有较高的相似性,能促进语言教学与语言学习的结合。

第二,简答题测试的是产出性技能,而不是接受性技能。在语言能力领域,相对而言,产出性技能是高层次的、应用范围更广、综合性更强的一种技能,而接受性技能虽然也是人们语言技能构成必不可少的，但它毕竟是低层次的。

第三，从命题的角度看，简答题适用性强，可以用于口语、阅读、听力理解等能力的测试，适合于不同内容、不同难度的试题。可以考查受试结合上下文阅读理解词义的能力。例如：

【87】阅读文章，回答问题。

植物的报复行为

不单动物有报复行为，植物也有报复行为。秘鲁千多拉斯山里生长着一种不到半米高的野花，每朵花都有五个花瓣，每个花瓣边上长满了尖刺，你不去碰它还好，如果你碰它一下，那就该你倒霉，它的花瓣会突然弹开来伤人，轻则流血，重则会永远留下疤。

非洲的马达加斯加岛上有一种树，形状像一棵巨大的菠萝蜜，高约3米，枝条如蛇，当地人称它为"蛇树"。这种树极为敏感，一旦有人碰到树枝，就会很快被它缠住，轻则脱皮，重则有生命危险，实在大意不得。

问：第一自然段中的"不单"、第二自然段中的"大意"的含义是什么？

可以考查受试对重要概念或重要段落的理解。例如：

【88】阅读文章，回答问题。

西方经济学家认为：人的许多经济行为都受到个人爱好、从众心理等非理性因素的影响，这些因素会使即使理财能力很高的人也会犯下付出很大代价的错误。

比如，如果有人给你一张免费的足球票，而那天晚上却是大风大雨，你去还是不去？

假如换一种情况：同样的足球票，同样的风雨，但票是自己花100元买的，这时你去还是不去？根据美国经济学家的研究：如果票是自己买的，那么人们很可能愿意冒风险去看比赛。他指出：人们在考虑看比赛所得到的利益和为之所冒的风险时，花去的100元并不重要，这时每个人都有的心理因素在起作用：既然为之花了钱，那么最好不要浪费，而不管结果怎样。人们通常把损失看得比利益重要。

建议：评估投资只能依据将来的损失或所得的利益的多少。所以问题不是你过去花了1 000元买股票是否值得，而是你现在愿不愿继续持有只有500元的股票。

问：导致这种理财错误的主要原因是什么？

还可以考查受试对全文的把握。例如：

【89】阅读文章，回答问题。

穿衣与识人

研究表明，人的服装会透露许多信息，解释一个人的心理和内心的秘密。有时一个人所穿的衣服能决定我们是否愿意听他讲话，是否相信他的讲话……总之，服装能说明许多问题。有心理学家对这一现象进行了研究。

如果一个人心情很平静，则其服装不会太刺眼，这也意味着他各方面情况都很顺利，自我感觉良好，对于周围的人，也能善待和尊重。

外貌上任何不协调其实反映了一个人内心深处隐藏着的某些不足或者毛病，其主人可能无法意识到或者不愿意承认。

心理描写大师巴尔扎克在1836年就写道，对于女人来说，服装是其隐私和欲望的道具。一个女人在其梳妆台上摆满了各种蝴蝶结、金银线、珍珠等小玩意，这说明，她作为一个女人是不成功的，她不太讨男人喜欢，她的母亲对她关心不够。这还说明，她不愿意接受现实：青春已离她远去。因而，她千方百计把自己打扮得年轻些，以引人注目，让人觉得她依然美丽、清纯。

毫无疑问，一个人应当会穿衣服，要善于打扮自己。但自然的东西迟早会显示出来。任何不和谐、不真实和在衣着方面试图有所隐瞒的做法往往会引起周围人的不舒服，即使是衣物损坏等小麻烦也不可小视。

你可能有这样的经历：你有一双连裤袜，后来出了点毛病，但你并不在意，认为穿在里面没有人能知道。但你自己是知道的，正因为如此，你的意识里还是有些担心。与你交往的人也会隐隐约约感觉到，你似乎在什么方面有所隐瞒。

这难免会引起别人的猜测。

心理学家认为，扣扣子的习惯也能反映一个人的性格。"装在衣服套子里的人"害怕一些——疾病、人、责任。他胆子小，情绪总是很坏，他害怕表现出任何情感，甚至对自己有这种情感也感到害怕。

自信的人有时对扣没扣扣子不很在意。如果一个男人经常不扣衬衣上的一两个扣子，这说明他喜欢冒险，敢于挑战，不害怕巨大的变化，有时还主动寻求这种变化。

借助服装可以使周围的人永远无法猜透你。对于现代白领来说，选择男性化的服装其实是一种特殊的显示——独立、有理智。这些男性的特征需要借助男性化的服装——裤子、衬衣——来体现。如果一个女人明显喜欢男性风格的服装，这还说明，她不愿让别人对她了解太多。

如果一个人在各方面都赶时髦，穿戴和渴望购买各种时髦物品——这是感性化、情绪化和爱自我表现的人的特征。"时髦女友"情感丰富，变化无常，她同你讲得最多的是情感问题，总想知道你爱不爱她，爱得多深，究竟是真还是假……

问：这篇文章介绍了什么内容？

还可以是结合实际，探究性的。如例【89】还可以设计出"你喜欢什么样式的上装，这种上装能折射出你怎样的性格特征"类似的题目。

简答题是开放性试题，答案一般不限于一个或几个。答案是受试自己构建的，可能会带有受试的个人色彩。答案的多元也使得评分带有一定程度的主观性。简答题与其他扩展性答案试题一样，评分者用始终如一的标准来衡量答案是测试成功的关键。不同评分者之间的标准不一致，或同一评分者标准前后的不一致，都将可能影响到测试的效度。因此，简答题的评阅不仅要有参照性的答案，还应该有原则性的评分细则。

命制简答题时，指导语要明确具体，不仅在内容上要有明确的指向，在篇幅的长短上也要有具体的规定。指向上的不明确，可能导致受试无所适从；篇幅上不做统一的具体规定，可能造成隐性的不公平。

五、写作题

写作题要求受试根据试题的要求详细表达自己的观点或见解。从篇幅上看，回答的不是简单的一句话，它可以是几个自然段落。从内容上看，写作题要求受试思维缜密，言语组织合理，内容相对完整。有人把写作题看作是简答题的扩展，其实，二者的差别还是很大的：

第一，从形式上看，回答简答题可以是几句话，也可以是一句话。写作题可以是由几个自然段落构成的一篇文章。

第二，从回答过程来看，简答题只要求受试回答结论。写作题不仅要回答结论，还要求写出结论产生的过程或支持结论的依据。

（一）写作题的构成

写作题一般由题目、提示和要求三个部分构成。例如：

【90】阅读下面的文字，根据要求写作。

一位雕塑家正在一刀一刀地雕琢着一块大理石，一个小男孩好奇地在一旁看着他。

雕像逐渐成形，头、肩膀、手臂、身躯，接着头发、眼睛、鼻子、嘴巴……一个小女孩出现在面前。

小男孩万分惊讶地问雕塑家："你怎么知道她藏在里面的呢?"雕塑家哈哈大笑，他告诉小男孩："石头里面原本什么也没有，只不过我用刻刀把我心中的天使搬到这里来了。"【提示】

请以"雕刻心中的天使"为题目写一篇文章。【题目】

要求：文体自选，不少于800字。【要求】

写作题的题目不是必有项目，受试可以根据要求自拟题目。写作题类型繁多，从大的方面来看，有命题式的、话题式的、材料式的，还有提示语加命题的，等等。一般来说，命题式的，测试者已经规定了题目，不得更改，其他的，受试根据要求自拟。

提示也不是必有项目。一般来说，话题式、材料式等类型的作文往往会有提示语。提示语的功能有二：一是启发。提示语就是要开启写作者的思路。这种启发可以是大方向的指引，也可以是举例式的启发。好的提示语应该是启发式的，而不是规定式的。二是提供仿真写作的情景，使写作情景与实际使用语境有更高的相似性。

（二）写作题的设计

一般在各类测试中写作题往往在分值上占较大的比重，对测试的影响至关重要。因此，在设计写作题时，以下环节要特别加以注意：

第一，写作可能涉及的题材应该是受试熟悉的，最好是有直接经验或体验的。受试对这样的题材才有可能有所感悟，才有话可说。如"他们扶着我一路走来"。每个人都是从咿呀学语、蹒跚学步一步一步走过来的。在成长的路上，有许多人扶携过你，有许多人告诉过你他们的经验或教训，使你慢慢聪明起来，强壮起来。这些人都是你的老师。他们告诉你的也许仅仅是一位数的加减这些不起眼的常识，但他却帮你叩响了知识殿堂的大门。又比如"我曾这样地感动过"是要求你记下你的感动。人是社会性动物，生活在关系中，许多时候被友善包围着。人们在享受友善的同时也在经历一次次的感动。感动,对人来说一定不陌生。

第二,题材应该具有公平性。题材公平是指可能涉及的题材、话题对每一个受试来说,其熟悉程度应该是大致相同的,不能有较大的程度差异。如果某一题材或话题,一部分受试非常熟悉,而另一部分较为陌生。这样就可能出现熟悉的受试就写得好一点,而不熟悉的就写得差一些。这样测试出来的成绩与受试的实际写作能力有较大的差异,测试的信度会受到影响。如"网络改变着我们的生活"是一个时代感很强的题目。网络的出现还不到半个世纪,它的触角已经伸向了人们生活的方方面面,它正在改变着人们原有的生活轨迹和生活方式。类似的感触是许多城市生活的人们都有的。但是,不可否认,由于某些方面的原因,一些身处边远山区的人们,他们还没有体会到网络的能耐到底有多大,他们中的有些人对网络功能的了解是陌生的,或者是间接的。这种熟悉程度上的差异势必会在写作中体现出来,从而导致成绩的悬殊。这样的原因导致成绩上的差别并不是写作能力差距的真实反映,而是受到间接经验和直接经验差别的影响。

第三,题目的设计要与写作题的测试目标联系起来。写作题是测试受试的综合表达能力,这其中会涉及分析概括能力,但不能仅限于此,不能只考虑思想内容的积极、深刻,忽略了语言综合表达能力的测试。要在表达的过程中考查受试的想象力、思辨能力,而不能本末倒置,过于看重思想性而忽略了语言表达。

第四,提示语要简洁扼要、明确具体。阅读过长的提示语,不仅会花费受试宝贵的时间,而且还有可能会造成受试的误解,导致偏题,乃至离题。

提示语的呈现形式可以多元化,除了文字的提示,也可以是图表提示。例如:

【91】表5.5的内容是对中国某沿海城市100个家庭生活状况的抽样调查结果。请根据这一调查结果写一篇不少于600字的文章。

表 5.5

项　目	单位	1990 年	2010 年
去国外旅游	次	0	20
空调	部	20	95
私家车	辆	2	24
周末郊游	次	5	45
电脑	部	0	94
照相机	部	10	86

第五，提示语中规定性因素要根据受试的水平、测试的难度等级而有所调整。写作测试从评分的角度看，要尽可能使受试的回答有可比性，没有可比性或可比性较低，都会影响到测试评分的客观、准确。

规定性主要体现在表达手段上，内容上应以启发为主。对于汉语等级水平不高的受试，由于他们对语言文字的驾驭能力差一些，所以应该用规定性的提示语进行调控；对汉语等级水平较高的受试，则可以少一些规定限制，给受试更大、更自由的写作空间，使其真实地表现出他们的实际水平。

（三）写作题的评阅

命题人员对写作题的要求应该具体明确。写作题的要求应该是知照性的、规定性的。具体应该包括两个方面的内容：一方面是规定性的内容，如文章的长短，即字数的多少，文体是否限制等；另一方面是知照性的内容，如对评分的基本尺度或原则。

有一种观点认为，写作题的评分尺度和原则是评阅人员要掌握的，与受试的关系不大，将评分基本尺度和原则告知受试，可能会给评阅工作带来被动。其实，让受试了解写作题评分的基本尺度和原则，有益于受试了解写作测试的要求和目的，可以使得受试发挥出正常的真实的写作水平。

写作题属于主观题，对主观题来说，评分是一个重要的工作环节,从某种角度说,评分是测试成功与否、信度高与不高的一个关键因素。我们制定详细的操作性强的评分标准,也就是为了保证分数的真实性,保证测试有较高的信度。

写作题的评阅方法一般分为两种,即整体评分法和分析评分法。这两种评阅方法反映了人们对写作能力认知的不同。

主张整体分析法的人们认为,写作是人们语言知识和语言能力的高度综合,这种高度综合的成果是一篇文章。人们要对这篇文章进行评价,不能是一种解构式的,否则会使得原本是语言知识和语言能力的化合物——文章,变得支离破碎,只能是整体的把握,只能在整体印象的基础上进行判断,所以整体评分法也有人称其为印象评分法。

整体评分法的具体操作是,把从众多抽查的作文中选出的若干样品分为几个等级,每个等级与一个分数段相对应;描写出每个档次样文的内容、结构、语言、表达上的具体特征。不同档次之间有明显的区别。例如(表5.6)。

【92】

表5.6

档次	分值段	具 体 特 征
1	53~60分	内容充实;语言准确,行文流畅,表达清晰
2	45~52分	内容比较充实;语言表达上有少量错误,行文基本连贯,表达基本清楚
3	36~44分	所写内容与文章要求有联系,但不全面;语言上有一些错误;行文不够连贯,表达还比较清楚
4	28~35分	能写一些与文章要求有关的内容;语言上有较多错误,但尚能达意
5	20~27分	写出的内容有些与文章的内容有些联系;语言错误多,影响意思的表达
6	19分以下	写出的内容与文章要求不太吻合,语言不通顺,只有个别语句可懂

整体评分的最大好处是快捷，可以缩短评阅时间。

但是，整体评分的不足也是显而易见的。作文评阅工作往往是多人参加，对标准的理解以及在评阅过程中对标准的执行，不可否认是存在个体差异的，有时这种差异还非常大。有研究结果表明，作文的评阅人员在评阅过程中对被评阅的作文，自觉不自觉地会带上个人的价值取向。有些评阅人员可能看重思想内容的深度和广度；有些可能强调语言的表达；还有些侧重于文章格式或文体特征。如果依据某一方面特征的印象评分，实际上是以局部的感知代替了整体印象。强调也好，侧重也罢，这些都是个人对作文的审美判断，因人而异。因此，如果用整体评分法，但事先不做好前期的培训工作，不把评阅人员的对试题的认识、对评分标准的理解、对评分尺度的把握统一起来，评分的信度就难以保证。

整体评分法的另一个问题是，在制定标准、设定档次以及评阅过程中，容易出现两种"不一致"现象。一种"不一致"是指受试驾驭内容的能力与驾驭语言的能力不太平衡。作文从大的方面看，无非是思想内容和语言表达。一般来说，受试的思维能力与语言能力多数人在大多情况下是大致平行的，即思维能力强的，其语言表达也往往较好。体现在具体作文中，属于一档的思想内容，语言表达也多在一档或二档；思想内容属于四档的，其语言表达也多在三档或四档。但是，在受试的作文中，实际存在着这样的情况，即思想内容可以评定为一档，而语言表达只能归到三档，甚至四档；反之，语言表达较好而思想内容贫乏的作文也不是偶发现象。这种"不一致"使得思想内容与语言表达的得分比重难以确定，给评阅人员准确判断带来一定的困难。另一种"不一致"是指档次的设定与实际作文的非典型性的矛盾。在制定标准、设定档次时，我们设定的档次、描写出的各个档次的得分特征，从某种意义上说，都带有一定程度的理想化因素，从受试的实际作文来看，有许多作文是介于档与档之间状态的。这种非典型的、处于边缘化状态的作文也同样给评阅工作带来困难。

另一种评分方法是分析评分法。主张分析评分法的认为，写作是不同知识、不同能力的综合，文章是由不同成分构成的。评分就是对不同知识的掌握情况、不同能力的运用情况进行判断，具体知识和能力的掌握程度决定着作文的优劣。因此，应该分项给分。例如：

【93】以下是一则以关于中国政府决定禁烟为主要内容的报道。

内容：公共场所禁烟
实施时间：2011年1月1日起
实施范围：全国
目标：所有室内公共场所无烟
措施：张贴禁烟标志
相关数据：
　　（1）吸烟人数：约3.5亿
　　（2）分布：男性75%；女性25%
　　（3）受二手烟影响人数：约5.4亿
　　（4）因二手烟死亡人数：超过10万/年

【写作内容】
请根据以上内容给学校墙报写一篇小通讯，内容应该包括：
1. 禁烟决定的内容、实施时间以及实施的范围；
2. 目标和措施；
3. 相关数据。

【写作要求】
只能用5个句子表达全部内容。

【评分说明和评分标准（表5.7）】

评分时应注意以下几个方面：

1. 按照评分标准实行分析法评分：按语言、内容和连贯三项标准给分。

2. 语言方面，重点评判句子的语法结构是否正确、用词是否规范、是否使用了合适的句子结构。

3. 内容方面，重点评判考生是否表达了所提供的全部信息；如果考生在涵盖了提供的全部信息后适当添加了一些相关的内容，不扣分。

4. 连贯方面，重点评判句子是否能够成一篇有内在联系的短文。

【评分标准】

表 5.7

项目	赋分	得 分 特 征	备注
语言	7~8 分	具有很好的语言运用能力；语法规范，用词准确，只有个别错误	每多写或少写一个句子，扣 1 分
	5~6 分	具有较好的语言运用能力；语法较为规范，有一些语法或用词方面的错误，但不影响理解	
	3~4 分	语言运用能力一般；语法不太规范，语法和用词方面的错误对理解的影响不大	
	1~2 分	语言运用能力较差；语法不规范，用词不准确，语法和词汇方面的错误较多并且影响了对句子的理解	
	0 分	语言运用能力很差；语法和词汇方面的错误很多，意思无法理解	

续上表

项目	赋分	得 分 特 征	备注
内容	5分	包括了所有信息内容	
	4分	包括了大部分信息内容	
	3分	包括了基本信息内容	
	2分	包括了小部分信息内容	
	1分	包括了少许信息内容	
	0分	没有涉及所提供的信息内容	
连贯	2分	内容连贯，结构紧凑	
	1分	内容连贯性较差，结构不够紧凑	
	0分	内容缺乏连贯性，结构松散	

文不对题给0分

试题的命制者把作文分解为语言、内容、连贯三个组成部分，三个部分的分值分别为8分、5分、2分。评阅人员根据这三个部分的情况分别给它们打分，这三个部分的得分加起来就是这篇作文的得分。

在大规模的选拔测试或等级水平测试中，写作题的评阅多采用分析评分法，因为这种评分方法有许多地方还是值得肯定的。如这种方法能使评阅人员清楚地知道具体的得分点，一般都可以具体说出得分的理由或失分的原因，相对而言，更客观一些。又如将得分点分解为若干部分，把分值与具体方面对应起来，评阅时一般就不会彼此干扰，只要根据作文的某一具体方面打分即可。因为这种方法的主张者认为，受试的写作能力是通过他的语言知识、连贯能力等具体项目表现出来的，不必担心出现前面提到的"不一致"的现象。

然而，分析评分法的有些认识和评阅过程中的有些做法似可商榷。首先，分析评分法把作文看作是几种知识、几种技能的组装物，将写作能力人为地解构，值得讨论。人们的二语写作能力是一种综合能力，要获得这种能力就必须掌握语法、词汇、语篇等多种知识，还要具备诸如遣词造句、谋篇布局等多种语言运用的技能。但这并不意味这些知识、技能是独立的，无关联的。恰恰相反，它们是构成一个有机整体的密切相关的部分。我们平时将写作能力分解为若干部分只是为了讲解的方便，或是为了语言训练环节的需要，它们的实际存在形式永远都是以一个整体形式出现的。

六、主观题与客观题

主观题、客观题是从评分的角度划分出来的两个类。主观题在评分时受主观因素影响的可能性较大，而客观题在评分时由于答案的唯一性，不会受到主观因素的影响。我们经常使用的试题样本中，选择题是比较典型的客观题，简答题是比较典型的主观题。

我们应该一分为二地看待客观题与主观题，二者各有优劣。

客观题的优点，首先是覆盖面很广，而且在分布上可以做到十分均匀，客观性试题可以使试题样本的代表性更强；其次是评分无主观因素干扰，客观快捷，便于统计分析，可以节约测试的成本，缩短测试的时间，如果条件成熟，可以使用电脑自动评分系统；再次，适应性较广，既可以用于测量受试对知识、技能的记忆、理解等低层次上的能力，也可以用于考查受试对知识的分析、应用等高层次上的能力。

客观性试题不尽如人意的地方首先在于编制较高水平的客观题要花费较多的时间，此外，对命制技巧的要求也较高。也正是这一原因导致现在的客观性试题大多集中在具体知识的呈现上，综合性较强的、考查复杂能力的试题较少。其次是不排除存在猜题的可能性。可能出现测试成绩较好，但实际能力并未达到，从而降低了测试可靠性的情况。再次，客观性试题中要设置一些诱惑干扰项。质量高的诱惑干扰项应该是极富诱惑力的，看上去是正确的。这样一来，如果受试不能识别，这无形中又为受试提供了"学习"错误的机会。

第三节 试题的属性特征

试题是测试的手段，通过对测试得分的分析，我们可以推知受试语言知识和语言能力的具体状况。如前所述，把测试分为不同的类型，根据试题的形式特征，把它们分为不同的形式类型。在对外汉语教学的语言测试中，测试类型与试题类型之间有一定的选择关系，不同类型的测试往往会选择相应的题型。这种选择性也就是试题与测试的对应关系。这种选择不是强制性的，也不是一对一的，而是一对多和多对一，从这个角度说，试题具有多功能性。

所谓"一对多"，是指一种题型可以用来测试不同的语言知识、不同语言能力的掌握情况。如多项选择题可以用来测试语音知识、词汇知识、语法知识等。例如：

【94】下面词中的"花"能与"花钱"的"花"构成同音词关系是

A. 花蕊　　B. 花朵　　C. 花色　　D. 花销

【95】下面哪一组是形容词

A. 周边　周到　　　　B. 周全　周围

C. 周到　周密　　　　D. 周边　周围

也可以用来测试听力理解、阅读理解等语言综合运用能力。例如：

【96】（录音）小王站在那里只能看见小李的背。小王的位

置是

　　A. 小王在小李的前面　　B. 小王在小李的后面
　　C. 小王在小李的右边　　D. 小王在小李的上面

所谓"多对一"是指可以用不同的题型来测试同一类语言知识或同一种语言能力。如测试语法知识，我们可以用多项选择题，也可以用完形填空题或匹配题。例如：

【97】下面属于动宾关系的短语是
　　A. 学习认真　　　　　　B. 学习阶段
　　C. 学习知识　　　　　　D. 学习时间

【98】把下面栏目 A 与栏目 B 中的词语用画线的形式将它们连接起来，使之成为符合语法、语义规则的组合

　　　　A　　　　　　　　　B
　　　清理　　　　　　　　队员
　　　学习　　　　　　　　干净
　　　打扫　　　　　　　　认真
　　　训练　　　　　　　　衣物

【99】这孩子特别____，打小就____了一个好的学习习惯，学习____，做起作业来从不____。
　　A. 倔强　聪明　好动　淘气　　B. 做成　练就　养成　落下
　　C. 认真　粗心　周到　严谨　　D. 紧张　仔细　马虎　抓紧

试题的另一个特性是综合性。试题的综合性有两层含义，一层含义是指一道试题可以具有多种试题的形式特征，只是看的角度不同而已。例如：

【100】知识经济是以现代科学技术为____，建立在知识和信息的生产、____、使用和消费之上的经济。这一普遍____的概念说明，知识经济的____在于以科技创新带动经济发展的质的飞跃，其实质就是科技创新。
　　A. 心中　保存　承认　特征　　B. 基础　保管　认可　特点

C. 重点　库存　确认　本质　　D. 核心　储存　认可　实质
这道题从一个角度看，有题干、4个备选项，是比较典型的多项选择题；但从另一个角度看，这个语段有四处分别删去了一个词，受试要依照上下文填上相应的词，因此，它又是比较典型的完形填空题。
　　综合性的另一层含义是试题的功能往往也是综合的，也就是我们前面所讲的试题的多功能性，这里不再赘述。

第六章　语言要素的测试

测试按功能分可以分为不同的类，如学能测试、诊断测试等，测试也可以按测试对象的异同来分类。测试对象大而言之有两种，一种是关于语言系统构成要素的语言知识，如语音、词汇、语法知识等；另一种是关于语言运用的能力，如听力理解能力、口语表达能力、写作能力等。

语言要素与语言能力实际上是密不可分的，我们将测试按语言要素和语言能力分为不同的类只是为了理解认识上的方便，有时是侧重点的不同。在实际的测试中，二者是密不可分的。理解掌握语言要素在程度上的差异是在言语交际中表现出来的，而语言运用能力上的差异是在运用各种语言要素的过程中显现出来的。从这个意义上说，对语言要素的掌握情况进行测试也是十分必要的。

第一节　词汇测试

词汇是语言系统构成要素之一。有人说，如果把语言比作一座大厦，那么，语音是这座大厦的物质外壳，语法规则是这座大厦的框架结构，词汇是大厦的建筑材料。由此可见词汇之重要。

在对外汉语教学的实践中，专门进行词汇测试的不多。在一般情况下，是把词汇测试的内容与其他语言知识的测试结合起来，或是把词汇知识的内容放进语言运用中加以考查。这些都只是测试方式上的考虑，这并不否认词汇知识以及词汇测试的重要性,因为词语是言语片段的构成成分,是信息的载体,言语交际离不开词语。

根据有关研究报道,词汇测试与其他测试的相关性明显:与语法填空的相关系数是 0.71;与语法顺序的相关系数是 0.64;与语言能力的相关系数也很高,如与阅读理解的相关系数是 0.85。①

一、词汇测试项目的选择

词汇是一个集合概念,是指某一语言中特定范围所有词和固定短语的总汇。如汉语词汇,是指包括从古代汉语到现代汉语中所有词和固定短语的总汇。又如《红楼梦》词汇是指《红楼梦》这部作品中所出现的所有词和固定短语的总汇。

任何语言所包含的具体词和固定短语是一个非常大的数量级,面对这个庞大的群体,我们确定测试词汇项目时会遇到几种情况,这些不同的情况要求我们采取不同的选词原则。一种情况是所要进行的测试属于语言知识类的测试,如成绩测试或诊断测试等,测试内容应该是教学大纲或教学计划中已经明确规定了的,这时的选择原则应该是学什么测什么。

另一种情况是所进行的测试是语言能力的测量。测试语言能力时,如果还是依据学什么测什么,会有两种可能,一种是由于受到词语选择的限制,受试的语言运用能力展现得不充分,另一种可能是试题命制的难度加大。这两种可能都与选择的词语受到限制有关。

语言能力类的词汇项目选择原则一般多采用词频原则。词频是指词出现的频率。词频原则是指把词出现的频率作为选择词汇

---

① 刘润清、韩宝成:《语言测试和它的方法》,81 页,北京:外语教学与研究出版社,2000。

测试项目的依据。词频表或词频词典是编写对外汉语教材的重要依据，也是对外汉语词汇教学中必须关照的重要因素。词语按照出现的频率可以分为不同的等级档次，这些不同等级档次词频词的掌握情况与受试词汇知识的掌握程度有着某种关联。具体说，词汇知识掌握扎实、词汇量大的，他的词频档次分布面就会宽一些，反之，就窄一些。因此，以词频作为选择词汇测试项目的原则，可以提高词汇测试的效度、信度和区分度。

词汇测试内容的确定采取何种原则，不能简单地判定谁优谁劣，采取何种原则与测试类型、测试目的相关。随堂测试、诊断测试一般以学过的词语作为测试对象为宜，这样才能了解教学效果；水平测试一般多以词频为选择原则。

汉语的词汇与其他语言的词汇一样是一个层级系统，这种层级特征以不同的类或属性呈现出来。如从类别的角度看，词可以分为口语词和书面语词；从使用频率看，又可以分为不同频率档次的词。这些不同类别、不同频率档次的词与汉语习得过程的不同阶段、与受试运用汉语的能力有某种关联。如初级或中级的汉语学习者，相对而言，识别口语词和书面语词的能力较弱，口语词掌握得相对多些，书面语词掌握得相对少些；而水平较高的学习者，有自觉的口语词与书面语词的意识，不仅掌握了许多口语词，还掌握了一定量的书面语词。又如初中级学习者掌握的词语，从词频分布的角度看，大多集中在高频区，词频分布较窄；水平较高的学习者掌握的词语，词频分布相对宽一些，不仅有高频区的，也有中低频区的。

这种相关性要求词汇测试在决定测试内容时要根据受试对象、测试类型做出选择。如果忽略这种相关性，将直接影响测试的效度、信度和区分度。受试为初中级水平的，口语词所占比例应该大一些，受试水平较高的，要侧重对书面词语的考查。如果以词频为原则进行选择，对初中级学习者词频分布应该窄一些，对水平较高的学习者,词频分布应该宽一些。当然,不可否认,有些词汇测试对这种相关性的要求不高,测试的目的只是测量学习结果,而不与语言运用能力直接挂钩。

二、词汇测试常用的题型

(一) 多项选择题

多项选择题常用于词汇测试。这种题型题干部分可以给出充分的语境以避开多义词的困扰,既可以设置恰当的干扰因素,又可以保证正确项的唯一性。例如:

【101】"福"字现在的解释是"幸福",而过去则指"福气""福运"。春节贴"福"字,无论现在还是过去,都寄托了人们对幸福生活的向往和对美好未来的祝愿。将"福"字倒过来贴,表示"福气已到"的意思。每逢新春佳节,家家户户都要在屋门上、墙壁上、门楣上贴上大大小小的"福"字。春节贴"福"字是中国民间由来已久的风俗。

根据上文,"福"字现在的意思是

A. 幸福 B. 福气
C. 福运 D. 祝福

还可以是把某一图画作为题干,备选项是几个表示图画意思的词,其中一个是最恰当的。这种看图找词的多项选择一般比较适合对初级水平受试的测试。例如(图6.1):

【102】
A. 过河 B. 洗澡
C. 渡海 D. 游泳

多项选择题可以用来测试对词义的领会和对词义关系的理解。例如:

【103】下面表示"横的距离大"意思的一项是
A. 宽大 B. 宽阔

图 6.1

C. 广阔 　　　　　D. 开阔　　　　【辨析近义词】

【104】下面可以作为"提示"词义解释的一项是

A. 提出问题要求对方回答

B. 从旁指点，促使对方注意

C. 提出对方没有想到的，引起对方注意

D. 商讨问题时提出主张，请大家讨论开阔　　【给词释义】

【105】能与"伟大"构成反义关系的一项是

A. 虚伪　　　　　B. 狡猾

C. 平凡　　　　　D. 平常　　　　【找反义词】

【106】与"沙发"能构成上下位类义关系的一项是

A. 椅子　　　　　B. 凳子

C. 坐垫　　　　　D. 坐具　　　　【找类义词】

多项选择题由题干和备选项两部分构成，在受试来源单一、都是来自同一国家、使用同一种母语，并且汉语水平也都不高的情况下，题干的表述可以用受试的母语，选项用汉语。试题用两种语言表述仅限于受试来源单一、受试汉语水平较低的情况，否则，会造成不公平。熟悉题干表达语言的占便宜，不懂题干表达语言的，难度系数会明显增加。

词汇测试中另一种常用的题型是替换的多项选择题。替换的多项选择题其题干一般是一个言语片段，言语片段中某一个词语的下加横线作为标示，要求受试从备选项中选取与画线词语意义、用法最接近的。这种题有人将它称之为取代型词汇题。①

替换的多项选择题比较适合测量同义词的掌握情况。例如：

【107】与下面句子中画线词意义、用法最接近的一项是

你们<u>违反</u>了法律，你们应当对自己的行为负责。

A. 违背　　　　　　B. 违犯
C. 违法　　　　　　D. 违抗

与例【103】相比，例【107】为受试提供了一定的语境，符合在运用中考查受试对词义把握的原则。

但是，替换的多项选择也有它的不足：

一是命制难度大。要在保证原意不变的情况下能够替换，在理论上讲，这是不可能的。同义词的同是相对的，不同是绝对的。一组同义词中的每一个成员都有不同于同组其他成员的地方，这种不同或是在词义范围的大小，或是在词义的色彩，或是在词义的搭配关系上。不同是一组同义词彼此能够存在的价值所在，完全等同是不存在的。

二是适合性有限。并不是汉语中所有的词都能与其他词构成同义关系，不能构成同义关系的就不能使用这种题型。

（二）完形填空题

完形填空题在词汇测试实践中经常使用，用于词汇测试也较为合适。这种题的题干是一个言语片段，其中一个位置上留有空缺，有若干个备选项。要求受试从备选项中选出最合适的填入空

---

① 刘润清、韩宝成：《语言测试和它的方法》，85页，北京：外语教学与研究出版社，2000。

缺处。例如：

【108】他是这里的老职工，技术好，业务熟，他的作用是任何人都不能_____的。

A. 取得　　　　　　　　B. 取消
C. 取缔　　　　　　　　D. 取代

完形填空与词语替换所不同的是，完形填空不仅要求受试了解选择项词语的用法、意义，而且还要理解整个言语片段的意思；词语替换则只要求受试了解画线词语和选择项词语的意义，对全句意义把握的要求不高。从这个意义上说，完形填空的词汇题测试的是词语的动态使用意义，词语替换题测试的是词语的静态概念意义。

词语是信息的载体，我们常见的词汇测试往往与阅读理解结合在一起。将词汇测试与阅读理解测试结合在一起，从不同的角度理解似乎各有利弊。有人认为，结合在一起测试，会导致测试目标不明确，测试出来的结果反映的到底是词汇理解能力还是阅读理解能力。也有学者认为，将词汇与阅读理解结合在一起测试是正道，人们所谓的词汇能力就是在实际的阅读理解中体现出来的，或者说，词汇知识能力是作用于阅读理解的。

结合在一起测试的试题有两种形式，一种是例【102】的扩展形式。例如：

【109】一位老太太坐在马路边，望着对面的高墙，总觉得墙将会倒掉。每次看到有人打那儿走过，她就__1__地提醒说："那面墙要倒了，离它远点儿！"被提醒的人总是不解地看着她，然后还是顺着墙根儿走过去。那墙并__2__倒。老太太很生气，"怎么不听我的话呢？"又有人走过，老太太还是那样说。三天过去了，许多人仍然是沿着墙根儿走，并没有遇上危险。第四天，老太太感到有些__3__，便走到墙根儿下仔细观察，然而就在这时候，墙倒了，老太太被掩埋在砖石中。

1. A. 善意　　B. 善良　　C. 温情　　D. 温柔
2. A. 没有　　B. 已经　　C. 刚刚　　D. 正好
3. A. 难受　　B. 高兴　　C. 快乐　　D. 奇怪

还有一种是配伍型的填空。题干给出一段话语，其中有若干空格，提供与空格相等或多于空格的词语。受试把这些词语填入相应的空格，使其成为一段意思完整、规范的话语。例如：

【110】朋友是一种相知。朋友_____是一种相互认可、相互欣赏、相互感知的过程。对方的优点、_____都会印在你的脑海里，哪怕是朋友身上一点点的_____之处，也会成为你向上的力量，成为你_____受益的动力和源泉。朋友的知识、智慧、能力、_____，是吸引你靠近的力量。同时你的一切也是朋友认识和感知你的过程。

朋友是一种相伴。朋友就是人生路上的彼此相伴。她是你烦闷时送上的一句_____话，寂寞时的欢歌笑语，得意时一盆善意的凉水。朋友能让你在_____中感知深情，在交流和接触中不断进步。

朋友是一种相助。风雨人生路，朋友可以为你挡风寒，为你分_____，为你解除痛苦和困难。朋友时时会伸出友谊之手。她是你登高时的一架扶梯，是你受伤时的一剂良药，是你_____时的一碗白水，是你过河时的一叶扁舟。它是金钱买不来的，只有真心才能够换来最可贵、最_____的友情。

真实　忧愁　贴心　终身　长处　相处　激情　饥渴　倾诉　可贵

三、词汇测试与语法测试、阅读理解测试的关系

无论是例【109】，还是例【108】、例【110】，用于词汇测试都受到过质疑。有人认为，这些词汇测试项目或与阅读理解测试的项目重叠，或与语法测试项目重叠。这些质疑也不无道理。

要处理好词汇测试与语法测试、阅读理解测试的关系，要做好两方面的工作，一个是认识问题，一个是设计操作问题。

我们可以这样认为，词汇就是词汇，语法就是语法，这是两个不同的领域，不可混淆。但是，在语言测试整个过程中，二者是密不可分的。词汇在许多方面与语法有着密切的联系。词汇的具体成员——词，不仅是词汇单位、意义单位，同时也是语法单位。对词汇知识掌握情况的测量，可以只做静态的测试，只考查受试对词汇概念意义的把握，但这种测试只是词汇测试一个非常具体的方面，不能代替词汇测试的全部。作为词汇测试的重要项目，是要考查受试的运用能力。只要涉及运用，就必然涉及搭配。搭配是符号与符号之间的组合。无论是句法形式的组合，还是语义结构关系，都是组合关系，组合关系就是语法关系。

有人认为，词义应该属于词汇范畴，语义应该属于句法语义范畴；词汇测试的意义内容应该是词义，意义的搭配应该归入语法测试。词汇意义与语义是有联系的，词汇意义不是完全孤立的，不与别的词语发生意义上的联系。句法语义是一种关系意义，表示的是一种及物性关系。它是一类词共同义素的概括，一类词的语义特征总是与特定的格式相联系。比如"看"是一个多义词，其中一个义项是"有意识地使视线接触人或物"，如"他在看报纸"；"看见"的意思是"无意之中视线接触到了人或物"，如"我在图书馆看见了张老师"。"看"的"有意识"和"看见"的"无意识"的意义差别是在与其他词语的组合时显现出来的，如"看"含有"有意识"的意味，因此，可以构成命令式的祈使句；"看见"由于不含有"有意识"的含义，因此，一般不能构成命令式的祈使句。例如：

【111】看黑板！别老看着窗外！

【112】＊看见黑板！别老看见窗外！①

虽然词汇测试有时会涉及语法关系问题，但在词汇测试或语法测试中，我们可以有所侧重。词汇测试重点放在词义掌握程度的测量上，语法测试侧重在搭配关系上。这就给试题的命制者提出了更高的要求。例如：

【113】考试的时候，我们要_____好时间。

A．掌握　　　　　　　　B．把握

【114】我们要好好_____时间。

A．掌握　　　　　　　　B．把握

例【113】应该选"掌握"，这里的"时间"是指测试规定的答题时间，是具体的。"掌握时间"就是支配、运用好时间。例【114】选"把握"，这里的"时间"指"时光""时机"等抽象意义。"把握时间"是指抓住时机。这两道题都是侧重在词义的考查上。

固定短语是词汇中的特殊成员。说其特殊，是因为从形式上看，它是由两个或两个以上的词构成的短语，它们似乎应该属于短语；从使用上看，人们一般都是把它们作为一个意义整体来使用的；从内部结构来看，它们不能扩展或替换，这又非常像词。据此，我们称之为固定短语。对固定短语的考查，一般侧重在理解运用。运用，必然涉及搭配，但学习者一般是把固定短语作为一个意义整体加以把握的。因此，对固定短语的考查，我们认为还是属于词汇测试范畴。例如：

【115】他是公司老总，我可不敢说他的不是。如果我说了，他一生气，给我_____，我可就遭殃了。

A．买一双鞋　　　　　　B．穿小鞋

C．换一双鞋　　　　　　D．穿旧鞋

---

① 例句前带＊的，表示该种说法一般不成立。

正确选项是"穿小鞋"。"穿小鞋"是惯用语，意思是给别人的工作、学习等设置障碍，为难别人。"穿小鞋"从结构上看是述宾结构，但人们是把它作为一个意义整体来认知的。

第二节 语法测试

语法是组词造句的规则，在对外汉语教学中的地位是不言而喻的。在各类测试中，语法测试一般都是必有的项目。但是，近些年来，受母语语言教学中"淡化语法"观念的影响，语法教学的必要性、语法教学的作用也受到质疑。尤其是二语教学中交际教学原则的提出，语法教学几乎没有了立锥之地，语法测试也受到"株连"。

这种局面的出现，迫使我们重新去思考一些问题，比如语法知识的了解与语言运用能力的关系。有一种意见认为，二者没有必然的联系。不懂语法的人同样可以把话说好；反之，熟知主、谓、宾、定、状、补的人也经常出现语法错误。这种现象或许存在，但这种认识是对语法的误解。语法是一个规则系统，这种规则系统可以通过老师讲授或自己研读语法书获得，也可以是在平时的言语交际中潜移默化地获得，言语交际中掌握积累的语法规则也是语法。再说，汉语的语法知识、语法规则不限于主、谓、宾、定、状、补，但凡涉及词语搭配的，其中都有语法知识和语法规则可言。拿汉语来说，语法包括词法和句法两个部分，词法具体包括词的语法分类，即词类、词的构成等；句法具体包括短语的构成、句法成分、句型句式等。我们不能把语法知识、语法规则看得过于狭窄。

进行语法测试还会涉及一个观念上的问题，即如何看待语法，如何看待语法其实就是语法观的问题。从语法研究、语法教学的历史来看，不同时代、不同学派对语法以及语法教学的价值判断是不同的。这些不同的语法观概括起来主要有两种，一种是规范语法，也有人称之为规定语法、传统语法、教学语法。规范语法主要用于学校教学；主要内容是强调哪些组合搭配是规范的，哪些是不规范的；使用的语言材料主要取自书面语。长期以来，学校的汉语语法教学基本上是规范语法教学体系，这种规范语法改变了学校语法教学莫衷一是的局面，使学校语法教学相对统一。但规范语法也有些地方为人们所诟病。如规范语法的主张者把语法规则看成是一成不变的，规范语法中有些规则与语言运用的实际不相符合，有时会出现规范语法认为不合语法却在言语交际中大量存在的现象。导致这种现象的原因有二：一是规范语法对口语采取排斥的态度，而新的组合、新的用法往往首先在口语中出现；二是规范语法的有些语法规则不同程度地带有人为主观规定的因素，脱离汉语语法实际。

另一种是描写语法。这种语法观是伴随着结构主义，尤其是结构主义美国学派的出现而出现的。描写语法的主张者认为，语法不是人为规定的规则系统，而是使用这种语言的人们的用语习惯。使用这种语言的人们这样用了，这种用法就有它的合法性。讲授语法不是简单地判定某种用法是规范的，某种用法是不规范的，而是要告诉人们这样用有哪些条件，这是怎样一种结构。

一、语法测试内容的选择

选择哪些项目作为语法测试的内容，与测试类型、测试目的有关，也与对语法的认识有关。如同前面讨论词汇测试时所述的道理一样，语法知识的测试、语法教学进展或诊断测试，当然是把语法作为主要测试内容。然而，在阅读理解能力、写作能力等语言运用能力的测试中，我们也能观察到受试的语法知识掌握的情况。

在语法学中，一般把语法分为词法和句法。根据这样的分法，词法范畴内容的测试以词的分布组合为主，具体说就是考查词的用法，包括名词、动词、形容词、代词等实词的用法，也包括介词、连词、助词等虚词的用法。

句法范畴内容包括两个方面，一个是句内的组合，如句法成分的搭配、句法成分的语序、句型和句式的特征与用法等。另一个是句子与句子之间的组合，即语段构成成分之间的组合。在语段层面，会涉及更为复杂的语法关系、语义关系，句子之间的连贯和衔接是主要考查对象。这个层面内容的测试更强调表达和运用能力，尤其是把汉语作为二语来学习的受试，是测量他们对汉语中数量、比较、情态、疑问等范畴掌握情况的较好选择。

在决定语法测试内容时，测试类型、测试目的会强制性地要求我们选择相应的测试内容以及方式，对语法的认识也会影响我们对语法测试内容的选择，如规范语法的主张者与描写语法的主张者对语法测试的内容就会有不同的取舍。规范语法一般会选择书面语材料中语法学家认可的言语片段；描写语法不仅选择书面语的材料，还会选择大量的口语材料。描写语法一般不要求受试简单地指出，哪些合乎语法，哪些不合乎语法。

决定汉语语法测试内容，关乎到对汉语语法本体的认识。不同的语言，其语法有同有异，语法类型不同，特点也会不同。在二语学习的过程中，学习者出现的带有普遍性的语法偏误，与母语的语法特点有着直接的关联。一般来说，语法大致相同的部分容易产生正迁移现象，不相同的部分容易产生负迁移，那些似是而非的部分则最容易出现语法偏误。因此，在选择语法测试内容时，应该着眼于汉语在语法类型上的特点。

汉语属于汉藏语系，与其他语系的语言在语法类型上有着明显的不同。汉语是孤立语，基本上没有系统的、严格意义上的词形变化，汉语没有选择词形变化作为表达语法意义和语法关系的主要手段，而是把词语的排列顺序和虚词作为表达语法关系和语法意义的重要手段。当然,汉语在词类、句法结构等方面也还有许多具体的特点。

测试汉语语法的掌握情况,应该充分考虑到汉语的语法特点。着眼于汉语语法特点的语法测试项目的选择,有三个有利于:

一是有利于提高测试的信度和效度。对学习者来说,体现特点的内容正是他们不容易发生正迁移,常用常错的部分。

二是有利于促进语法教学。以汉语的特点为主要选择标准,这将会提醒人们,作为二语教学,汉语的语法教学从某种意义上说,就是一种针对特点的教学和练习。

三是有利于提高试题的质量和区分度。以多项选择题为例,以常用常错的偏误作为干扰项,它们都是来自平时的练习或言语交际,可以保证试题语言的真实性。以这样的素材为干扰项,才能真正起到干扰的作用,这样的选择可以提高试题的质量和区分度。

为了保证所测试的是汉语语法的特点,可以结合测试大纲或教学大纲列出一个语法测试内容的细目表,细目表将作为语法测试内容选择的依据。语法测试细目表应该具有层级性和代表性。所谓层级性是针对成绩测试而言的,是指细目表中的语法项目应该与学习进程的阶段性一致。具体说,对初级阶段的学习者,语法测试项目一般应该是单一的、基础性的、识记类的,相对容易一些;对于高级阶段的学习者,应该侧重在综合运用,难度应该大一些。

所谓代表性是指细目表中的语法项目应该是能体现汉语语法特点的样本。比如在句法结构方面,汉语的述补结构、兼语结构等都能较好地体现汉语句法结构特点;汉语的"把"字句、"被"字句等也能较好地体现汉语句式方面的特点。

二、语法测试常用的题型

语法测试中，有些题型与其他语言要素测试的题型相同，如多项选择题，也有一些是针对语法测试而设计的，如排序题、选择位置题等。这种题针对性非常强，一般只在语法测试中使用。

（一）多项选择题

多项选择题是语法测试中最为常用的题型之一。测试实践中常见的是完形填空式的多项选择。这类题型的题干一般是一个句子或一个言语片段，要求受试在备选项中找出一个合适的，使题干变成可接受的句子或言语片段。例如：

【116】我是在棉兰出生长大的，_____棉兰，我是再熟悉不过了。

　　A. 把　　　B. 在　　　C. 根据　　　D. 对

【117】有的人认为，旅游_____可以欣赏自然风光，了解风土人情，_____游景点，爬高山，在外吃住对已经疲倦的身体来说确实是一件非常辛苦的事。

　　A. 不仅……而且……　　　B. 因为……所以……
　　C. 虽然……但是……　　　D. 只有……才……

【118】饥饿的人__1__粮食看得比金钱还重要，__2__他们能够真正体会粮食的重要性。成功的人珍惜自己的成功，失败的人珍惜自己的付出，__3__他们知道成功不易，付出的辛劳也不易。他们知道，__4__现在的拥有才最值得珍惜，失去的和将来的__5__水中月、镜中花。

　　1. A. 用　　　B. 从　　　C. 对　　　D. 把
　　2. A. 对于　　B. 关于　　C. 因为　　D. 所以
　　3. A. 因为　　B. 所以　　C. 根据　　D. 依据
　　4. A. 除了　　B. 无论　　C. 只有　　D. 不管
　　5. A. 只是　　B. 仍是　　C. 总是　　D. 还是

（二）排序题

语序和虚词是汉语表达语法意义和语法关系的重要手段，也是汉语在语法上区别于印欧语系语言的重要特征，所以，语序是汉语语法测试的一个重要项目。语序的考查有两种办法，一种是用多项选择题的形式。题干是一个有所空缺的语句，备选项中有一个是适合填充空缺的词语。例如：

【119】她是_____教师。
A. 有着一位20年教龄的优秀华文
B. 有着20年华文教龄的一位优秀
C. 一位有着20年教龄的优秀华文
D. 一位有着优秀20年教龄的华文

【120】许多代表_____交谈。
A. 在休息室里昨天都热情地同他
B. 在休息室里昨天热情地都同他
C. 昨天热情地在休息室里都同他
D. 昨天在休息室里都热情地同他

这种排序题其实是完形填空与多项选择的结合，针对性很强，就是测试受试对句法成分的排序能力。

还有一种是排序题的变化形式，有人称之为选择位置题。题干提供一个简短的语句，语句中设定A、B、C、D 4个位置，要求受试把指定的词语安排在A、B、C、D其中一个合适的位置上。选择位置题常用来考查受试对虚词功能分布状况的掌握情况。例如：

【121】提到空乘人员，__A__人们想到的__B__是那些温柔美丽的"空中小姐"，__C__"空姐"__D__似乎已经成为空乘人员的代名词。（自然）

（三）找错题

找错题多出现于语法测试中。设计这种题型基于这样一种考虑：对汉语语法的认识和掌握，不仅要了解规范的用法，对不规范的现象也要有所认识。这与其他试题要求找出符合题意、正确的形式，实际上是殊途同归。

找错题题干提供一个语句，并在这个语句中标出 A、B、C、D 4 个词语，错误项就含在其中。要求受试找出错误项并写出正确形式。例如：

【122】他深知<u>过</u>华人进入美国<u>一旦</u>触犯美国法规，除文化
　　　　　　A　　　　　　　　B
背景、语言不通外，<u>再加上</u>财力不足，打起官司<u>来</u>必败无疑。
　　　　　　　　　　C　　　　　　　　　　　　D

【123】现在的女孩子<u>真幸福啊</u>，吃得好，穿得好，生活条
　　　　　　　　　　　A
件<u>比起</u>以前好多了，<u>个个</u>走出来又漂亮又<u>智慧</u>。
　　　B　　　　　　　C　　　　　　　　　D

找错题的设计要坚持错误项应该是实际语言运用中常用常错语法项目的原则，不应该是出题人员为出题而人为编制出来的。从这一点来看，找错题的命制是有难度的。找错题试题本身的难度主要以常用常错和细微错误为主要调控手段，越是经常发生的错误，越是那些所谓"无伤大雅"的细微错误，其难度就越大。当然，干扰项和错误项的设计，如同其他题型的设计一样，都得考虑与受试的能力水平相匹配。

（四）完形填空题

多项选择题、找错题从能力的角度看，测量的都是受试的接受性技能（receptive skill），完形填空题测量的是产出性技能（productive skill）。完形填空题可以要求受试填写单词，也可以是语句。在语法测试的实践中，要求填写单词的，多用于考查对功能性词语掌握的情况。例如：

【124】你说假话吗？很多人讨厌说假话，但有研究表明，说假话其实是人类的正常行为。数据显示，一般人在 10 分钟内

要说3次假话。_____不管你相信不相信,一个调查结果显示,一所学校中越受欢迎的学生说的假话越多。这是因为假话并不是人们真实的想法,_____能赢得人们的好感。_____假话无处不在,_____也有一些办法可以分析人们说话的时候有什么真实的想法,现在开始流行的方式是研究"微表情",比方说当人们觉得自己成功地骗了大家的时候,嘴角会微微向上,_____这个表情只会持续五分之一秒,一般人很难发觉。_____,也有人怀疑这种理论,认为不同民族文化的人表情会有不同,但是运用这种理论进行分析的专家表示,_____是人类,表情基本一样。

更　　毕竟　　但是　　虽然　　当然　　只要　　无论　　而且

完形填空题用于语法测试有时会出现一种矛盾。如果题干提供的是单句,受试的阅读量较小,但是语境信息相对不充分,试题的难度相对会大些;如果题干提供的是短文,受试的阅读量会增大,但语境信息较为充足,试题的难度相对小些。此外,要求填写功能性词语的,虽然多为单词,但选择空间较小,难度较大;要求填写语句的,填写的语符连较长,但选择腾挪的空间较大,难度又相对较小。

第七章　语言技能的测试

我们前面所进行的语言测试的分类、测试试题的分类，都是以某一特定标准划分出来的。其实，语言测试的分类也好，试题的分类也好，都是可以多维度的。国外有些学者，如心理测量学——结构主义语言测试的倡导者拉多（Lado）等人就从语言技能的角度将测试类型、试题类型及其特点重新进行了梳理，并对它们之间的对应关系大致进行了描述。他们认为，在理想化的测试环境中，典型的心理测量学——结构主义语言测试一般包括三类试题，即不依赖语篇并相对独立的分离式试题、依赖语篇并相对独立的分立式试题、开放的或半开放的试题。分离式试题常用于测试语言成分，这类试题具有效率高、编写难度低、评分客观快捷的特点；分立式试题常用来测试听力和阅读理解能力，因为它依附于语篇而效率低、编写难度增大，但评分同样客观快捷；开放和半开放试题主要用来测试听和写的技能，这类试题实施和评分的难度都很高。

从语言技能的角度看，我们可以将语言能力分解为听、说、读、写等具体的技能，无论是使用母语还是运用二语，这些技能都会用到，而且还会表现出不同的特征。这些技能，换一个角度理解，也是人们传递信息或者获取信息的途径。如阅读是以文字这个可视载体为媒介，通过视觉途径获取信息，而写作虽然也是以文字为载体媒介，但它是通过视觉传递信息；听则是以语音为载体媒介，通过听觉途径获取信息，而说则是反向的，是通过听觉途径传递信息。二语的学习就是要获得这些技能，让学习者具备这些技能也是二语教学的主要目标。因此，这些技能也应该是语言测试的主要对象。

下面我们将从测试设计的角度讨论这些能力的测试问题。

第一节 听力测试

一、对听力的理解

听力，是约定俗成的方便说法，严格地说，这里的听力是指听力理解。在语言测试中，所谓的听力是指一种在语言交际过程中，自主的有明确目的，努力接受信息、理解信息的能力。这个概念应该包括两层意思，一是这是一项有自主意识的理解过程；二是这个过程有明确的目标。

如果把听力理解为一个过程，那么，这个过程应该包括两个环节，一个是语言项目分解的环节，听话人将语言符号序列分解为不同长度的诸如词、词组、句子等一类的单位。这种分解是下一步综合的基础，是为了理清意义基本单位的界线；另一个是意义的综合提取环节，听话人按照语言项目及其组合层次把意义组合起来。这两个环节在母语语言交际能力和外语交际能力中表现是不同的，母语交际活动中，一般来说，由于人们对自己母语的各级单位是十分熟悉的，对它们的分解在一般情况是在下意识的状态下完成的，因此，听力理解能力中的分解环节极其短暂，综合环节相对来说耗时长一些。二语的听力理解的分解环节相对母语耗时会长一些，综合环节也并不因为分解环节的延长而有所缩短。分解环节耗时的缩短是与学习的深入、能力的提高同步发生的。

在这个过程中，不同的个体会呈现出差异，这种差异就是听力理解能力差异的投射。

听力理解能力通常会在听力理解过程的不同阶段、不同层次上表现出来。

一种听力理解是将听到的言语片段分解为声母、韵母、声调等一个个语音单位，分解为一个个的语素或词，分解为不同层次上的句法结构。我们称这种理解为言语片段本体层面上的听力理解。这种听力理解是必须有的，是完整听力理解的基础，没有这个基础，后续的听力理解是无法继续的。但是，如果听力理解只停留在这个层面上是远远不够的，因为这种听力理解，从某种意义上说，还只是一种形式上的解构，还没有涉及意义，属于基础性的听力理解。

语言本体层面上的听力理解能力虽然是基础性的，但它涉及对声母、韵母、声调、语调的识别能力，对语素、词、词组的识别能力，对句子以及句子内部结构的理解能力和对句子之间的衔接关系的理解能力。因此，听力理解能力是一种综合性的技能。

另一种听力理解是以本体层面上的听力理解为基础，领会这些形式因素所传达的意义，如这一言语片段的主要意思是什么。这是语言本体听力理解的深化，它已经涉及了意义。这种听力理解能力具体包括理解话语基本信息和主旨的能力、理解说话者对所述事物的基本态度和情感的能力。因此，它属于文本意义层面上的听力理解。

还有一种听力理解是不仅领会理解言语片段本身的意义，还把在此基础上获得的信息作为已知信息源点，对新的信息做出推断，如根据已知信息推断出语句的预设或隐含等。这种听力理解能力具体包括理解话语目的的能力、推断未知信息的能力和理解话语言外之意的能力。因此，推断层面上的听力理解能力是一种高层次的能力。

听力理解能力的这三种表现形式，也可以理解为是听力理解能力的构成，这三种能力是一种客观存在，因此，在设计听力理解题的时候，必须关照这些因素。

听力理解能力上的差异表现在两个维度上，一个维度是在同一层面上的程度高低强弱的差异。如在语言本体层面上的听力能力，有些个体表现出较强的听音、辨音能力。汉语声母中同部位的送气与不送气的差异，轻而易举就能准确地辨别出来，又如结构层次、结构关系，对有些个体来说不构成障碍，但另一些个体则不同，汉语中的 b 与 p 时有混淆。类似的情景也可以发生在文本大意和推断意义的理解上。对言语片段的文本意义的概括总会出现见仁见智的情况。这些差异，有些是由于切入点的不同，有些是概括与具体的差异，但有些确实是识辨或理解准确性上的差别。这种准确性上的差别应该是听力理解能力上差别的反应。

另一个维度是个体间听力理解能力构成相对完整性上的差别。有些个体听力理解能力的构成相对完整些，在具体的言语交际中，既能对言语片段进行语言本体层面上的识辨，也能较为准确地把握语段大意，并且还能根据对语段意思的理解推断语段潜在的信息。但是，有些个体由于某些原因可能还停留在语言本体听力理解的层面，还不具备对文本大意把握的能力和对文本潜在信息的推断能力。

这种听力理解能力的部分缺失有两个特征：一是缺失的大多是高层次的听力理解能力，即对文本大意的理解能力和对潜在信息的推断能力；二是这种高层次的听力理解能力的缺失与学习进程有某种关联，是一种阶段性的缺失，这种现象多发生在学习汉语的早期阶段。随着学习的深入，听力理解能力提高，能力的构成也随之完善起来，这种缺失会得到根本的改善。

二、听力测试的规范

听力测试的规范与我们前面谈过的考试规范原则上是一致的，但作为具体的能力测试，总有一些与其他测试不同的地方，这些不同应该在试卷的设计上、测试的操作上体现出来。

(1) 确定考试能力范畴是要将测试的类别与听力能力的类型对应起来。比如测量类型为初级听力的，那么，一般来说，应以语言本体听力理解能力为主；反之，测试的是高层次的听力理解能力，那么，一般来说，应侧重于测试文本意义听力理解能力和推断的听力理解能力。此外，内容也不要过于集中在某一层次上，分布要合理。

(2) 听力测试内容一般选择听词语和简单对话，这两种形式基本上概括了其他与听力相关的言语交际活动。确定试题的题材应以受试熟知为原则，尽可能让受试有过直接的体验，如"生活中的常识"、"图书馆一瞥"等。

(3) 为了保证测试的效度和信度，在考试方式上，原则上采用直接测试和间接测试相结合的原则和方法。在具体的实施过程中，要根据具体情况加以调整。当以测试语言本体听力理解能力为主时，间接测试类的试题可以相对多一些，反之，以测试文本意义听力理解能力或推断意义的听力理解能力为主的，则应以直接测试方式为主，以便更为直观地了解受试的实际听力水平。

考试的方式还可能牵涉各项目的分值问题。如果根据测试目标的需要，以直接测试方式为主，那么在分值的分布上应该照应这一点，要把主观题的分数适当地分配给客观题，同时也要考虑分数的信度。

(4) 听力测试的考试时间除了像其他测试题一样，要预计整个试卷所花的时间，每题所花的时间，还要考虑到录音的语速；如果有简单的对话，还要考虑受试的语速。语速的确定也要考虑到测试的类型，成绩测试一般以教学大纲的要求为准；水平测试则以某一能力水平为准。

三、听力测试常用的题型

就一般情况来说，试题与测试内容有一定的相关性，但这种相关性不是简单的一对一的关系，而是"一对多"和"多对一"的关系，即我们前面说过的同一种内容可以用不同形式的试题来测试，同样，同一类型的试题应用来测试不同的内容或能力。

听力理解测试中用什么类型的试题要综合考虑，试题类型的选择涉及测试的内容、测试的难度、受试的实际情况以及测试的硬件条件等诸多因素。就实际使用的情况看，多项选择题是听力测试最为常见的题型。在听力测试中使用多项选择题有两个好处：

第一，效率和经济性高。多项选择题可以直接与测试内容联系起来，试题的效率会影响到试题的信度。例如：

【125】（录音）

A：小王怎么还没到？不会是他忘了时间吧？

B：不会。我刚才看见他了，说是忘了带钱包，又回去拿了。马上就到。

A：唉，年轻人总是丢三落四的。

问：小王迟到的原因是

A. 睡过头了，忘了时间。　　B. 别人没通知他。

C. 忘了带钱包，又回头去拿了。　D. 他决定不参加了。

例【125】是测试文本意义层面上的听力理解能力。

【126】（录音）在"我学习汉语已经三年了"这句话中，一共包含了（　　）词

A. 5个　　　　　　　　B. 6个

C. 7个　　　　　　　　D. 8个

例【126】测试对本体项目的辨别能力，只要求受试辨别出词。

经济性会影响到试题的实用性，多项选择题评分相对客观、

快捷。

第二,设计试题时灵活,富于变化。测试听力理解能力的多项选择题通常由指导语、题干和选择项三个部分构成。这三个部分在设计试题时,根据需要都可以做出相应的调整。如指导语可以是包括一个话轮或多个话轮的对话,也可以是短文,或者是单个的句子;题干可以用问句充当;问句形式可以是以语音为媒介,也可以是以书面符号为媒介;选择项可以由言语片段构成,也可以由图片构成。例如:

【127】(录音)

小李:明天周末,你跟我们去爬山吧。别老待在家里。

小王:可能去不了,因为我明天要加班。

问:小王同意去爬山了吗?

A. 同意了　　　　　　B. 没同意

C. 没有回答这个问题　D. 小王建议后天去

【128】(录音)

A:一个人出门吗?落地会有人接吗?

B:会的。有个朋友会在出口处等我。

A:你脸色不大好,不舒服?

B:可能吧,不要紧。马上就到了,下去就好了。

A:实在难受的话,我可以帮你叫空姐过来处理一下。

B:谢谢您。暂时不用。

A:去西藏干吗呢?

B:我是搞美术的,去那儿画画、写生。

A:哦,挺好的。

问:①这段对话应该发生在什么地方?

A. 候机大厅　　　　　B. 飞机上

C. 火车上　　　　　　D. 候车室

②交际双方是什么关系?

A. 同事 B. 同学
C. 同乡 D. 本来互不认识

其他如正误判断题、简答题等也都可以用来测试文本意义层面和推断层面上的听力理解能力以及相关的具体技能。例如：

【129】（录音）

A：泰国"红牛"功能饮料对中国市场的冲击很大。

B：据说大有超过可口可乐的势头。

A：看来中国功能饮料只有打中医牌才能在国际上站稳脚跟。

问：他们在讨论国产功能饮料如何占领市场的问题。（　）

【130】（录音）

A：听说小王以前练过拳击，你知道吗？

B：不知道，没听他说过。那玩意儿充满了暴力，不像体育运动。

A：说得对，什么体育运动，整个儿就是一个打架。

问：两人都很支持拳击运动。（　）

但是，正误判断题用于测试听力理解有两点不尽如人意，一是在试题中有时需要有意加入与话语事实不相符合的内容或表述，二是猜题的概率是50%，这直接影响到测试的信度。

同样的素材也可以用简答题的形式。例如：

【131】（录音）国际市场对功能饮料的需求在持续上涨，泰国"红牛"功能饮料目前日产量达500万瓶。业内人士估计，在有些地区，泰国"红牛"大有超过可口可乐的势头。我国的饮料市场营销专家指出，面临如此激烈的竞争，我国的功能饮料只有将"药食同源"的理念付诸实践，才能在世界同行竞争中保留着自己的一席之地。

问：这段话的主要观点是什么？

匹配题用于测试听力理解，大多用来测试文本意义层面上的

准确理解、叙述细节的能力。例如:

【132】(录音)我们这个班的同学真是来自五湖四海的:小王来自东北辽宁的大连;小李的家乡在南方美丽的海滨城市厦门;陈海的家乡是与香港毗邻的深圳;张磊是上海人,最近他只要有空就宣传在那里举行的世博会。

请根据录音的内容,用画线的方法把A、B栏目里的项目连接起来。

A	B
①小王	深圳
②张磊	大连
③小李	上海
④陈海	厦门
	北京

转换题用于测试听力理解可以用来测试文本意义层面上把握主旨和准确了解细节的能力。例如:

【133】(录音)一位小女孩在公园的草地上玩耍,看见小花儿很漂亮,于是就摘了起来。这时,妈妈走过来了,制止了女儿的行为,并告诉女儿,花是供游客欣赏的,不能摘。女儿说"知道了"。母女俩高兴地离开了草地。

请根据你听到的内容,把下面4幅图(图7.1)的顺序做一下调整并把它们按1、2、3、4填入括号里。

(a)

(b)

(c) (d)

图 7.1

【134】(录音)有 AB 和 CD 两条直线平行,被第三条直线 EF 经过 G 点和 H 点相交,相交后所形成的 AGE 和 CHE 均为锐角。

请根据录音表述的内容,画出这幅平面几何图。

听写是听力理解测试中最传统,也是最经典的题型。它传统但不落伍,现在无论是在母语教学中还是在对外汉语教学中,仍然是一种广泛使用的题型。传统的听写可以用来测试多种听力理解技能,可以用来测试语音辨识能力、词语识记和理解能力、语法结构(包括句型、句式)的解构能力,还可以用来测试文本意义层面上的对主旨的理解能力以及准确把握陈述信息细节的能力。例如:

【135】听录音,写出正确的词。

(录音)台风。

【136】下面按记录速度读一段话,请用汉字把它记录下来。

(录音)庐山在江西省的北部,那儿风景优美,气候宜人,是个夏天避暑的好去处。

在具体的测试中,往往将听写与完形填空题结合起来使用。具体做法是,给出一个语段,其中留出若干空格听音填写。听写单位可以是词,也可以是词组,有时也可以是一个不长的分句。

对留出空格的具体要求,要根据设计要求而定。一般来说,空格的密度高,相对难一些,密度低,相对容易一些;听写单位长,难度大,长度短,难度相对小;听写单位类型一致,难度小,类型不一致,难度相对大。例如:

【137】根据录音,将下面语段中空缺的词语填写进去,使之成为一个相对完整的语段。

(录音)人们经常吃鸡蛋,但对鸡蛋的<u>了解</u>却不多,甚至存在<u>误解</u>。有人认为红色<u>蛋壳</u>的鸡蛋比白色蛋壳的鸡蛋营养价值高,其实,这是<u>想当然</u>的误解。蛋壳的颜色是因鸡的<u>种类</u>不同而不同。有研究表明,不同种类的鸡在<u>相同</u>条件下喂养,产下的蛋<u>营养成分</u>是一样的。   【词】

【138】根据录音,将下面语段中空缺的词语填写进去,使之成为一个相对完整的语段。

(录音)这是大学期间最后一门课程的考试。<u>老师把卷子发下来后</u>,我们看到上面只有一道题,<u>都高兴极了</u>。然而,都快到交卷的时间了,<u>同学都看着试卷干瞪眼</u>。老师发话了:"做完的同学请举手。"<u>没有一个人举手</u>。老师接着说:"我今天只想告诉大家一个道理,<u>大学的学习结束了,但还有很多东西要学。学习应该伴随终身,</u>因为它是一种科学的生活方式。"   【分句】

四、听力测试题的设计

听力理解测试首先要碰到的是挑选试题素材的问题。素材的选择要坚持两个原则。一个是真实性原则,所谓真实性原则是指用作听力理解试题的素材应该是人们日常生活中交流的真实片段,这是因为听力理解测试属于直接性测试,要尽可能提供听力理解发生的真实语境,提高实际运用的相似性。

另一个原则是要坚持口语化,所选素材要具有鲜明的口语特征。因此,听力理解试题素材一般多选用日常生活中常见的打电话、聊天、访谈、现场报道等语料。

在挑选听力理解素材的过程中容易出现从阅读角度审视听力理解素材的情况。听力理解素材与阅读理解素材有相同之处，但二者的区别是明显的：阅读素材的挑选重在信息的筛选和提取；听力理解的素材重在各类语言单位的识认和信息的辨别。

其次是测试内容、考点的确定。测试内容是由测试目的、测试预设难度等诸多因素决定的。如先要确定测试哪个层面上的哪一种或哪几种技能，然后选择相应的考点。测试内容的选择要避免考点与材料不一致，否则测试内容无法在材料中体现出来，同时也要避免考点过于集中在某一部分，不均衡。

无论是素材的挑选还是内容、考点的选择，为了保证试题的严谨、科学，可以对所选素材做适当的修改润色。

最后是听力理解测试必然涉及的录音问题。录音要做好两个方面的具体工作。一是要保证录音的效果。录音效果的好坏会直接影响到测试的信度和效度。此外，录音效果不好，会增加考试的难度。

二是录音原声的选择。录音的提供者应该准确理解听力材料的内容、意味，尽可能真实地再现交际活动的情境，不仅要发音准确，还要再现所录话语的固有的韵律特征，把握好节奏和语速。

语速和停顿的确定，既要符合话语材料自身内容的需要，也要充分考虑受试理解和书写的可能性。要将听力理解材料的录制与朗诵示范严格区别开来。

第二节 口语测试

一、口语特征和口语能力

人们评价一个人的外语能力主要看他能不能用所学外语进行交流，把用外语进行口语交流作为评价一个外语学习者能力的主要指标，这个学习者能否快速准确地阅读外语资料，能否用外语写作，都是次要的。口语能力被视为语言综合能力的主要方面。人们如此看重口语能力是有一定道理的，口语语体和书面语语体是言语交际功能不断分化的结果，口语无论是从发生的角度看，还是从使用频率的角度看，都是第一性的。语言作为一种最为主要的交际工具，口语能力是不可或缺的。

（一）口语特征

1. 口语语体特征

通过听觉途径（aural channel）获得的信息可以是口语语体的，如在电话里与别人商量事情，也可以是书面语语体的，如听别人演讲。但从使用的频率来看，运用到听力理解能力时，口语语体的材料居多。口语作为一个与书面语相对而言的功能语体，有其自身的一些特点。这些特点应该从两个不同的角度去加以认识，虽然这两个角度实际上是有联系的，但毕竟是两个不同的角度。角度的不同，概括出来的特点也有所不同。

我们可以对收集到的大量的具有口语特征的材料进行分析，归纳出这种语体的特征。这些材料是在言语交际过程中发生的，是言语活动的结果。因此，这样归纳出来的特征，严格地说，是言语活动中所用语言材料的特征。现在人们习惯将它称之为口语语体特征。口语语体特征有：

第一，口语语体中的句子结构一般比较松散。这种松散特征体现在：

a. 允许大量非主谓结构的句子存在，甚至允许实词加上语调构成的句子。例如：

【139】老师：小王，同学们都到齐了吗？好像少了谁。

小王：都来了吧。

老师：不对吧，李丽呢？

b. 修饰成分较少，即便是主谓句，也大多由单一的主语加谓语构成。例如：

【140】树苗种上了，要浇水。（刚种上的树苗要马上浇水）

c. 在口语中，说话者常常会重复使用同一种句子结构，或者加带上一些句子"零碎"，或者是随时修正自己的说法。例如：

【141】我觉得这事儿比较难办，我认为应该再跟他说一下，我想这样主动权就在我们手上。

【142】其实问题还是有，解决的办法也不少，难度其实也真不算大，其实关键就是立马动手。

【143】那位小偷——那个小偷很快就得手了。

例【141】中的三个分句都是"我觉得/认为/想＋谓词性短语"，例【142】中的"其实"出现了三次，是我们常说的口头禅，例【143】开始说"那位小偷"，后来发现不妥，马上改为"那个小偷"。

d. 口语语体中主动陈述句、描写句较多，而被动句较少。

第二，口语语体语法显性程度低于书面语语体。具体表现为：

a. 口语语体中，关联词使用频率远远低于书面语语体，书面语中使用关联词语的地方，在口语中有时可以不用。例如：

【144】只要认真学，就一定学得会。

【145】认真学，一定学得会。

b. 书面语语体中，常使用介词等一些词语来突显词语的语义角色和功能，有些学者将具有这种功能的词语称为格标①，在口语语体中，起类似作用的格标往往不用。例如：

【146】鱼，猫吃掉了。（鱼被猫吃掉了。）

c. 口语语体中，人们常常使用词义泛化的词语。例如：

【147】我的电脑中招了，你学这个的，帮搞一下。（修理）

【148】把教室搞干净，待会儿有老师来听课。（打扫）

【149】他是搞硬件的，我是搞程序的。（研究）

【150】别咋呼行不行，先把原因搞清楚。（调查）

第三，在口语中，情境因素有时是所传达信息的重要组成部分。如手拿一个特大的苹果看着它说"好大一个"，是指苹果很大；如果是某人指着自己腿上蚊子刚刚咬的一个大包，又是另一个意思了。

2. 口语活动特征

我们可以换一个角度，把口语看成是一种交际活动。这个活动的各个环节、活动的方式和手段等，显现出了这种交际活动的特殊性。我们可以称这种特征为口语交际活动的特征。

口语交际活动的特征有：

第一，整个交际活动都必须有听说双方参与，充满着交互性。这与读、写活动有所不同。读、写活动可以没有另外的参与者，活动的主体可以不与其他人互动。在口语交际活动中，听和说都是活动构成的主体，二者的角色不断转换，相辅相成，不可分割。听者虽然是信息的接收者，但听者能力的强弱会影响到口语交际的质量。

第二，口语交际中，信息的走向具有非预测性特点。言语交

---

① 周国光、张林林：《现代汉语语法理论与方法》，211页，广州：广东高等教育出版社，2003。

际时，人们一般会遵循一定的规则，如格赖斯的四大准则。但是，我们也不能排除有的时候会话原则不被遵循，临时会有一些话题穿插进来。

第三，非音质的语音因素在传递信息方面起着重要的作用。在其他的言语交际活动中，如写作活动，传递信息的主要媒介是词、句子等，语言中非音质因素无法利用。而在口语交际活动中，交际双方是面对面的，说话人可以把想表达的意思、要强调的意图用音强、音长的变化等手段表达出来。

第四，在口语交际活动中，可以借助体态语、面部表情变化等非语言的表达手段来传递信息。

第五，口语交际活动在一定程度上受到时间、空间的限制。这种限制主要体现在有些传递信息的手段受到限制。如在用电话进行交际的情景中，我们就无法使用体态语、面部表情变化等辅助性的表达手段。但是，这只是一定程度的限制而已，它并不影响到交际的进行，因为体态语、面部表情变化等辅助性表达手段不是口语交际的必用手段；此外，这些辅助性交际手段所传递的信息大多可转用语言手段表达，两种手段的表达效果只是风格上的差异。

（二）口语能力

人们把口语能力看作语言能力的重要标志，看作语言作为交际工具的主要实现手段，口语能力到底由哪些具体技能构成，存在着不同的看法。

1. 口语能力

具体包括：

第一，准确识别语言单位和掌握语言知识的能力、对语言单位的理解和运用是口语表达能力的基础。没有对语言知识的了解，是无法利用它们进行交际的。因此，这项能力是基础性能力。

第二，运用口语交际中常用的特有的材料和方式的能力。如前所述，无论是口语交际所用到的材料，或使用到的具体的方式、方法都有其自身的特殊性，口语能力包括对这些材料和方式、方法的运用，具体包括对他人表示感谢、歉意和悔意的能力；自我介绍的能力；表达自己观点、建议的能力；对事情原委进行解释的能力。例如：

【151】谢谢您，没您的帮忙，这事儿现在还不知道怎么样呢！ 【谢意】

【152】实在对不起，又耽误您这么久，心里老过意不去的。 【歉意】

【153】真该死！要是当初听了您的话，也不至于现在这样被动。唉，自找苦吃呀！ 【悔意】

【154】我觉得小王的想法比较切合实际。 【表达观点】

【155】请您听我说一句，就一句，我真不是故意的，大家无冤无仇的，我干嘛要故意呀！ 【解释原委】

还包括对人、事情、事物进行描写以及请求别人帮助的能力。例如：

【156】那人吧，个头儿不高，但看上去挺结实的，说话谈吐还不错，挺阳光的，不时地还来点冷幽默。 【描述人】

【157】这事儿一时半会儿还真说不清楚，好几个人搅到里面去了，公家的事、私人的事都有，反正挺复杂的。 【描述事情】

【158】对不起，打扰一下，请问去文科楼怎么走？ 【询问】

【159】麻烦让一下，我要去那边拿个东西。 【请求帮助】

第三，口语中的沟通技巧和技能。如前所述，口语的最主要特点是交互性，要使口语交际活动能够顺利地进行下去，交际双方就必须彼此配合，达成某种默契。达成这种默契是口语交际活动的需要，也是言语交际策略和沟通技能的具体体现。

2. 口语交际的沟通技能

具体包括：

第一，能够理解领会话语特定含义和说话人言外之意。

例如:

【160】

小王:小李子,听说下个礼拜一是你的生日。想要个什么?办公室的几个姐妹想送你一个礼物。

小李:别介。那样我会感动得流泪的。话说回来,现在吧,有的人特俗,别人生日,上赶着送个胸针什么的。你说吧,这年头,谁还戴那玩意儿。还不如叫上寿星老儿撮一顿呢。喂喂,我可不是叫你们"行贿"哟。我只是就事论事,就事论事。

小王:得嘞,就这么着了。下礼拜一请你喜来登撮一顿。具体时间,订好了座儿再通知你。

第二,能够根据需要委婉表达和修正言语错误。例如:

【161】对不起,我要去补一下妆。

【162】我前天晚上在图书馆,——不对,不对,是昨天晚上,又把沈老爷子的《边城》的前半段翻了一遍。太美了,那才叫一个山美,水美,人美,情更美。

例【161】中的"补妆"是"上厕所"的委婉说法。

第三,能够不失时机地加入到言语交际活动中去。参与言语交际活动,一是要有加入的愿望和表达的欲望,二是要会适时加入。参与言语交际是有讲究的,不失时机地参与到交际中去是一种交际技能。例如:

【163】

A:人不过是个高级动物,高级动物也是动物,所以人呐,别装什么深沉、高雅。

B:我觉得也是。现在有的人整天玩深沉,扮高雅。我不知道他们活得累不累。

C:二位既然把话说到这份上了,我再不言语,我都觉得我对不住自己了。人是高级动物不假,但也要对得起那"高级"二字。

C加入讨论的时机是恰到好处的,他用"二位既然把话说到这份上了,我再不……"作为引子,把自己要说的内容与前面A、B说的话衔接起来。

口语能力所包含的这三种具体能力中,具备一定的语言知识、熟知语言中的各类单位的能力是基础,不具备这种基础性的能力,口语交际将无法进行,因为任何言语交际活动,从某种意义上讲,都是语言知识的具体运用。掌握了语言知识,加上会运用常用的口语表达的词语和表达方式,口语交际才有可能进行。但这类口语交际活动还是属于低层次的,基本的,因为它仅限于表达谢意、歉意、描述人和物、表达请求或帮助等,这些都是口语交际中的具体内容。口语交际得以形成,得以继续,还得有其他的元素加入进来,还得具备更高层次的能力,比如如何确定谈话的话题,如何引导话题的深入,如何转换话题,如何激起交际者对话题的兴趣,如何扩大交际范围邀请更多的人参与交际,等等。

二、常见的口语测试题型

(一)朗读

朗读(reading aloud)主要用于测试受试的语音、语调等语音知识的掌握情况,而受试的整体口语能力很难通过朗读观察得到。朗读的具体做法是,先把朗读材料交给受试,并给一定的时间让受试熟悉材料;受试熟悉材料后开始朗读。

朗读材料的选择,一是要关照到朗读材料本身应该具有一定的韵律特征。没有韵律特征的材料,在朗读过程中难以体现受试对语音、语法等知识的掌握情况。比如下面这个语段作为朗读材料就难以卒读:

【164】朗读下面的语段。

实事求是地记录和反馈教师教学态度、教学内容、教学方法、教学效果、教书育人以及为人师表等方面的情况。特别注意收集优秀的教学案例，并对案例进行翔实的记录、描述和分析。

二是要努力做到受试都相对熟悉。就一般情况而言，人们在对话题内容相对熟悉的情况下，在言语交际中才能较为真实地反映出其口语综合能力和水平；如果是陌生的话题，交际者很可能将主要注意力放在词语的辨别、意义的推敲上，反映出来的很可能是听力理解能力。

三是材料本身的难度应该与受试的实际水平相应，与测试设定的目的相匹配。材料的长度可以是单句形式，也可以是语段，具体的选择应该与测试设定的难度以及受试的实际水平相吻合。

(二) 看图说话

看图说话（picture talk）属独白性质（monologue），常用来测试受试描述人、事物、事件的口语能力。具体做法是，为受试提供一幅或多幅图画，并提供一定的时间给受试欣赏，然后让受试描述图画中所表达的内容。

图画创作的切入点是多元的，对图画的解读也可以是多元的。同样一幅画，不同的人可能读出不同的意思。因此，对看图说话口语测试的评分，应该重在口语交际的实际技能，而不是所说内容。为了使测试相对统一，主考人员可以在受试开始说之前，适当地加以引导，用简洁明确的话语给受试一个切入点。这样可以使不同的受试在表达内容方面相对集中，增加测试内容的可比性；同时，也可以避免受试拿着图画不知所措，不知从何说起的尴尬。

用于看图说话的图画，一般来说应该是具象的，因为抽象图画的解读需要更多的联想和感觉，就其内容而言，具有一定程度的不确定性，解读这类图画因人而异，见仁见智。具象图画从某种意义上来说，是某一事件的形象化的解构，它与语言只不过是表达符号上的差异而已。具象的图画画面结构本身包含着一定的叙事空间，这种叙事性带有一定的规定性，将这种内容上带有一定规定性的图画转换为语言形式，其内容就有了相对的统一性。

（三）简短说话

简短说话（short talk）的具体做法是，主考人员事先准备好若干话题，受试用抽签的方式抽去其中的一个话题，略做准备后，围绕这一话题说一段话。主考人员可根据测试的类型、内容、目的，给受试做出一些引导或限制。例如：

【165】题目：心态阳光是一种内在的美。

提示：什么是心态阳光，为什么它是一种美？

简短说话和看图说话有相同之处：这两种口语测试形式都属于独白性质；从测试功能上看，都是测试受试运用口语中常用的材料和方式的能力，是在被动状态下完成口语交际的能力，而不是积极引导口语交际的能力，二者都缺乏口语交际的交互性。

但是，二者也有不同。首先，从可测试的面来看，简短说话比看图说话宽。简短说话可以是描写性的，也可以是议论性的。受试可以在话题范围内概括地叙说，也可以是相近的描写表达，多方面展示自己的口语综合能力。看图说话主要是测试受试的描述能力，并且会在一定程度上受到图画内容的限制。

其次，二者的切入的形式不同。简短说话的切入形式是话题，看图说话的切入形式是图画。切入形式的不同会影响到难度系数，话题虽然内容指向明确，但叙说过程完全由受试自主组织展开。图画在内容上虽然有一定的不确定性，但画面基本上包含了事件的大体内容或过程。从这个角度看，简短说话切入话题相对容易，难在叙说过程的展开组织；看图说话切入话题较难，话题的展开倒有一定的依托，相对容易。

（四）复述

复述（repeat）是指受试先听或者看一段材料，理解其意思，然后用自己的话把原材料的内容说出来。复述的要求是复述

内容,不是重复语句。例如:

【166】阅读下面的语段,然后用自己的话把它复述出来。

春秋战国时期,宋国有一个农夫,他总想自己田里的禾苗长得快些,他每天都到地里去转一转,看一看。可几天下来,禾苗好像一点也没有长高。他非常着急,不停地自言自语:"有什么办法让它们长得快点儿呢?"一天,他终于想出了一个奇特的办法。他急急忙忙跑到田里,把禾苗一棵一棵往高里拔,累得他气喘吁吁。回到家里,他像立了大功似的对家人说:"今天可把我累坏了,力气总算没有白费,禾苗都长高了一大截。"大家都没有听明白他说的什么事儿。第二天他儿子到田里一看,禾苗都枯死了。

复述可以根据受试的具体情况做不同的要求。受试汉语水平较高的,可以要求受试不做记录,也不给任何提示,要求受试略作思考后回答;汉语水平相对较低的,可以在提供的材料后,给一些提示,引导受试的复述,并允许受试记录。给予提示和允许记录都是为了适应受试实际,降低难度。例如:

【167】阅读下面的语段,然后用自己的话把它复述出来。

在中国古代,矛和盾都是作战的武器。矛是用来刺杀敌人,盾则是用来保护自己,以免被对方的矛刺中。

传说很久以前,楚国有个卖兵器的人在市场上售卖他的矛和盾。为了使别人买他的盾,他举起盾向别人夸口道:"你们看,我的盾是世界上最坚固的盾,任何锋利的东西都不能刺穿它。"这人接着又举起他的矛,向人吹嘘说:"你们再看看我的矛。它锋利无比,无坚不摧。无论多么坚硬的盾都挡不住它,一刺就穿!"

围观的人听了他的话都觉得好笑,人群中就有人问道:"以你的说法,你的矛无论怎样坚硬的盾都能刺穿,而你的盾又是无论多么锋利的矛也不能刺穿它。如果拿你的矛来刺你的盾,结果会是怎样呢?"

卖兵器的人听了这话张口结舌,无从回答,只好拿起他的矛和盾走了。

提示:1. 卖兵器的楚国人怎样夸他的矛和盾,他为什么要这样说?

2. 这个故事对你有什么启发?

复述与其他口试形式有所不同,它是将听力理解与口语表达,或阅读理解与口语表达结合起来的题型,复述实际测试的是听力理解或阅读理解和口语两种能力,但口语能力是测试的主要对象,听力理解或阅读理解是次要对象。受试在完成测试时,口语是其主要呈现形态。因此,在设计这类试题时,有几点需要加以注意:

第一,提供的材料长度适中,180 个汉字左右为宜。过短,会失去复述的意义,口语能力展现不充分,但也不能过长。复述用到的是人们的短时记忆,过长会给短时记忆增加难度,复述时容易出现信息遗漏。

第二,提供的材料要清晰连贯,不要出现生词。材料本身应具有一定的故事情节;提示语要简洁明了。

第三,复述虽然涉及听力理解或阅读理解,但设计试题时应该以口语能力为主要测试对象,选择材料时要关照到是否有利于口语综合能力的展示。

(五)对话

对话(dialogue)在口语测试中也叫角色扮演(role play),指在一个假设的情景中,有一受试与另一受试或主考人员根据情景要求进行对话。

对话这种口语测试形式与前面所提到的三种测试形式最大的不同是具有鲜明的交互性。对话要求与真实的口语交际活动有较高的相似性。在对话的过程中,交际双方不仅要参与会话,而且还要积极组织会话、引导会话。从能力的测量来看，在这个过程中，它不仅会运用到低层次上的口语交际能力，还会运用到高层次上的口语交际能力，受试的口语交际能力可以得到较充分的展示。

常见的对话形式有两种，一种是主考人员给定一个对话情景，受试根据这个情景组织对话。例如：

【168】你同班一位来自新加坡的同学想在"五一"黄金周期间外出旅游，但具体去哪儿还没想好。你知道离广州不远的肇庆有座鼎湖山，那是一个空气清新、风景优美的好去处。你要把鼎湖山介绍给他，并且说服他去一趟。

另一种形式是主考人员给出对话提示。在提示中，提供更为具体的对话元素，要求受试在对话的过程中关照这些元素。对话元素对对话内容有一定的约束作用，可以使得对话内容相对集中。例如：

【169】"五一"黄金周假期结束了，大家都回到学校了。亨利和威廉见面后兴奋地聊起了各自假期是怎样度过的。

请选定会话角色进行对话。对话过程应该用到下面所给的所有信息元素。

亨 利	威 廉
在海南三亚逗留了三天；拍了一些风景照片；回到广州又参观了陈家祠；每天都做汉语练习题	每天都上网查看汉语水平考试的报名情况；参观了广东省博物馆；每天都做汉语练习题

设计对话试题时要尽可能控制受试的口语活动，要把受试的对话引导到要测试的内容范围内。因此，对话的设计不仅要关注试题与实际口语交际情景的相似性，对话元素还要有针对性。所谓针对性是指设计时要根据测试的内容、测试的目的留出交际双方的信息沟（information gap），让对话者在交际中填补这些信息

的空白点。例如：

【170】

A：＿＿＿＿＿＿＿＿，请问去邮局该怎么走？

B：喔，邮局呀，顺着这条马路直走，到了前面十字路口，别过马路，左拐，再走20米就到了。

A：＿＿＿＿＿＿＿＿。

例【170】要测试的是受试的口语交际的得体性。这个对话真实地再现了日常生活中人们问路的情景，所留出的信息沟可以测试受试的口语交际的得体能力。

（六）小组讨论

小组讨论（group discussion）是指由多位受试参与，就一个话题展开讨论。在讨论的过程中，每一位参与者都陈述自己的看法或评价别人的观点。评分人员根据受试在讨论中的表达给受试一个评价。例如：

【171】某校留学生联谊会想让更多的留学生关心、参与联谊会的工作。校联谊会要求留学生中的干事们就这一主题展开讨论。

你们作为联谊会的干事，是怎样动员更多的留学生参与联谊会的各项活动的？联谊会的活动和工作是否对留学生的学习有影响？怎样提高联谊会活动的趣味性？请就这些问题发表自己的意见。

小组讨论在口语测试中是一种使用频率较高的口试形式。在小规模的讨论过程中，参与讨论这不仅要关照到什么时候说话合适，还要考虑说多长时间、说什么、怎么说，等等。因此，小组讨论形式不仅可以用来测试受试语言知识的掌握情况，还可以测试受试组织会话、维系会话、引导会话的能力。后者是一种高层次的对口语交际活动整体把握的能力。

小组讨论的设计有两点要加以注意：一是从内容上看，讨论的话题要受试都熟悉，否则受试就无话可说。此外，话题本身应具有丰富性。口语能力包括对交流内容的选择、新话题的嵌入、话题的拓展、话题的兴趣等方面的处置。只有话题本身隐含这些元素时，受试的口语能力才有可能在此基础上充分展现出来。

二是从技术层面上看，参与讨论的受试以控制在3~4人的规模较为合适。规模过大，可能导致有的受试没有机会表达；规模少于3人，会使讨论的特征不明显，会变成对话形式的扩展。

（七）面试型口试

面试型口试（oral interview）是测试人员提问、受试做出回答的一种口语测试形式。例如：

【172】

测试者：最近，有同学跟我说，现在的老师与他们在国内孔子学院学习时的老师讲课有很大的不同，有点儿不适应。您有这样的感觉吗？

应试者：＿＿＿＿＿＿＿＿＿＿＿＿＿＿＿＿＿＿＿＿＿＿＿。

测试者：这些不同，影响到了您学汉语的哪些方面？

应试者：＿＿＿＿＿＿＿＿＿＿＿＿＿＿＿＿＿＿＿＿＿＿＿。

测试者：生活上还有哪些不适应？

应试者：＿＿＿＿＿＿＿＿＿＿＿＿＿＿＿＿＿＿＿＿＿＿＿。

测试者：来了半个月了吧，对这座城市的印象怎么样？

应试者：＿＿＿＿＿＿＿＿＿＿＿＿＿＿＿＿＿＿＿＿＿＿＿。

从形式上看，面试型口试与前面的对话较为相似，但二者在有些方面存在着很大的不同。首先，对话可以在受试之间进行，也可以在受试与测试者之间进行；面试型口语只能在测试者与受试之间进行。其次，对话一般只是设计一个对话情景，让对话顺其自然地发展下去；面试型口语是测试者通过提问不断引导着口语交际，他不仅要维系着口语交际的进行，而且还诱导着受试在回答问题的过程中有针对性地使用一些口语交际的技能，测试内容的针对性很强。再则,设置情境的对话往往是测试受试某一方面的口语交际能力;面试型口语是在自然语境中测试受试的口语整体能力。此外,对话中,即便测试人员参与其中,也只是一个参与者而已,一般不会对对话加以引导;而面试型口语中的测试人员在交际的过程中对口语交际活动的进程有引导的责任,因此,对测试人员的要求也就更高,他们不仅要参与其中,而且作为提问者还必须熟悉各种提问技巧,通过提问,引导会话向着既定的方向发展。

三、口语测试的设计

(一) 口语测试设计的原则

口语测试的设计有几点需要逐一明确。首先要明确测试目的和确定能力范畴。测试目的和所测试的能力范畴是密切相关的。如前所述,口语能力包括三个层次,即基础能力、初级能力和高级能力。在设计时,必须明确测试的是单一能力还是综合能力;如果是单一能力,是基础的、初级的还是高级的。目的明确之后,随之要确定能力范畴。每项能力都有相应的能力范畴。如以测试初级能力为目的,一般就得以表达观点、建议、描写人和物、请求帮助等能力范畴为主。

其次,在测试内容素材的选择上,要从两个维度加以考虑。一个是所选素材内容应该是贴近受试生活的,应该具有鲜活的生活气息和鲜明的时代气息。如果所选素材内容是受试不熟悉的,受试在测试过程中只能是鹦鹉学舌,这样势必会失去口语中本身固有的许多特征,影响到测试的表面效度。

另一个维度是所选内容应该能够测试出受试的口语的真实能力。因此,应该避免选用一些似是而非的或单一的内容素材,如朗诵看似是一种口语交际活动,其实它的交互性相当弱。它一般只能测量受试对语音、语调等的掌握情况,测量的只是基础性能力中的一个具体技能而已,不能反映出受试的口语综合能力状况。

再则,相对写作、阅读等能力的测试,口语测试的方式显得尤为重要,因为口语测试的方式与测试的效度和信度的相关性更大。

口语测试可以分为两种方式,一种是间接的,一种是直接的。两种方式各有利弊。间接方式主要是以笔试的方式进行口语测试,如用正误题测量受试对语调知识的掌握情况。间接测试的长处是评分客观、稳定,不足的是无法真正反映出受试的实际口语能力。间接测试方式测试口语无法保证效度。

直接方式包括面试型口试、小组讨论、对话、命题性说话等。直接方式的好处是让受试开口说话,从受试说的过程中直接观察了解受试的实际口语水平。这是真实的口语交际片段,其中包含了多种口语交际能力。这样测试口语,测试效度相对而言会高一些。但是,说话是一瞬即逝的,这会给评价者带来困难。此外,口语测试的评分一般都是人工的,评分者个体之间不可避免地会出现评分误差。

口语面试就性质而言是直接测试,要求努力构拟真实的语境以保证测试的效度,但形式可以有所不同。

还有一种介于直接和间接之间的半直接方式叫作半直接口试(semi-direct oral test),也叫录音口试(laboratory oral test)。半直接口试一般是指定一个话题让受试即兴说话,把受试所说的话录音下来交给评分专家评分。这种方式的好处是话题统一,时间一致;可以从容评分,评分压力小。这种方法略显不足的地方是考试的形式和真实的语境的相似性相对较低,即表面效度低。但半直接口试重在凸显口语交际中的共性特征,所以,虽然表面效度受到一定的影响,但整个测试的内容效度和结构效度仍能得到保证。

(二) 口语试题的设计

口语考试的题型与决定采用哪种类型的考试以及考试内容有关。如果采用间接考试的方式，一般主要测试受试在口语交际中应用语音知识、语法知识和词汇知识的能力和运用口语交际形式、方式的能力。常用的题型有多项选择题和填空题。

多项选择题和填空题可以测试语音、语法、词汇等语言知识，也可测试一些常见的口语表达方式。例如：

【173】下面带点的字应该读作轻声的是

A. 质子 B. 天子 C. 钳子 D. 莲子

【174】下面各组词语连读时声调会发生改变的是

A. 小组长 B. 小铃铛 C. 棉手套 D. 棉花糖

【175】根据语境，补出相应的话语。

A：又给您添麻烦了，怪不好意思的。

B：_____，举手之劳。

【176】根据语境，补出相应的话语。

A：_____！

B：您太客气了，应该的。

如果采用直接考试的方式，测试的能力范围相对要广一些，适应的题型也更多一些。这些题型既可以用来测试受试在口语交际中运用语言知识的能力，也可以用来测试受试运用口语中常用形式、常用方式表达的能力，还可以测试熟练运用各种口语交际技巧的能力。

四、口语能力测试的评价

口语能力的评价涉及两个方面的问题。一个是评价的方法问题。口语能力的评价方法有两种，一种是整体评分法。这种方法是测试人员根据自己对受试的口语表现的总体印象来评分。这种评分方法省时、经济，成本较低，但是仅凭瞬间的印象难免带有主观性，有时还会出现不同的测试人员对同一受试的口语表现做出悬殊的评价。为了使误差尽可能小一些，在进行口试整体评分时，一般采取多人评分的办法，受试的最终成绩为所有参与测试评分人员的平均分。

另一种是分析评分法。这种评分法是测试人员对受试的口语表现按照口语能力的构成项目来分项评分，然后将各项得分累积起来作为受试的最后得分。分析评分法客观，误差较小，但费时，要求投入的人力较多，对测试评分人员的专项素质要求也较高。受试多，测试人员少，成绩公布又有时限的测试，不宜采取这种方法。

两种方法的不同是基于对口语能力的认识不同。主张整体评分法的认为，口语能力是一种综合能力，是多项具体口语交际技能的高度综合，不是单项技能的简单叠加；而主张分析评分法的认为，口语能力是一项综合能力，但这种综合能力是多项口语具体技能构成的，一个人的口语能力是各项口语技能之和。因此，唯有分项评分才是客观的、真实的。

近些年出现了一种介于整体评分和分析评分之间的一种综合评分法。它吸取了整体评分和分析评分各自的长处，既考虑了省时、便捷等效率问题，也关照到了客观、准确等测试的原则性要求。综合评分法将测试人员分为两组，一组根据受试在口试过程中口语单项能力的表现进行评分，另一组根据受试在口试过程中口语总体表现进行评分，最后将两种评分的平均值作为受试的成绩。

另一个是等级标准问题。无论采用哪种评分方法，在评分的过程中都得依据一定的等级标准。所谓口语的等级标准是指依据受试在口语交际中表现出来的能力程度差异，把它分为若干等级，每一等级中给出口语交际具体的技能表现指标。在口试过程中，测试人员比照这些指标，观察受试的口语交际表现，评定受试的口语成绩。

口语等级标准从本质上看，是从多次测试中描写归纳出来的，是一个常量，但是一个相对常量。所谓相对常量，是说这个常量的不变性是相对而言的。对不同类型的测试，这种不变性应有所不同。具体地说，对有些测试，应坚持其不变性，如水平测试、能力测试、学业测试等，其等级标准内容是相对固定的，它不会因为主持测试的人员不同、时间地点的不同、受试的不同等因素而有所变化。我国的汉语水平考试（HSK）、大学英语的四级和六级考试、美国的"托福"、英联邦国家的"雅思"等考试的口语等级标准都是相对固定的。而另一些测试则可以允许其等级标准有一定的可变性，等级标准可以根据受试的实际情况、测试的目的等因素做一些具体的调整，甚至可以针对每一次测试、每一拨受试制定出具体的等级标准。分班测试、诊断测试等就属于这类。

但无论口语等级标准具有怎样的相对性，也无论是分析性评分还是整体性评分，都必须定出具体的等级评分标准。等级评分标准是评分的依据。由于分析性评分与整体性评分在对口语综合能力的价值判断上存在差异，所以他们各自定出的等级标准具体参数也不一样。

分析性评分所制定的口语等级标准，仍然坚持口语能力是若干具体技能的综合。因此，他们把口语测试的内容分为语音、词汇、语法、流利度和可理解度等五个方面。每一个方面分为若干项，每一项都给出能反映典型特征的具体指标。美国外交服务学院的面试型口试能力评分的等级标准就是这类的典型。这个等级标准细分为语音、语法、词汇、流利度和可理解度等五个能力范畴，每个范畴分别列出六个代表不同等级的典型特征。评分人员根据这五个能力范畴不同等级的标准，考察受试的口语交际，比照六种典型特征，给出受试的得分。详见表7.1。[①]

[①] 邹申：《语言测试》，139页，上海：上海外语教育出版社，2005。

表7.1 美国外交服务学院分析法评分等级标准

语音	1. 发音经常不被理解
	2. 常出现发音上的错误,难理解,经常需要重复
	3. 有外国人的腔调,因发音错误导致听者误解,听时吃力
	4. 有一些外国人的腔调,偶尔会有发音错误但不会影响理解
	5. 无明显发音错误,但可以听出所说不是母语
	6. 发音纯正,没有外国人腔调痕迹
语法	1. 短语层面的语法关系基本不了解
	2. 频繁出现的语法错误表明只了解几种主要的语言交际模式
	3. 常出现的错误说明有些主要句式没掌握,有时错误会引起误解
	4. 偶尔出现的错误说明没掌握一些句式,但错误不会引起误解
	5. 错误较少,没有影响到交际
	6. 面试中的语法错误不超过两个
词汇	1. 在简单对话中都可以看出词汇量严重不足
	2. 所掌握的基本词汇范畴的词有限
	3. 有时词语选择不准确,某些常见专业或社会热点问题词语有限
	4. 讨论特定兴趣的词语充足,掌握的一般词汇能满足常见话题讨论
	5. 掌握的专业词汇多而准确,一般词汇可以满足各种话题的交际
	6. 丰富的词汇量和对词理解的准确性几乎和受过教育的母语者一样
流利度	1. 讲话断断续续,无法进行实际的交流
	2. 除了短句和日常句子以外,讲其他的语速非常慢,语速不均匀
	3. 讲话常常犹豫、着急,不能成句
	4. 讲话有时犹豫,会有改说和因找词语而引起的语速不匀
	5. 讲话轻松平稳,但可以听出是在使用外语
	6. 在专业场合或一般生活场景的讲话如同使用母语

续上表

可理解度	1. 对简单的会话也只能理解一点点	
	2. 只能理解常见的生活、旅游话题的会话且说者语速要慢或多次重复、改说	
	3. 能理解简单会话中的简单话语，但需要多次重复或改说	
	4. 在对话中，能较好理解受过教育者的规范表述，但有时也需说者重复或改说	
	5. 能理解受过教育者的所述，但对口语、低频词语、快而含混的讲话仍有困难	
	6. 同受过教育的母语者一样，能理解各种类型的讲话	

整体性评分等级标准的制定是从整体着眼，重视口语交际过程的印象效果，而不是特别关注某种知识、某种技能的掌握和具体使用。整体性评分等级标准将口语能力分为若干能力范畴，每个能力范畴内又列出若干程度等级，每个程度等级从运用效果着眼给出典型特征。采用整体性评分等级标准比较典型的是"雅思"考试。详见表7.2。[①]

表7.2　英国雅思整体评分的等级标准

等级	名称	典型特征
9	专家型使用者	完全理解并能非常适当、准确、流利地使用该语言
8	很好的使用者	完全掌握了该语言，偶尔出现非系统的不准确、不恰当，在不熟悉的情境中可能出现误解，能较好完成复杂论证

---

① 杨翼：《对外汉语教学的成绩测试》，222页，北京：北京大学出版社，2010。

续上表

等级	名 称	典 型 特 征
7	好的使用者	已经掌握该语言，但偶尔会出现不准确、不恰当和理解失误；能使用复杂语言形式进行可理解的论证
6	胜任的使用者	较好地掌握了该语言，有时也会出现不准确、不适当和误解；在自己熟悉的情境中能使用并能理解复杂语言形式
5	适度的使用者	部分地掌握了该语言，可以应付大多情境下的使用，但会出现许多的错误，能进行特定范围的基本交际
4	有限的使用者	基本能力限于熟悉的情景，理解或表达上时常出现问题，不能使用复杂的语言形式
3	非常有限的使用者	仅能在非常熟悉的情境中对一般意义进行表达和理解，交际时常中断
2	间断的使用者	只能在熟悉的情景中使用单词或简短的客套话表达最基本的信息，不能进行真正的交际，说和写都有很大的困难
1	不能使用者	不会使用该语言，连一些简单的单词、句子也不会

融合性评分的等级标准同样是吸收了其他两种评分等级标准的长处，在客观和经济两个方面都尽可能加以关照，形成了自己的特点。详见表7.3。[1]

---

[1] 全国大学英语四、六级考试委员会：《大学英语口语考试大纲及样题》，上海：上海外语教育出版社，1999。

表 7.3

分值	语言准确性和范围	话语的长短和连贯性	语言灵活性和迫切性
5分	▲语法、词汇基本正确； ▲表达过程中词汇丰富、语言结构较为复杂； ▲发音较好，但允许有一些不影响理解的母语口音	▲在讨论有关话题时能进行较长时间的语言连贯的发言，但允许由于无法找到合适的词语而造成偶尔停顿	▲能够自然积极地参与讨论； ▲语言的使用总体上能与语境、功能和目的相适应
4分	▲词汇和语法有一些错误，但未严重影响交际； ▲表达过程中词汇较丰富； ▲发音尚可	▲能进行较连贯的发言，但多数发言较简短； ▲组织内容和搜寻词语时频繁出现停顿，有时会影响交际	▲能够较积极地参与讨论；但有时内容不切题或未能与小组其他成员直接交流； ▲语言的使用基本上能与语境、功能和目的相适应
3分	▲词汇和语法有错误，且有时会影响交际； ▲表达过程中词汇不丰富，语法结构较简单； ▲发音有缺陷，有时会影响交际	▲发言较简短； ▲组织内容和搜寻词语时频繁出现较长时间的停顿，影响交际，但能够基本完成交际任务	▲不能积极参与讨论，有时无法适应新话题或讨论内容的改变

续上表

分值	语言准确性和范围	话语的长短和连贯性	语言灵活性和迫切性
2分	▲词汇和语法有较多错误，以致妨碍理解； ▲表达过程中因缺乏词汇语法结构而影响交际； ▲发音较差，以致交际时常中断	▲发言较简短且毫无连贯性，几乎无法进行交际	▲不能参与小组讨论

第三节 阅读测试

一、阅读理解能力

阅读是一种有目的地通过书面材料获取信息的活动。阅读既是一种获取信息的手段，也是一种语言能力，所以，严格地说，阅读是一种阅读理解能力。阅读理解能力无论是对母语的运用，还是二语的运用，都是一种高层次的语言能力，对于将汉语作为目标语的学习者来说更是如此。因为阅读是一种综合性的能力，它不仅要求具备一定的语言知识，而且还需要具备一定的文字知识，没有一定的识字量是无法阅读的。此外，阅读看上去是一种接受性技能，但它与输出性的写作有着密不可分的关系。"读"与"写"是汉语书面交际的两种重要技能，二者相互影响，也相互促进。

在现如今资讯如此发达的社会，阅读不仅是人们获取信息的手段，还是人们与外界联系、了解世界的主要渠道，更有人把阅读视为现代人的一种生活方式,这种说法不无道理。阅读已经成为我们生存的需要,通过阅读可以帮助我们解决生活上碰到的困难,使我们能够摆脱某种困境。如阅读产品说明书,可以使我们自如地使用某种新产品;阅读可以增长我们的知识,扩大我们的视野;阅读是一种休闲方式,可以充实我们的休闲生活,有时,我们完全可以放松一下自己,为阅读而阅读。

阅读理解能力与语言能力一样,只是一种理论上的假设,因为它无法直接观察到,我们只能通过观察与之相关的行为以及这类行为的熟练程度来判断这种能力和这种能力的等级。

人们阅读一份文献材料,阅读者能对原作者所述内容了然于心,这其间,阅读者必定要运用许多方法和手段,这些具体的方法和手段就是阅读理解技能,这些技能的综合构成了阅读理解能力。

目前,对阅读理解能力的研究主要集中在两个大的方面,一方面是阅读模式的探讨,从宏观上来观察阅读者阅读材料的基本过程。有学者认为,阅读是一个过程,识读单词并理解单词意义是这个过程的起始点,随后还有其他许多具体环节,环环相扣,每一个环节都以前一个环节为基础。阅读只是一种单纯的从语言形式到语言意义的解码过程,在整个阅读过程中,阅读者处于一种被动地位,只是一种被动的接受。

也有学者认为,阅读是阅读者调动大脑里储存的所有相关知识来帮助理解阅读材料中的信息。从本质上说,这是一种图式化过程,所以这种所谓模式又被称为"图式理论模式"。这种观点与前一种观点的不同之处在于,它强调阅读者已有知识结构对新信息解读的重要作用,认为在整个阅读过程中阅读者占据着主导地位。[1]

---

[1] 邹申:《语言测试》,342页,上海:上海外语教育出版社,2005。

还有学者认为，在阅读过程中，各个环节是相互作用的。阅读者在解读文本时，既不是单纯的从语言形式到语言意义的解码过程，也不是以阅读者为主导的"图式化"过程，阅读其实就是阅读者根据文本实际不断选择阅读技能解读文本的过程。①

另一个方面是对具体阅读技能的研究，从微观上去描写归纳解读文本的具体手段。Heaton 曾对英语阅读技能进行了细致的观察和描述。他将阅读技能分为三大类。第一类是涉及词汇和基本语法概念的知识，第二类是词汇语法运用的技能，第三类是涉及篇章的理解技能。

阅读理解能力从微观的角度可以分为若干具体的技能，也可以从能力的层级上把它们分为高层次能力和低层次能力。把阅读理解能力分为不同层级的能力，对语言技能的测试来讲尤为重要，因为这样的分类会使阅读理解能力测试更具有针对性。Heaton 明确地将阅读理解技能分为高层次技能和低层次技能，并将阅读技能细分为 14 项。Heaton 对英语阅读技能进行了归纳和分类描述。低层次技能包括：识别单词和词组，把词形与意义联系起来；根据构词法和语境线索推断词义；理解句子内部成分之间的关系，比如句法结构成分，复杂的插入语和主从句；能理解概念的意思，比如质量与数量、比较与等级、起因、结果、目的、原因、条件、附加、对照、让步等；理解文章各部分之间的关系，能识别词汇手段（如重复、同义词等）和语法连接手段，尤其是前指、后指（如他们、他、前者、后者等）和连接词（如因此、之后、虽然、尽管等）。高层次技能包括：理解直接陈述的信息；能识别和理解时间、空间关系和思维表达顺序；能预期并预知下文；能识别文章的主要意思和其他重点；能概括和

---

① 杨翼：《对外汉语教学的成绩测试》，227 页，北京：北京大学出版社，2010。

归纳；能理解没有直接陈述出来的信息，比如，依靠推断、理解描述性语言；能快读和略读；能批判性阅读；根据阅读的材料和目的，采用灵活的方法和策略。①

对于阅读技能的层级，我们应该有这样的认识：首先，阅读理解的过程是一个多种技能共同发生作用的过程，单一的技能一般是不可能完成一个完整的阅读理解的。将阅读理解技能分为低层次和高层次是从认知角度出发的，这样来理解阅读理解会使我们的对外汉语教学以及对外汉语的语言测试更具有针对性。其次，两个层级的技能是相互联系的，不是决然的对立。低层次技能是高层次技能的基础，高层次技能是低层次技能的深化。二者各有各的任务和领域。低层次的阅读技能是直接运用语言知识解读文本的表层固有信息，这种阅读可以称之为基础性阅读。高层次的阅读是阅读者运用语言以及其他相关知识理解文本的深层追加的信息，这种阅读可以称之为推断性阅读。再则，使用低层次的阅读技能是一种单纯的接受性阅读，阅读者在使用这些技能的过程中是被动的。使用高层次的技能是输出性和接受性均有的综合性阅读。如理解直接陈述的信息、理解文本的主要意思或重点等，都是通过接受性阅读就可以获取的；而理解文本中作者没有直接陈述的信息、理解作者的写作意图、评价作者的观点等，是阅读者在阅读的过程中输出自己的判断才能获取的，阅读者在这个过程中是主动的。

二、阅读方式

人们常用的阅读方式有四种：

第一，泛读。这种阅读一般对文本内容没有专业性的目的，

---

① 杨翼：《对外汉语教学的成绩测试》，226页，北京：北京大学出版社，2010。

不追求对文本的透彻理解，只是浏览了解大意。它所追求的是阅读的流畅性。因此，泛读常用于休闲阅读，或者了解较长篇幅文章的主要内容。比如，我们休闲时阅读言情小说或侦探小说一般会采取泛读的阅读方式。

第二，精读。这种阅读有明确的目的，要求通过阅读准确了解文本材料的细节和精髓，不追求阅读的流畅性。因此，在研读议论文、专业材料时往往采取这种阅读方式。

第三，跳读。这种阅读速度快，获取的信息具有概括性。它常用于只需要通过浏览了解其大意的材料。我们平时阅读报纸杂志时运用的就是这种阅读方式。

第四，寻读。这是一种快速浏览材料以获取所需信息的阅读方式。运用这种阅读，信息目标明确，对不是自己所需信息都可以忽略，一旦找到自己所需信息，阅读活动即刻终止。我们平时查找资料、阅读广告大多采用的是这种阅读方式。

三、阅读理解测试试题的设计

（一）阅读材料的选择

用于测试的阅读材料可以从教材、教辅读物中选取，也可以从公开出版的报纸杂志上选取。选什么材料一般来说没有过多的限制，但是在选择材料时要关照到以下几个因素：

首先是真实。阅读材料的真实包含着两个层面的含义：一个是选择的材料所反映的社会生活内容是真实的，对受试来说，是熟悉的。另一个是所选择材料自身必须是真实的，是选择公开出版的报纸杂志等公开出版物，命题人员不应该虚构编造阅读材料。虚构编造的材料容易出现与实际生活语境的相似性较低的情况，这样势必会影响受试对文本信息的解读。如前所述，阅读理解还包括推论性的阅读，从虚构的信息出发，有时难以推论出一个确切合理的结论。为了保证材料的真实性，一般情况下，对原文可以做适当的删减，但不要做较大的改动。

其次是广泛。广泛是指选择材料时要充分考虑到材料的题材、体裁、风格的多样化。材料的广泛性也是测试真实性的体现。在现实生活中，人们所接触到的阅读材料不可能是单一的，人们的阅读理解能力是对多样化材料的解读，换言之，多样化的阅读材料才有可能反映出受试真实的阅读理解能力。

再次是丰富。丰富是就材料自身所蕴含的信息点而言的。在有限的测试时间内试题命制人员应该尽可能缩短试卷的长度，减少受试的阅读量。因此，选择阅读材料时，要尽可能在适当的材料长度的要求下，选择信息点充足的材料。

材料的信息量要充足这一要求具体体现在两个方面，一个是信息点要多，另一个是信息的类型要多样化。命制试题时，一般要求用一段阅读材料命制4道左右的试题。这些试题中有的是测试词汇理解技能的，有的是测试语法运用技能的，有的是测试对文本主旨把握的，还有的是对作者"言外之意"提问的。因此，阅读材料的选择要考虑到信息点的充足和多样。

再则是适当。适当包含两个方面的要求，一是要求所选择的材料的长度要适当。材料适当的参照物有两个，一个是受试的实际水平情况。对于初级汉语水平的受试来说，材料的长度应该相对短一点；对已达到中高级汉语水平的受试，阅读材料的长度可以适当长一点。另一个是要关照到所要测试阅读理解技能的类型。一般说来，用于测试泛读、跳读、寻读相关技能的材料需要长一点，而用于测试精读相关技能的材料应该相对短一点；测试词汇语法的材料可以相对短一点，而用于推论作者写作意图、评价作者观点的阅读材料应该相对长一点。

适当性的另一个要求是难度要合适。阅读材料的难度应该从两个维度加以考虑：一个维度是生词量的控制，生词多必然加大难度；另一个维度是句型、句式的陌生程度。阅读材料中出现的句型、句式的陌生度越大，其难度也就越大。总的来说，难度系数的调控要根据不同类型的考试大纲或教学大纲来确定，任何一项的超纲都会对难度系数造成直接的影响。因此，科学确定难度系数的根本保证就是严格依照考试大纲或教学大纲。

最后是新颖。新颖是指所选材料在内容上有趣、具有吸引力。材料本身能让受试一接触就有阅读的欲望，这样的材料更有利于受试发挥真实的水平；反之，阅读材料索然无味，不能激起受试的阅读冲动，这在一定程度上会影响受试水平的发挥。

（二）信息点的设置

如前所述，阅读理解就是对阅读材料各类信息的提取，因此，信息点的设置是阅读理解测试的一项重要工作。

1. 阅读材料蕴含信息的分类

我们可以根据不同的需要把阅读材料所蕴含的信息分为不同的类。大而言之，可以把它们分为显性信息和隐性信息。所谓显性信息是由词语或词语组合表达出来的信息，也就是文本的基本意义。这种意义是从字面上直接看得出来的，通常阅读材料中呈现出来的对事件的描述、因果变化、论点论据等都是属于这种信息。所谓隐性信息是需要阅读者通过用推理等手段提取的信息，它是文本材料的推论意义。我们通常所说的文本中所包含的蕴含、预设、意图、倾向、推断等意味都属于隐性信息。

显性信息和隐性信息是文本材料包含的两种不同的信息，二者的呈现方式不同，解读手段也不同，对这二者的把握体现出来的能力也不同。人们解读显性信息主要是运用低层次的阅读技能，而理解把握隐性信息要运用到高层次的阅读技能。但二者又有着密切的联系，显性信息是文本材料的基本意义，是文本所有意义的基础。在对基本意义准确理解的基础上，才有可能展开对隐性信息的解读和推论。从这个意义上说，显性意义的理解是阅读的基础，隐性信息的把握是阅读的目的。

显性信息、隐性信息都不是由一个单一的因素构成的。根据相关研究，显性信息、隐性信息的内部可以再分为主信息核心和辅助信息。显性信息的主信息核心包括主体和表述，隐性信息的主信息核心一般表现为预设、态度、倾向、推断等。辅助信息是对主信息核心有所帮助的信息，根据作用的大小，又可分为主信息核心、关键信息、相关信息、无关信息等四类。这四类与主信息核心表达的关联系数上有差别①，它们之间形成了一个关联性差异大小的连续统，如下所示：

主信息核心＞关键信息＞相关信息＞无关信息

阅读材料所蕴含的信息还可以分为文本信息和背景知识信息。文本信息是通过文本材料表现出来的信息，提取这类信息的唯一途径就是阅读文本；背景知识信息是读者已有的，与文本相关的信息，读者在阅读文本的过程中将这种抽象的知识与特定的具体对象信息联系起来，激活这种信息。

阅读材料所蕴含的信息还可以从提取范围的大小分为宏观信息和微观信息。宏观信息是对材料进行整体概括提取出来的信息，微观信息是从材料的某一细节提取出来的信息。

阅读材料所蕴含的信息从性质来看，还可以分为事实信息、背景信息、推断信息等。事实信息是指文本材料所表述的信息，背景信息是与文本所述相关的信息，推断信息是指读者根据文本信息推导出来的信息。

2. 信息点设置的原则

不同类型的信息一般需要运用不同类型的阅读技能来提取，换言之，不同类型的信息与不同类型的阅读技能有某种程度的自然关联。因此，在设置信息点时要遵循以下原则：

---

① 杨翼：《对外汉语教学的成绩测试》，236页，北京：北京大学出版社，2010。

第一，重点性原则。设计阅读试题时，应该将关联系数大的文本信息作为测试的主要内容，一般情况下，不要将无关联信息、背景知识信息作为测试的主要内容。例如：

【177】阅读下面的短文，完成文后的题目。

我国是茶叶的故乡，在远古时期，我们的祖先就发现了茶树。但在那时，茶并不是作为饮料，而是作为药材被利用的。茶当作药材时并不叫茶，而叫"荼"。在先秦的古籍中，没有"茶"字，只有"荼"字。最初人们把茶归入荼类，称为"苦荼"。在以荼做药的过程中，人们逐渐认识到茶叶气味清香，而且有清热解渴的效用，这才慢慢从"荼"中分离出来，正名为茶。

文中"荼"的意思是

A．一种树　　　　　　B．一种苦菜

C．一种草　　　　　　D．一种染料

例【177】是测试受试对"荼"的词义的把握，将此作为信息测试点不合适，因为首先是文本对什么是"荼"并未解释，其次，这段话语的主要内容也不是解释什么是"荼"。例【177】的问题可以改为：

人们认识茶的过程

A．首先是它作为饮料的功能

B．首先是它的药用功能

C．是同时认识到了其饮料和药用功能

D．是通过它有解渴作用而联想到药用价值

第二，均衡性原则。选择信息点作为测试内容，要考虑信息点分布均匀，不要过于集中阅读材料的某一部分，应该发挥全部阅读材料的最大效益。例如：

【178】阅读下面的短文，完成文后的题目。

长城是我国古代最伟大的一项建筑工程。从东到西长逾万里，故被人们称之为"万里长城"。长城以其历史的悠久，工程的浩大，气魄的雄伟，跻身于世界古代"七大奇迹"。长城依山而筑，东起河北的山海关，依山势蜿蜒向西，经过了河北、天津、北京、山西、陕西、宁夏和甘肃等7个省市自治区，止于甘肃的嘉峪关，全长12 700余里。

长城的历史可以追溯到很远。公元前5世纪的战国时代，北方的秦、魏、赵、燕等国，为了防御北方游牧民族的骚扰，就已经在北方边境筑起了长城。与此同时，中原各国为相互防御也在各自边境筑起了长城。公元前221年，秦灭六国，继而又击败匈奴，为加强北边的防御，便大规模扩建长城。秦将燕、赵、秦北部的长城连接起来，并且筑了一段很长的新长城，这样便形成了一条东起辽东，西至今甘肃岷县，长达一万多里的万里长城。

秦以后，西汉、北魏、北齐、北周以及隋唐各代都修筑过长城。到明灭元后，为了防止蒙古族卷土重来，特别重视长城的修建，把长城的西端延长到了嘉峪关。明代建国的第一年就开始修建长城，历时一百多年完成了修筑长城的全部工程。这座明长城就是我们今天看到的万里长城。不过，当时的明长城比现在的还要长，它的东部延长到了鸭绿江畔。这段由于是用土石垒起来的，现在已全部毁坏。

①长城的修筑始于
　　A. 秦代　　　B. 汉代　　　C. 明代　　　D. 战国时代
②明长城的最东端在
　　A. 辽东　　　　　　　　　B. 鸭绿江畔
　　C. 山海关　　　　　　　　D. 临洮
③有关秦长城的说法，正确的一项是
　　A. 是在原来燕赵等国长城的基础上修建的
　　B. 秦朝只是连接已有的长城
　　C. 秦长城东起山海关，西至嘉峪关

D. 秦修筑长城的目的是抗击匈奴

例【178】3 道题都是依据阅读材料的第二段设计的，阅读材料的第一段一道题也没安排，测试的信息点过于集中。根据阅读材料的第一段，我们可以补充设计一题：

④下面哪一项是阅读材料中没有提到的
A. 长城是世界古代最伟大的奇迹之一
B. 长城当时的主要功能是防御北方异族入侵
C. 长城是一项艰巨而伟大的工程
D. 长城是中华民族智慧的结晶

第三，多样化原则。阅读是一项由多种技能构成的综合能力，这种能力可以分为高层次技能和低层次技能。我们应该理清信息类型、测试内容以及具体技能之间的对应关系，既要尽可能避免信息类型上的重复，也要避免具体技能测试上的重复。

【179】阅读下面的短文，完成文后的题目。

马可·波罗真的来过中国吗？有些学者并不这样认为。英国的伍德博士认为，中国的长城那么伟大，如果马可·波罗来过中国，不应该不写长城。像喝茶、用毛笔写字、用筷子吃饭这样非常普通，但对西方人来说很特别的事，在《马可·波罗游记》里都没有丝毫反映。

不过也有人说，也许是马可·波罗不喜欢茶，或者他天天用这些东西，见怪不怪了，觉得没有必要记下来。北京大学的党教授认为，马可·波罗对中国的了解比其他欧洲人要多得多，如果没有马可·波罗的介绍，他们当时又是从哪儿听说的呢？

①"或者他天天用这些东西，见怪不怪了"中"见怪不怪"的意思是
A. 越来越奇怪
B. 见到过奇怪和不奇怪的东西
C. 奇怪的东西见多了就不觉得奇怪了

D. 见到怪的东西不要觉得奇怪

②这段短文的主要内容是讨论马可·波罗
A. 是否习惯中国的生活　　B. 是否喜欢喝茶
C. 习不习惯用筷子　　　　D. 来没来过中国

③根据短文，下面哪一项表述是不符合短文内容的
A. 有人怀疑马可·波罗来过中国
B. 《马可·波罗游记》中没有记录长城
C. 马可·波罗没有学会用筷子吃饭
D. 马可·波罗对中国非常了解

四、阅读理解测试的常见题型

如同其他技能的测试一样，题型与测试内容之间不是简单的一对一的关系，而是"一对多"和"多对一"的关系。具体说，一种题型可以用来测试多种内容，也可以是一种测试内容用多种题型来测试。测试试题的这种属性，我们可以称之为"试题的多功能性"。

常见的阅读理解能力测试的试题大致有三类：

（一）多项选择题

阅读理解的测试从某种角度来说就是测试应试者解读意义的能力，而多项选择题长于对意义理解的测试，因此，多项选择题是阅读理解测试中使用最为频繁的题型。

意义单位可以分为义素、义位、义丛、句义、义群和篇章义等。

义位也叫义项，是词的意义的具体用法，或者说是词在词组或句子中的意义。单义词只有一个义位，多义词有多种不同的用法，所以有多个义位。义位是意义系统中的现成单位，也是组成言语作品的基本语义材料。人们说话、写文章从语义表达来说，就是将义位组成句子意义，再将句子意义组成一席话或一篇文章

的意思。

义素是义位的组成成分，是分解义位得到的意义单位。义素不像其他意义单位那样直接依附在可感知的语音形式上，加之人们认知意义时往往是整体把握，所以义素在人们理解话语的过程中，如果不是为了研究特意加以注意，是不容易察觉到它的存在的。因此，在二语习得过程中，一般不测试对义素的提取能力。

语素义是构词语素（即词根、词缀）的意义。汉语属于孤立语，单纯词是由一个词根构成的，因此，单纯词的义位也就是词根的语素义，而派生词和复合词的义位就不仅包括组成它们的语素的意义，还有可能包含着附加义。我们通常所说的附加义包括感情色彩意义、语体色彩意义、形象色彩意义以及"意内言外"意义等。这些附加义有时对意义的准确把握是至关重要的。

义丛是词组的意义，它是由义位组合而成的。词组有自由词组、固定词组之分，所以，义丛也有自由义丛和固定义丛两种。

句义是句子所表达的意义，它由义位、义丛等组合而成，是交际中最小的、相对完整的意义片段，属于言语范畴。除了套话，如"早上好"、"明儿见"、"慢走"等，句义是千差万别的。

言语作品义是句义的上一级意义单位，也是言语中最大的意义单位。它可以指一席话、一篇文章、一本书的意义。

基于意义的这种情况，我们可以把多项选择题细分为几类：

1. 测试词或短语的多项选择题

【180】"站在我旁边的是个聋儿，是小时候打针失去了听觉"中"聋儿"的意思是

A. 不懂语言的小孩儿　　B. 一个小朋友的名字
C. 听不见声音的儿童　　D. 身体不好的孩子

【181】"可以肯定，戏台中间一定是一位很有身份的演员，要不怎么她一出台竟亮起当时还很稀有的霓虹灯呢"中"很有

身份"的意思是

  A. 演技好，很著名　　　B. 手中掌握着很大的权力

  C. 出生于权贵家庭　　　D. 穿得很华丽

 2. 测试句子的多项选择题

 【182】与"我孩子学习成绩比老王家的好一点儿，跟老张的女儿比起来还有距离"的意思基本相同的是

  A. 老张女儿的成绩很好，我的和老王的孩子都比不上她

  B. 老王孩子的学习成绩比我的和老张的孩子的学习成绩都差

  C. 我孩子的成绩比老王的孩子的要好，但比老张的孩子的成绩要差

  D. 我孩子的学习成绩比老王的、老张的都好

 3. 测试语段（句群）的多项选择题

 【183】有这样一句话说得好：使你疲倦的不是脚下的高山，而是鞋中的一粒细沙。为什么我们在费尽心力的设定高峰、计划线路的同时，不弯腰去倒掉鞋里的沙子呢？

 这段话是说如果想做好一件事情，应该

  A. 全身心地投入　　　　B. 有一个周密的计划

  C. 注意每一个细节　　　D. 设定一个具体的目标

 4. 测试篇章的多项选择题

 【184】阅读下面的短文，完成文后的题目。

 现在的流行音乐，各有各的特点，各人又有各人的爱好。只有观众更喜欢谁的选择问题，很难说谁比谁好。但是我作为歌手，总希望得奖；另一方面，即使没得奖，通过比赛也可以让观众认识你，了解你，这也很重要。所以，想到这一层，能得第几名也就不那么重要了，只要专心唱好就是了。

 ①本文主要谈的是

  A. 时下流行音乐的特点

B. 观众与歌手的关系
C. 作者对流行音乐比赛的看法
D. 作者赛前的精心准备
②根据本文可以推知作为歌手的"我"是一个
A. 比较豁达的人　　　B. 斤斤计较的人
C. 完全淡泊名利的人　D. 有了机会一定不放过的人

多项选择题可以用来测试受试对不同类型信息的提取能力，也可以用来测试不同程度等级的受试。我们不能简单地认为，测试词或短语的多项选择题只适用于只具备初级汉语水平的受试，测试语篇的多项选择题主要适用于具有高级汉语水平的受试。选用不同的语言材料进行测试，存在着阅读量大小之分，但对阅读的难度系数不会带来直接的影响。对难度系数有影响的还是携带测试信息的语言项目，语言项目本身的理解难度是关键因素，信息类型的难度不是决定性的。例如：

【185】"他突然转过身狠狠地瞪了我一眼"中"突然"的意思是
A. 忽然　　B. 贸然　　C. 悄然　　D. 竟然

【186】"他居然转过身狠狠地瞪了我一眼"中"居然"的意思是
A. 他的确转过身瞪了我一眼
B. 没想到他转过身瞪我一眼
C. 他已经转过身瞪了我一眼
D. 估计他会转过身瞪我一眼

以上两例虽然都是词义理解，但"突然"参与句子的客观陈述，而"居然"是句子主观陈述意义的承担者。因此，"居然"题要比"突然"题的难度大得多。①

（二）正误判断题

阅读测试的正误判断题是要求受试对题干的陈述句所表达的内容的正确或错误进行判断。这一题型命制难度小，评分也便捷；在阅读测试中常用于对文本中各类意义的理解。例如：

【187】请根据下面的短文，判断文后的表述对不对。对的画√，不对的画×。

中国的山水诗产生于晋宋之际。在众多的山水诗人中，以谢灵运最为著名。然而他并非中国山水诗的创始人。从现有材料看，山水诗的真正创始人应该是东晋初年的庾阐。他是元帝永昌至成帝咸和年间人，比谢昆早半个世纪。他的诗现存20首，除去《游仙诗》10首，全部是山水诗。这些篇章题材既是山水景物，主旨也都是表现大自然的美，在表现景物的技巧上，都远远超过了所有的玄言、游仙、招隐诗；可以说，庾阐的山水之作，已是真正的山水诗开端了。当然，与后来成熟的山水诗相比，庾阐的作品还存在景观中心有时不够突出，情与景的结合还停留在表层，缺少更深的意蕴等缺点；加上作品的数量不够丰富，创作的思路也不够广阔，这就限制了他在诗坛上的影响，因而这就决定了他只是山水诗的创始者，而不能成为山水诗的奠基人。

A. 谢灵运虽然不是山水诗的创始人，但他的山水诗最为有名。（　）

B. 谢昆现存的山水诗只有5首。（　）

C. 庾阐山水诗的主要内容是表现大自然的美。（　）

D. 庾阐是山水诗的开创者，与别的诗人相比，其山水诗已相当成熟。（　）

---

① 这两道题笔者曾经在一个汉语中级班上测试过。该班学员的汉语水平基本上都在6～8级之间，受试15人，"突然"题做对的13人，"居然"题做对的2人。

正误判断题可以用于对各类意义单位理解情况的测试，也可以用于对细节识别的测试。例如：

【188】请根据下面的短文，判断文后的表述对不对。对的画√，不对的画×。

不知为什么，我眼中的"好孩子""坏孩子"的标准总是跟大人的相反。大人们所指的好孩子是学习成绩较好的孩子。我们班有位男同学学习成绩不太好，从来没有得到过老师的表扬，可大家都认为他是好孩子，因为他虽然淘气，喜欢打打闹闹，有时还会打破玻璃，但他关心集体，热爱劳动，乐于助人，有礼貌，难道这些不是好孩子应该具备的品质吗？

大人们，请相信，未来社会需要的不是一台台"学习机器"，而是千百万全面发展的人才。

A. 文中"学习机器"是指别的都不会只会学习的人。
（　　）　　　　　　　　　　　　　　【义丛理解】

B. "成绩不太好"是指成绩很不好。（　　）
　　　　　　　　　　　　　　【组合关系意义理解】

C. 受到老师表扬是大人认定好孩子的具体标准之一。
（　　）　　　　　　　　　　　　　　【细节识别】

正误判断其实可以视为只有两个备选项的选择题，由于选项过少，所以猜中的概率也较高。

在设计正误判断题时，有三种情况需加以注意：

一是在设置信息点时，要避免把知识信息作为测试内容，因为知识信息对于正误判断来说，大多可以脱离文本进行判断，应该就文本信息设置测试点。

二是题干表达要简明、规范、通俗，避免使用新的术语或生僻词语。不简明、规范，可能导致歧义，会使得受试无所适从；新的术语或生僻词语会增加文本以外的阅读障碍。

三是试题的答案尽可能呈现非规律性分布，正误的规律性排列有时会有提示或误导作用。例如：

【189】请根据下面的短文，判断文后的表述对不对。对的画√，不对的画×。

宣纸产于安徽省泾县等地。由于它多运到附近的宣城销售。所以被人们称为宣纸。宣纸的产生在泾县流传着一个动人的故事。传说发明造纸术的蔡伦有一个徒弟叫孔丹，在今天安徽省南部以造纸为生。为了表达对老师的怀念之情，想造出一种上等的好纸给老师画像、修谱。有一天，他偶然发现檀树倒在山涧的水溪旁，由于时间很长，檀树被浸泡得腐烂发白。这给他以启发。于是，他用这种树皮反复试验，终于造出了质量优良的好纸。这虽是传说故事，却反映古代劳动人民对蔡伦的敬仰之情。造宣纸的材料主要是青檀树皮，而这种树只在泾县周边的几个城市才有生长，所以也只有这一地区才能造出宣纸。青檀树属于榆科落叶乔木，与楮树、桑树很相似，所以有人误认为楮树是造宣纸的材料。宣纸的质量还得益于当地终年长流的山泉，清澈纯净的山泉是保证宣纸质量的重要条件。宣纸制作过程包括浸泡、灰掩、蒸煮、洗净、漂白、打浆、水捞、加胶、帖红等十八道工序，一张宣纸要经过一年多的时间才能造出来。

A. 宣纸产于安徽省宣城。（　　）
B. 青檀树皮是造宣纸的主要原料。（　　）
C. 宣纸是蔡伦一次在山中散步受到启发而发明的。（　　）
D. 制造高质量的宣纸需要清澈纯净的山泉。（　　）
E. 制造宣纸要经过一百多道工序。（　　）
F. 泾县周边的地方生长着青檀树。（　　）

(三) 简答题

简答题可以分为完形式简答题和非完形式简答题。

完形式简答题是命题人员提供部分答案，受试继续写出余下的答案。例如：

【190】阅读下面的短文,完成文后的句子。

老年人睡得不够会影响健康,那么,是不是睡很长时间就对身体有好处呢?

专家指出,60~70岁的老人,每天睡眠时间在6~7个小时之间是比较合适的,超过70岁的高龄老人一般不应多于6小时。这是因为老年人睡眠的时间越长,身心两方面衰老的速度就越快。调查表明,每天睡眠超过9小时的老年人,不仅没有表现出精力充沛,相反显得情绪低落,动作缓慢。

根据本文,一位80高龄的老人_____。

(参考答案:每天睡眠的时间不应超过6小时)

完形式简答题提供的部分答案,从功能上看,具有提示解题思路的作用,因此,难度会相对低一些。此外,这类题目的回答往往会在字数上受到限制,一般多用于语段意义概括、词语意义的解读能力的测试。

另一类简答题是开放性的,受试根据要求自由表达。例如:

【191】阅读下面的短文,回答文后的问题。

孙中山既是伟大的革命家,又是善于鼓动的演说家。他的演说艺术有个鲜明的特色:常用精选的事例引导听众于不知不觉中得出与自己的主张一致的结论。在某次演说中,他讲了这样一个故事:南洋爪哇有一个财产超过千万的华侨富翁。某日,外出访友却因未带夜间通行证而无法回家。因为当地法令规定,华人夜出如无通行证,一经查获,轻则罚款,重则坐牢。没有办法,他只得花一元钱请一个日本妓女送自己回家。按规定,这里的巡捕是不能干涉日本妓女的客人的。讲完这个故事,孙中山就语重心长地说:"这个中国人虽然很富,但他的国家却不强盛,所以连走路也不自由,地位还不如日本贫穷的娼妓。如果国家灭亡了,我们到处要受气,不但自己受气,子子孙孙都要受气啊!"这饱含悲愤的一番话,像电击一般打在听众的心弦上,激起了强烈的反响。

这段话论证的是

A. 孙中山是个伟大的革命家

B. 孙中山是个善于鼓动的演说家

C. 华侨在国外的社会地位

D. 国家强盛的重要性

（参考答案：D）

从总体上看，简答题相对完形填空、多项选择等题型所受到的限制少一些，试题的命制者可以从多个角度测试受试的阅读能力，如可以测试受试对语段主要内容的概括理解能力，也可以测试他们对重要概念的理解能力，还可以测试对词语意义的理解能力。同样道理，受试对简答题的自我感觉也往往较之其他题型要好些，也许他们最终的回答未必是正确的，但是他们在感觉上不会是一筹莫展。这也正是客观题与主观题的一个重要差别。客观题多用于测试汉语知识，受试学习或接触过的，他们就不感到陌生；对没学过或没接触过的，这就是一个知识盲点。再则，客观题的命制一般是假设受试对相关知识已经了解，一般也不提供富余的信息，所以受试很可能会对着试题一筹莫展。主观题则不同，测试的多为综合性能力。这种能力就阅读而言，实践性很强，受试一般不会感到陌生，不容易形成盲点，同时，主观题给出的语料以及语料所携带的信息更为丰富，受试从某个角度，就某一信息或多或少可以回答一点。

简答题用于阅读能力测试适应性较强，既可以测试阅读过程中对相关知识的运用能力，也可以测试对文本的评价、作者的意图层次上的理解能力。例如：

【192】阅读下面的短文，回答文后的问题。

瓦斯，又称煤层气。一谈到它，煤炭人都有谈虎色变之感。它在中国有煤炭工业"第一杀手"之称。作为世界第一煤炭大国，中国每年都有成千上万的人丧生于瓦斯事故。不仅如此，瓦斯还极大地污染了地球大气环境，排放到空气中的瓦斯产生的温室效应是二氧化碳的 20 倍，它对臭氧层的破坏力是二氧化碳的 7 倍。但瓦斯也不是一无是处的物质，因为瓦斯的主要成分和用途广泛的天然气一样，都由一种叫甲烷的化学物质构成；如果能有效地利用，它也是一种清洁高效的重要能源。中国煤炭储量巨大，高瓦斯含量是我国煤炭矿藏的一个突出特点，有效地利用瓦斯能源的前景广阔。只是我国目前对瓦斯的有效利用和开发还不成气候，每年都有成亿立方米的瓦斯被白白消耗掉了。

1. 文中的"第一杀手"是指什么？　　　　　【概念】
2. 文章说天然气与瓦斯有何共同点？　　　【重要文段】
3. 作者写这篇文章的主要意图是什么？　　【写作意图】

第四节　写作测试

一、书面表达能力

写作能力就是书面表达能力。与"听、说、读"三种能力相比，书面表达能力掌握起来难度最大，因为它涉及语言本体知识的运用，还涉及与语言相关的其他知识的运用，如逻辑知识等；它不仅要求使用者要掌握语言符号系统，而且还要求掌握记录语言的符号系统。由于汉字是如今世界上唯一采用方块汉字作为字符的文字，字符量大，难记、难写，对留学生来说，发生正迁移的可能性极小。汉字读写本身就困难重重，还要用汉字把所想有条理地写出来，这更是难上加难了。

书面表达能力也是综合性最强的。由于语言类型上的差异，文字类型、字符类型上的差异，汉语书面表达能力的具体构成应该与其他语言使用者的书面表达能力的构成有所不同。[①] 这种不同主要是由于文字类型、字符类型的不同造成的。这种差别在语言习得过程中问题表现得还不是很突出，但是作为第二语言的学习，汉字的读写对写作能力的高低有着直接的影响。

作为第二语言学习的汉语写作能力大致包括三方面的技能：第一，遣词造句的能力，也就是构成句子的能力。句子的构成具体包括词语之间的搭配、正确使用标点符号和正确书写汉字等三个方面的技能。第二，句子之间的衔接连贯能力。句子之间的衔接连贯涉及两个方面的能力，一是句子与句子意义上的衔接，表达上要有所扩展和推进，二是这种扩展和推进要通过具体的形式手段实现。这第二种技能是构成语段的能力。第三，着眼于整篇文章的谋篇布局的能力和调动一切修辞手段来强化表达效果的能力。我们也可以把这三方面的技能概括为构成句子的能力、构成语段的能力和构成语篇的能力。

我们也可以把汉语写作能力的这三个组成部分看作是写作能力发展的三个阶段。遣词造句能力是写作能力形成的初级阶段，句子之间的衔接和连贯能力是写作能力的发展阶段，谋篇布局和运用修辞手段的能力是写作能力发展的高级阶段。

汉语写作能力的这三个组成部分，或者说写作能力形成的三个阶段，涉及的知识侧重点也有所不同。在写作能力形成的初级阶段，涉及的主要是语言知识，如词语的搭配、词语的书写、标

[①] Heaton（2000：135）认为，写作能力包括 A. 写出符合规范的句子的能力；B. 正确使用书面语的特有惯用形式的能力，包括正确拼写词语和正确使用标点符号的能力；C. 创造性思考和发展性思维的能力，即对内容的处理和信息筛选的能力；D. 对形式要素的关照和段落层次的组织能力；E. 贯彻写作意图、服务文章读者的能力。Span（1993：98）认为，写作能力包括：A. 使用书面语传递信息的能力；B. 恰当运用常见体裁写作的能力；C. 结合内容安排结构层次、有针对性表达的能力；D. 表达得体、流畅，使用格式规范的能力。

点的正确使用等。在写作能力的发展阶段，有语言的知识，也有认知思维方面的知识，但以语言知识为主。如句子之间的衔接，在形式上可以是分句与分句之间的衔接，也可以是句子与句子之间的关系；在语义上，可以是事件内部论元之间的联系，也可以是不同事件之间的联系，但是，无论是形式上的，还是语义上的，大多还是以语言元素为主要衔接手段。从这个角度看，是以语言知识为主。在写作能力基本形成的高级阶段，涉及的主要是篇章知识。篇章知识当然要以语言知识为主，但还会频繁地运用到认知思维的知识。

我们把作为第二语言的汉语的写作能力分为这三个组成部分，从教学角度看，也是有益的。这样我们可以在不同阶段确定不同的教学目标，如在写作能力形成的初级阶段，以解决句内的结构能力为主要教学目标，侧重训练学生的词语搭配能力，正确使用标点符号的能力；能力发展阶段，以句子之间的连接为主要教学目标，重点训练其衔接连贯的能力；能力的形成阶段，以谋篇布局为主要教学目标，重点训练篇章的整体结构能力和选择最佳表达手段的能力。

由于对写作能力、写作能力的形成等初始概念的认识有所不同，所以对写作能力的测试也有不同的看法。有一种意见认为，写作是一种综合性活动的过程，在这个过程中，写作的各种技能会得到充分的展现，从认知的角度看，写作活动又是一个复杂的认识活动过程。这个过程虽然会涉及许多因素，但这个过程是一个完整的整体，所涉及的因素是在相互联系、相互制约中发生作用的，它们之间不可分解。正是基于这样一种把写作看作是一个综合性因素构成的不可分解的过程的认识，所以写作能力测试对象应该是过程，测量在这个过程中，受试表现出来的能力差异。

也有学者认为，写作能力的最终呈现形态是写出来的作品，作品就是作者写作能力的物化，是各种相关技能作用的结果。写作能力的测试应该通过测量各种具体技能从而达到测试整体能力的目的。

其实，这就是以结果为对象还是以过程为对象的问题。在对外汉语教学的实践中，我们还是以结果为测试对象，通过结果的差异来推定写作能力的差异。

汉语作为目标语与汉语作为母语的写作能力的测试还是有许多方面的不同。汉语作为母语的写作能力的测试，我们一般会根据写作能力的形成阶段来决定测试的内容和形式，不同的阶段施以不同的内容和形式：小学低年级的造句、摹写语段，小学高年级的周记；初中的记叙文、说明文和散文；高中的议论文等。汉语作为目标语的写作能力，不同的个体可能处于不同的阶段，各种言语单位的结构形式都可以作为测试形式。

二、写作能力测试的设计原则

（一）相似性原则

相似性原则是语言测试的基本原则。它是指用于测试的试题、语料应该是言语交际中真实存在的，并且也是受试熟悉的。试题应该还原于生活，不应该出现为测试而编制出来的所谓语言现象，无论是所说还是所写都应该是真实言语交际的再现。只有最大限度的相似，受试才感觉得到试题的亲和力，才有可能产生一种写作的冲动，才有可能发挥应有的真实水平。

相似性原则有三层含义。一是试题要求受试所写的从内容到形式都是受试熟悉的，没有陌生感。如以一位具有初级汉语水平的留学生因为有事不能参加班会，要向班主任老师请假为情景事由，要求受试写一张请假条，这是完全可以的，但是如果要求受试写一个相声小段则不现实。二是试题要有可以写的空间，应该让受试有话可说。在现实生活中，言语交际应该是有话可说，非说不可的，并且这种可说可写的也是受试能力所及的，因为在写作中确实存在这种情况，熟悉的未必有东西可写，可写的未必能力所及。三是应该有明确的指向性。指向性不是一个一成不变的概念，而是随着受试的具体情况有着不同的具体内容。因此，在关照指向性的时候，要考虑两个因素：第一，受试的汉语实际水平，试题所涉及的内容、所用到的语言知识、能力等是不是受试的能力所及；第二，题目所要求的受试的思辨能力是不是受试的心智水平所及。如让一个十五六岁的、学习汉语才一年的受试来书面回答"论思维与语言的关系"，无论从汉语知识的储备还是认知能力，该受试对这个题目都只能是望洋兴叹。

（二）多维性原则

多维性原则是指写作能力是一种综合性的能力，它由多种技能构成。因此，在设计写作试题时应该尽可能反映这种综合性。要反映这种综合性，必须关照两个方面，一个方面是写作能力构成的综合性，另一个方面是写作能力形成的阶段性。前一个关照点是从写作能力的静态构成角度考虑的。它要求在设计写作能力测试试题时把隶属于写作的各种技能都尽可能地考虑进去，使之在表达过程中有所反映；后一个是从写作能力的动态形成的过程来考虑的，它要求在设计时，要对受试的写作能力的形成处于哪个阶段有一个相对准确的预判，使测试内容与受试的能力层级大致吻合。

忽略多维性可能导致两种结果，一种是由于提供反映的项目有限，受试在书面表达过程反映出来的只是其写作能力的某些方面，使得我们还不能以此对受试的写作能力程度做出一个较为客观的判断。如写作能力测试以"春天"为作文题，如果不在体裁上加以限制，可能会有受试以《春天》为题写出一首绝句。诗歌当然可以反映出受试的写作水平，但是从能力构成的角度看，它可以反映出受试语音知识的掌握情况，如韵律和谐、押韵等，可以反映出受试驾驭词语的能力，也可以反映出受试的表达能力。但是，绝句反映出的受试对结构、层次的驾驭能力是不够充分的。另一种结果是对受试所处的能力形成阶段判断不准确。对受试的能力估计过低，会导致测试出的能力程度不是受试的临界水平，对受试的能力估计过高，受试无从回答，所需要了解的能力无法反映。

（三）单一性原则

单一性原则与多维性原则不是对立的，多维性是指写作能力构成的综合性，而单一性是指在设计写作能力测试试题时要坚持以测试书面表达能力为唯一目标的原则。

写作能力的综合性应该理解为两个层面上的综合，一个是广义上的综合，是指写作的过程要运用到语言、篇章、文学等多方面的知识和技能，与之密切相关的写作活动的结果——语句、段落、篇章等也就自然是这诸多知识和技能的结晶。另一个是狭义上的综合，是指写作能力是词语知识、句子衔接、语义连贯等知识和技能的综合。汉语作为第二语言的写作能力的测试应该是指狭义的综合，应该以汉语的知识和运用这些知识的技能为测试内容。

写作能力测试试题设计的单一性原则涉及对写作能力的认识。写作能力的综合性并不意味着这种能力是包罗万象的，是一个无所不包的聚合体，写作能力的综合性是在语言表达这个层面上来说的。同时，我们还必须把对外汉语教学中的写作能力与汉语作为母语的写作能力严格地区别开来。在测试母语的写作能力时，可以涉及与内容相关的其他问题。我们设定某一内容，假设受试对这一内容有所了解，要求受试选择一个角度对这个内容发表自己的看法。通俗地说，我们把母语写作的审题作为写作能力的一个重要组成部分，因此，审题是写作能力测试的一个项目，其重要性不亚于结构能力、表达能力。而汉语作为第二语言的写作能力，从大的方面来说，它属于二语习得，二语习得的一个重要特征是跨文化属性。跨文化的差异虽然会在语言上充分地表现出来，但这种差异从本质上说是由文化的差异引起的，在写作中，可以说是由相关内容引起的。把汉语作为目标语来学习，通过学习汉语，会了解和掌握一些汉民族的文化现象，但学习汉语的总的目的就是掌握另一种交际工具。测试就是检测学习这对工具使用规则、方法的掌握情况。工具的使用必然会涉及工具作用的对象，如用一把老虎钳拔出了张家墙上的钉子，又用它绞断了李家的铁丝。这其中关于张家、李家的信息并不重要，重要的是使用者是否知道，应该用钳子嘴拔钉子，用钳子的切口切断较细的铁丝，用钳子背上的卡口绞断较粗的铁丝或钢丝。

汉语作为第二语言的写作能力的测试内容应该是书面表达能力，不应该把类似社会价值判断的内容糅合进来，社会价值判断内容的糅合会导致测试结果的不确定性，最后呈现出来的差异无法确定是表达能力上的差异，还是思想认识深度上的差异。我们曾就这个问题做过一个实验，受试是 15 个汉语等级水平在 6~8 级的学生，我们要求这些留学生以《假如记忆可以移植》为题目写一篇文章。留学生们的第一反应是移植记忆是不可能的事情。我们解释只是"假如"，受试最终写出的文章与平时作文的水平相去甚远。这个实验说明，作为第二语言的汉语写作测试，附加过多的内容上的价值判断会影响受试的语言表达。

表达与内容的理解虽然密不可分，但是二者毕竟属于不同的范畴，不能混为一谈。作为二语学习的汉语写作能力的测试，应该将内容上的"门槛"降低一点，把书面表达作为测试的主要对象，让受试在一个平和的平台上充分地发挥出语言表达水平。

（四）适度性原则

适度性原则是指写作测试涉及的，如文本的长度、体裁、题材、留给写作的时间等因素，在设计测试时都应该适合受试，如题材应是受试熟悉的，预留的时间应该是绝大多数受试在五分之四时间里可以完成的。虽然适度性涉及诸多因素，每种因素的具体要求又不一样，但是，测试设计人员在编制试题时要有前瞻性这一点是相同的。

（五）公平性原则

写作测试设计上的公平性原则要求设计者在两个方面要加以关注，一个是在设计试题的过程中关照题材的公平性。题材的确定要求做到对所有的受试来说熟悉程度大致相同，如果有些受试不熟悉所要写的题材，就会感到茫然。如试题"我所感受到的父爱"，现实生活中有自幼就失去父亲的，他很可能无法完成试题要求的写作，对类似的学生来说，这样的题目不公平。导致这种不公平的具体原因是多种多样的。如试题"请用博客或微博的形式写出你到某地旅游的感受"。写博客、微博，去外地旅游未必每个人都有这方面的体验。这样的题目对不写博客、没去旅游过的受试来说是不公平的。

另一种是评分上可能产生的不公平。评分的科学是评分相对公平性的保证。关于这个问题，我们将在写作测试的评分的章节中专门讨论。

三、写作能力测试的常用题型

在传统的写作测试中，从大的方面看，题型的差异无非就是命题与非命题的差异，二者的差别在给受试所留的空间、自由度的大小上。命题写作从题材、体裁乃至题目都是命题者已经设计好的，受试只能在给定的范围里完成写作任务。命题的长处是定向性强，可以根据命题人员预先的设想测试出受试的写作的某一方面能力；它的不足是人为的限制，不利于受试发挥出真实的水平。

非命题写作相对自由度大些。它的长处与不足与命题写作完全相反。在非命题的状况下，受试更易于发挥水平，但定向性会相对差一些。

可以用作二语写作能力测试的试题与母语写作能力测试的试题大致相同，但作为二语的写作能力测试有一些特殊的要求。如母语写作能力的测试通常是写一篇文章，所写文章或长或短，但要求是相对完整，自足成文。汉语作为二语的写作能力测试不仅把写相对完整的文章作为写作要求，把写句子、段落，在一般人看来那些不成文的言语片段也作为写作试题。其实，这样的写作试题正好体现了写作能力的层级性和能力形成的阶段性。

汉语作为二语的写作能力测试的试题的分类可以有不同的标准，可以根据体裁分为议论文、散文、记叙文、实用文等，也可以分为命题和非命题。①

（一）仿写

这类试题是提供一个示例，要求受试用指定的词语模仿示例写出语句。具体要求仿写的可以是句子，也可以是语段。例如：

【193】用下面句子中带点的词仿写一个句子。

怪不得这几天没有见到小王，原来他病了。

仿写：怪不得小王那么喜欢吃辣的，原来他是地道的湖南人。

【194】阅读下面的短文，完成文后的句子。

吃苏州菜有它一套完整的结构，比如说开始的时候是冷盆，接下来是热炒，热炒之后是甜食，甜食的后面是大菜，大菜的后面是点心，最后以一盆大汤作总结。

仿写：该位校长讲话有他的一套程序，开始的时候传达上级领导部门的要求，接下来讲他的理解，讲完理解之后是联系自己学校的实际，联系实际之后是指出不足，指出不足的后面是提出

---

① 在对外汉语教学界，写作测试一般分为命题写作和非命题写作。参见杨翼：《对外汉语教学的成绩测试》，240页，北京：北京大学出版社，2010。

整改意见，最后以一段鼓舞人心的话语作总结。

仿写类的试题由于有示例，相对而言难度不大，因此，多用于初级汉语水平的测试。句子的仿写一般多用来测试受试对词语的理解和运用，语段的仿写多用来测试在准确理解词语意义的基础上句子之间的衔接能力。这类试题测试对象明确，试题的要求可以明确具体，评阅也容易做到客观公正。

（二）简答题

简答题是向受试提出问题，受试写出书面答案。简答题的具体呈现形式有三种。第一种是根据要求，用指定的词语回答问题。例如：

【195】用括号里的词语回答问题。

听说近一段时间去韩国首尔的机票有点紧张，您知道这个信息吗？

（不用……早就）

参考答案：在网上看到了。不用担心，我早就定好了票。／不用你告诉我，我早就知道了。

第二种是指出错误并加以改正。例如：

【196】找出下面语句中的错误项并加以改正。

这个带形的草原，<u>是基密尔大龄山洪冲成的一条不规则的河流</u>，
　　　　　　　　　　　　　　　　A

叫基密尔河。<u>基密尔河日夜流淌着</u>，<u>河床底冲积成厚厚的土层</u>，这
　　　　　　　　　B　　　　　　　　　　C

土层慢慢淤积成了一片沼泽地，<u>遍生着芦苇、乌拉草</u>。
　　　　　　　　　　　　　　　　D

（参考答案：A. 原来是基密尔大龄山洪冲成的一条不规则的河流）

第三种是填写表格。试题为受试提供一个设有若干项目的表格，要求受试根据项目要求填写。例如：

【197】阅读下表7.4，根据表格内项目的具体要求，结合你的实际情况填写。

表7.4

姓　名		国　籍		性　别	
就读院系		拟学习时间		报到时间	
公费/自费		原就读学校		HSK 等级	

简答题多用于初、中级汉语水平的测试，它实际上是根据约定的语境、指定的词语造句。与仿写类不同的是，简答类的造句无所依傍，完全由受试自己写。受试不仅要考虑用词是否准确，还要考虑得体等语用因素。因此，在难度上也较仿写类高一些，在中、高级汉语水平测试中也用得多一些。

（三）转换

转换可分为三个小类。

1. 文本篇幅上的转换

试题给出文本材料，要求受试在不改变文本主旨的前提下，或缩短原文本的篇幅，或扩展原文本的篇幅，即我们通常所说的缩写或扩写。

缩写，一般要求受试最后呈现出来一篇短文。例如：

【198】阅读下面的文章，然后把它缩写为250字左右的短文。

如果法国哲学家笛卡儿是中国人，他的名言"我思故我在"几乎肯定会换成"我吃故我在"。吃，在中国几乎是一种宗教，它深入中国文化的骨髓，甚至中国人的问候语都是"吃了吗"。

对于一个像我这样刚学会讲汉语的人来说，如果有人在我赴约吃午饭时问我吃了没有，我会觉得非常不解。中国的饮食文化实在太复杂了，对它的理解有赖于高超的技艺和丰富的知识。

在中国，吃什么不仅代表你是谁，还代表你值多少。请客吃饭是公认的拉近关系的法子。在这种场合，往往越精美的菜越古怪，越贵的菜就越好。猴脑、燕窝汤……要想真正给客人留下印象，这些就是不可缺少的。

在中国，人们很少问吃的是什么，只要味道好、花钱多，就值得吃。单看菜名往往看不出是什么菜，比如"蚂蚁上树"，乍一看，很难把这菜名与粉丝、肉末联系在一起。

在中国的一些酒席上，诸如鸡丁、饺子这些家常饭菜不得出现，因为它们太普通了，上这种菜会被人视为对客人不尊重。更不能跟主菜一起点米饭，那就是对主人的侮辱，因为这暗示着其他食物难以下咽，连最平常的米饭都比其他饭菜好吃。

中国酒席的复杂性还不止于此。不仅点什么菜、花多少钱关系重大，点菜也至关重要。常见的做法是，点的饭得是客人所能承受的量的两三倍。对一个经历过饥饿的国家来说，这种巨大的浪费似乎有些不可思议。

其实，中国是一个耕地相对匮乏，食品相对稀缺的国家。改革开放之初，中国最显著的变化之一就是餐馆纷纷冒出。20世纪70年代，中国平均每300万人有一家餐馆。如今，每400个人就有一家餐馆，下馆子成了中国人都爱好的休闲活动。每到生日、婚礼或节日，大家都爱到餐馆大吃一顿。

中国人沉迷于吃，还可以从汉语里的俗语和一些新词上看出。比如，有"看菜吃饭，量体裁衣"、"小葱拌豆腐——一青二白"、"炒鱿鱼"等。

（参考答案：吃，在中国几乎是一种宗教，它深入中国文化的骨髓。

中国的饮食文化很复杂。吃什么不仅代表你是谁，还代表你值多少。请客吃饭是公认的拉近关系的法子。在这种场合，往往越精美的菜越古怪，越贵的菜就越好。人们很少问吃的是什么，只要味道好、花钱多，就值得吃。

在中国的一些酒席上，家常饭菜不得出现，因为它们太普通了，上这种菜会被人视为对客人不尊重。

在中国办酒席，点多少菜至关重要。常见的做法是，点的饭菜得是客人所能承受量的两三倍。这种浪费不可思议。

中国人沉迷于吃，还可以从汉语里的俗语和一些新词上看出。比如，"小葱拌豆腐——一青二白"、"炒鱿鱼"等。)

这类试题应该充分考虑到写作能力的展示。有些试题虽然也是提供一个文本材料，要求受试阅读后给这个文本安上一个标题或概括出能反映这个文本主旨的几个关键词，对受试有些要求，但写的分量不足，测试的重点还是在分析、提取信息的阅读能力，而不是写作能力。

缩写题原文本材料的长短，要充分考虑时间因素。缩写是在阅读基础上的写作，所以要预留阅读的时间。语料文本的篇幅不宜过长，可控制在1 000字以内，缩写后的文字应是原文本的三分之一。

扩写是缩写的反向操作。测试人员为受试提供一个文本材料，受试根据要求把这个文本充实完善。扩写可以具体分为两个小类。一个是测试人员给出一个事件或情境的梗概，受试根据这个梗概将它符合逻辑地扩展成一篇短文。例如：

【199】阅读下面的文字，然后根据这段文字的大意把它扩写成250字左右的短文。

储蓄所的柜台后面站着一位中年职员，平头，西装，身上的每一处都暗示着他是一位细心谨慎的人。柜台前一位男孩，看上去像个初中生，但脸上写满了沮丧。他对着那位职员大声地说道："我的存折，我为什么不能取钱？"……

（参考答案："我已经向你解释过了，"中年人对小男孩说，"没有家长的委托书，一个不足14周岁的孩子是不能自己取钱的，这是规定。"

"但这个规定不公平,"小男孩委屈得声音都有些发抖,"这是我的钱,存折上就是我的名字。"

"是你的存折,我一点都不怀疑,"那位中年人还是那么认真,那么心平气和,"不到 14 周岁,可以自己存钱,但不能单独取钱……"

小男孩听到这里有点不耐烦了,"为什么?可以自己存,不能自己取?"

"为了使你的钱花的是地方。等你再大一点,你就知道把钱花在哪些地方才值。"

小男孩苦笑了一下,他似乎听懂了这话的意思,冲着中年人挥挥手,转身走了。)

另一个是提供给受试一个题目,并且给出短文的开头或结尾,或各段开头的语句,要求受试将它扩写成一篇短文。这种扩写有点像填空,只不过所填的不是词而是句子或段落。例如:

【200】阅读下面的文字,在空缺的地方填上相应的内容,使之构成 250 字左右的短文。

日常生活中的数字

语言的学习是渐进的,数学的学习过程也是如此。我们在日常生活中就经常接触到数学的许多基本概念。＿＿＿＿＿＿。

对科学有兴趣的人注意研习数学,以便使自己在高度复杂的工作中能够广为应用。例如,＿＿＿＿＿＿。

其实,静心地想一想,数学不仅有用而且还挺有趣的呢!

(参考答案:语言的学习是渐进的,数学的学习过程也是如此。我们在日常生活中就经常接触到数学的许多基本概念。例如将水倒入不同的容器教会了我们测量;计算桌上的水果引进了数和集合的概念;剪窗花做装饰使我们看到了对称。我们发现,有时候我们不需要借助语言,仅用数学的形式就能简明地解释许多艰深的概念。

对科学有兴趣的人注意研习数学，以便使自己在高度复杂的工作中能够广为应用。例如，药理医学家在测试一种新药时，须知剂量多少才是安全的。建筑工程是需要丰富的数学知识，才能设计出稳固、优美的桥梁和大厦，而企业家、金融家则需要数学帮他们做出科学的决策。

其实，静心地想一想，数学不仅有用而且还挺有趣的呢！）

【201】阅读下面的文字，根据给出的文字大意，扩写成330字左右的短文。

人口增长应该适度

现在，世界上的人口约以每年8 000万的速度增长，人口学家统计到2100年全世界人口将达到102亿，这将给人类社会带来一系列影响。

人口过度增长会使粮食无法充分满足人口膨胀的需求。＿＿＿＿＿＿＿＿＿＿＿＿＿＿＿＿＿＿＿＿＿＿＿＿＿＿＿＿＿＿＿＿＿＿＿＿。

人口过度增长会加大对工业产品的需求，同时也会增加环境污染的可能性。＿＿＿＿＿＿＿＿＿＿＿＿＿＿＿＿＿＿＿＿＿＿。

人口过度增长会破坏生态平衡。＿＿＿＿＿＿＿＿＿＿＿＿＿＿＿。

（参考答案：现在，世界上的人口约以每年8 000万的速度增长，人口学家统计到2100年全世界人口将达到102亿，这将给人类社会带来一系列影响。

人口过度增长会使粮食无法充分满足人口膨胀的需求。人口过度增长会使得拥挤的城市更加拥挤，城市的扩张会使农田日益减少，粮食生产基地减少与人口的增长成反比关系，这样势必造成饥不果腹的状况。

人口过度增长会加大对工业产品的需求，同时也会增加环境污染的可能性。目前较严重的污染有工厂、汽车尾气而造成的污染、工厂排放出的废水造成的水污染和土壤污染、工厂、家庭产生的垃圾，使得垃圾成山，疾病传播，从而导致生活环境污染。

人口过度增长破坏生态平衡。使用杀虫剂消灭作物害虫以增加作物收成,但杀虫剂也同时杀死了土壤中的微生物。另外,鸟类吃了有毒的昆虫,会中毒而死。雨水会将毒素冲入河流或大海,鱼虾会中毒而死,海鸟会因吃毒死的鱼虾而中毒身亡。

面对这些可以预见的灾难,该是我们人类警醒的时候啦!)

2. 信息形式上的转换

命题人员提供一些听觉信息或视觉信息,受试把接收到的这些信息用书面形式把它们写出来。这种信息形式上的转换又可以细分为两个小类。

(1) 把听觉信息转换为书面语形式。例如:

【202】请听下面的录音,依据录音的大意,把它扩写成一篇300~350字左右的短文。文体不限。

在某高校的学生生活区,总能见到一位中年妇女,右手拎着一包洗好的衣服,左手拿着一个网兜儿,里面装着几件脏衣服,嘴上还不停地吆喝着:"洗衣服啰。"

这位中年妇女是位老师的太太,没有工作,发现了帮学生洗衣服可以赚钱的商机。现在的大学生都是90后的独生子女,不会做家务。

专家们呼吁,劳动教育不可忽视,劳动不仅是光荣的,劳动也是最基本的生存需要。

(参考答案:在某高校的学生生活区,每天都能见到一位中年妇女,右手拎着一大包洗好的衣服,左手拿着一个大网兜儿,里面装着几件脏衣服,嘴上还不停地吆喝着:"洗衣服啰。牛仔裤、运动服3元,衬衣、T恤2元。"随着吆喝声,学生三三两两地向中年妇女走来,那一大叠洗好的衣服在一件一件地被主人们取走,而网兜儿的体积也越来越大。

这位中年妇女是位老师的家属,不久前从外地来到这座城市,没有固定工作。是在一次校园散步的时候,迎面走来的几位大学生说道:"牛仔裤穿起来潇洒,洗起来头大。"这样一句普普通通的话使她马上想到为大学生洗衣服是个很好的商机。第二天,这位中年妇女真的走进学生生活区吆喝起来了。

眼下的大学生都是90后,在家大多过着衣来伸手、饭来张口的生活,别说帮大人们干点家务活,就连自己的衣服也是家长代劳。

专家们呼吁,现在的大学生,大部分是独生子女,生活上的自理能力较差,这实际上反映出我们在家庭教育的某些方面的不足,我们应该有这样的朴素理念:劳动教育是不可忽视的,它不仅是光荣的,它也是一个人最基本的生存需要。)

听觉信息转换的写作能力测试题较为充分地体现了写作能力是一种综合性能力的特性,这类转换题涉及受试的听力理解能力,受试只有在听懂了的基础上才有可能梳理出信息的主要内容或线索,才能进入写作阶段。

听觉信息转换写作题与听力理解题有所不同。虽然二者都涉及听力理解能力,但听力理解题仅限于对听力材料的理解,即信息提取;而听力信息转换题是以听力理解信息提取为基础的继续延伸,是用书面形式把提取出来的信息扩展、组织成为一篇短文或一个相对自足的语段。简而言之,前者重在理解,后者重在表达;就能力而言,相对来说,前者是单纯的,只涉及信息提取,后者是综合的,是听力理解后的书面表达。

听觉信息转换题的难度可调节的空间较大,既可用于初级汉语水平的测试,也可用于中高级汉语水平的测试。难度调控的主要手段是控制所听缩写语段的长度和预留给写作的时间。录音语料过长,会对瞬时记忆的要求过高,有可能造成信息遗漏,同时也会挤占下面写作的时间。录音材料与所写内容是一种互补关系,录音材料涉及的内容多,可写的内容就有可能会相对少一些;录音材料涉及的内容少,留给写作的内容就会相对多一些。

录音材料只是给出主要内容或基本线索,篇幅上一般只占最终成文的三分之一。

(2)把视觉信息转换为书面语形式。命题人员为受试提供视觉画面,要求受试解读视觉画面所蕴含的信息,并把这些信息用书面形式表达出来。视觉信息的转换也叫图文转换,是一种实用性强、适应度大的题型。其最大特点是测试对象固定、明确,所测试的就是受试的书面表达能力。其次是这类转换题的视觉画面可以是单幅的,也可以是多幅的,画幅的多少对难度的大小可以起到很好的调控作用。例如:

【203】观察体会下面漫画的内容,写一段350字左右的与上面漫画有密切联系的短文(图7.2)。

公交打伞(漫画)　时光(画)
《网友曝老公交车天窗撑伞挡雨》

图7.2

视觉转换题对评分的要求较高。对视觉画面的理解可能由于角度的不同、解读者的个人经历、审美取向不同,可能会出现见仁见智的情况,同一个画面有着不同的解读。不同的解读不应该影响对受试写作能力程度的判断,因为作为对外汉语教学中的写作能力的测试还是应该以语言表达运用为主,不宜以审美价值判断为主要评分标准。

3. 题材的转换

这类试题是命题人员提供给受试一段文字材料,要求受试用另一种特定的格式或体裁把这段文字的基本意思表达出来。例如:

【204】阅读下面的对话,然后用记叙体书面语把对话的内容写出来。

马克:总算到了。你怎么这么晚才来呀?

中村:对不起,对不起。其实也不能完全怪我,一出门就遇上堵车。

马克:至于堵这么久吗?你都迟到一个多小时了。

中村:你不信我是怎的?你听听交通台的交通信息广播,环市西路整个堵得严严实实。

马克:广州的堵车,你又不是不知道。早点出门呀!

中村:早了。就那么十分钟的车程,我都提前一个小时动身了,还不够早哇?

马克:大家吸取教训。打今儿起,但凡我们在市区里聚会,咱都步行,暂时告别工业文明……

中村:或许效率还高些呢。

马克:别贫了,赶紧走吧,那边还有一大帮同学等着呢。

中村:完了,保不齐见了面又是一顿臭骂。

(参考答案:马克、中村曾经是同班同学。今天约好了与一大帮同学聚会。马克早就到了,但迟迟不见中村的影子。过了好一会儿,中村终于来了。马可还没等中村开口就问:"怎么这么晚才来?"中村知道让马克等急了,忙说"对不起",把堵车的"盛况"描述了一番。但马克还是不依不饶,责怪中村没有早做准备，早点出门。这使得中村也有点沉不住气了，他提高嗓门儿说："就那么几步路，我都提前一个小时出门了。"这时马克也意识到，责怪于事无补，就打趣地说："以后聚会一律改为步行，暂时告别工业文明。"中村觉得气氛有所缓和，就接茬说："效率或许还高些呢。"马克接着催促着同学上路，赶快与另一拨同学汇合，中村则心有余悸，担心那一拨同学也要臭骂他一通。)

体裁转换题的测试指向明确，一是书面形式的表达，另一个是文体知识的掌握情况。这里的文体知识不仅指记叙文、散文、议论文等知识，还包括各种文体的语体特征。

体裁转换要求文本的基本信息不变，但可以根据表达的需要，符合逻辑地增添一些细节信息，这些细节信息可以反映出受试写作上连贯、衔接、语言运用得体的能力。

以上三类有四个方面大致相同：

第一，这三类都属于非命题型的。

第二，内容方面都有不同程度的提示，或是文字上的，或是视觉上的，或是听觉上的。这些提示因素对受试的写作虽有限制，但也是一种指引，在内容的把握上一般不会出现无从下笔的情况。

写作测试是一种直接测试，受试根据要求直接完成写作任务，提供一个输出性结果。作为有所提示非命题的语句写作来说，从结果看是输出性的；但从过程看，是先提取信息，然后才输出结果。

第三，最后呈现出来的结果可以是一篇短文，也可以是一个语段，测试的主要内容是运用语句的能力。

第四，除体裁转换这一小类外，其他对文体或格式都没有特殊要求，也正是由于没有文体上的要求，所以语体也不作具体要求。

(四) 填写表格

命题人员为受试提供一个设有若干项目的表格,要求受试根据项目要求填写。例如:

【205】阅读下表7.5,根据表格内各项目的具体要求,结合自己的实际情况填写。

表7.5　华南师范大学留学生信息表

姓名		国籍		性别		出生年月	
护照号码		自费/公费		学汉语年限		汉语等级	
入学时间		就读院系		拟学习时间		学生公寓房号	
手机号				电子邮箱			
备注							

(五) 命题性写作

命题性写作在汉语母语测试实践中经常使用。作为对外汉语教学的命题性写作与作为母语的命题性写作有所不同。在对外汉语教学实践中,命题性写作还是采用传统的命题作文,而在作为母语的命题性写作中,除了传统的命题作文外,还有许多新的命题性写作样式,如话题作文、材料作文等。这些新的写作样式,对外汉语写作能力测试还未采用,其主要原因是对外汉语写作测试的主要内容是书面语的表达能力,解题、思辨能力等不作为对外汉语写作测试的主要对象。

作为对外汉语写作能力测试的命题性写作,可以根据所写文体的不同把它分为几类。

1. 散文

散文是指与诗歌、小说、戏剧并称的一种文学体裁。它包括小品文、记事文、抒情文、游记、随笔、回忆录、日记等,根据所写内容与表达方式,又可细分为记叙散文、抒情散文和议论散文。① 为了叙述的方便,本节将只以具体的文体为叙述对象,不考虑文体分类的系统性和层次性。

记叙散文要求语言简洁流畅,抒情散文要求语言鲜明生动,议论散文要求语言准确连贯。这些问题在语言上的特征也就是语言测试的主要内容。例如:

【206】从3岁或4岁进幼儿园,6岁上小学,一直到你现在在中国留学,有许多位老师教过你,他们或许在不同的方面影响着你。请以《我的老师》为题写一篇文章。

要求:①体裁自选,诗歌除外;②500~600字。

【207】来到中国留学,初来乍到,满眼新奇——中国有许多传统的节日,各有不同的内容;中国的地方戏曲,各有特色,程式讲究;中国的菜系,南北各异,五味杂呈。请写一件来中国后你最感兴趣的事。

要求:①题目自拟,体裁自选,诗歌除外;②500~600字。

【208】阅读下面的诗。

妈妈,我的压力好大

一分一秒一嘀嗒/外面的鸟儿早已飞回家/无论是寒冬还是酷暑/我都在家/我在家/不是摆弄芭比娃娃/也不是上游戏网站4388/而是拿起笔在奥数题上比比画画/啊/压力好大

我真讨厌黑板上5678/什么时候能给自己放一个假/一株小草和一朵花/我都希望去探索它/啊/压力好大

我真希望和小伙伴玩娃娃家/你当爸爸我当妈妈/照顾宝宝直到他长大/时光一天一天被学习打发/学习的内容难度也越来越大/妈妈,我想告诉你/长大的我不会没有出息/不要大自然和我没

---

① 陈妙云:《大学写作教程》,2页,广州:广东人民出版社,2003。

有关系/给我放个假,好吗/妈妈,我的压力真的好大

根据下面的提示和要求,写一篇读后感。

①归纳概括作者的主要观点;

②表明自己支持或反对的看法并阐明理由;

③500~600字。

2. 应用文

对外汉语中的应用文教学主要是教会留学生写便条、启事、信函、报告、消息、说明书等常见常用文种。

命题人员把应用文作为写作能力测试的形式,应当给受试设定一个情景,要求受试根据这个情景写出一篇相应的应用文。例如:

【209】接学校留学生办公室通知,你护照的续签手续已经办理妥当。请你于明天上午10点到市公安局出入境管理处取回你的护照,而你明天上午有四节课。请你写一张请假条向班主任老师请假。

要求:事由表述得清楚;格式规范;不超过120字。

(参考答案: 请假条

张老师:

学校留学生办公室告知,我的护照续签手续已经办好,市公安局出入境管理处要求我本人于明天上午10点前取回护照。因此,明天上午您的精读课我就不能上了。特此向您请假,请批准为盼。

学生 ×××

2011年3月10日)

应用文作为写作能力测试的形式,有几个特点:

第一,应用文是一种实用性文体,现实生活中经常用到,在写作测试中写应用文,与现实交际活动有较高的相似性。因此,在设计试题时,可以选择受试熟悉的事由,使受试能够将更多的

注意力放在语言的运用和表达上，发挥出真实的水平。

第二，应用文不仅有内容上的要求，而且不同的文种往往有着格式上的不同要求。这些格式上的要求是语言知识的一个组成部分。因此，通过写作应用文，我们可以测试受试的不同能力。

第三，不同的应用文有着自身语体上的特征，在写作过程中，受试应该关照语体特征上的要求。我们可以通过这类文体的写作考查受试语言运用的得体性。

四、写作测试的评分

写作测试，从测试方式上看是综合性测试。从认知角度看是运用性测试，从评分方式上看是主观性测试。主观性测试的特点是答案多样，评分对阅卷人的主观判断的依赖性较强，评分成本较高，信度不易把握。

对外汉语测试中的作文评阅，传统采取两种方法，一种是整体评分法，也叫印象评分法；另一种是分项评分法，也叫分析法。两种方法虽然有所不同，但都带有一定程度上的主观性。

（一）整体评分法

整体评分是评分人员阅读受试的作文后，根据题目要求，结合自己的判断，给受试一个评分。采用整体评分法的一般会在评阅前列出一个评分量表作为评价判断的依据。评分量表的具体内容会涉及写作能力构成的方方面面，如用词的准确性、语句的通顺、结构的完整以及表达的得体等。

整体评分看重作文的整体效果，看重整体效果实际上是对写作是一种综合性活动、一项综合性能力的认同。整体评分法认为，一篇好的作文是多项能力和技能共同作用的结果，能力、技能不是简单的加合关系，而是一种化合关系，单一能力强势未必能写出好文章。此外，整体评分法还是一种成本低、时间较短的评阅方式。但是，整体评分带有明显的主观性是不可否认的。评阅个体之间的差异性很可能导致评阅标准理解上的差异,这种差异的出现会影响测试的信度。

英语 TOEFL 的写作测试部分采取的就是整体评分法,其评分量表的内容也趋于成熟,值得借鉴。详见表 7.6。①

表 7.6 TOEFL 写作整体评分量表

分值	写作技能要求
6 分	• 能较好地完成该写作任务; • 组织和扩展得好; • 合适地清楚地使用细节来支持论文或所阐述的观点; • 在熟练使用语言方面,显示出了一致性; • 虽然有偶然性的失误,但能展示出选择合适的词语和语法格式的能力
5 分	• 能较好地完成该写作任务的某些部分; • 组织和扩展得较好; • 能使用细节来支持论文或所阐述的观点; • 虽然出现了一些失误,但能展现出选择词语和一些语法形式的能力
4 分	• 能较好表达该写作的主题,但可能只是整个写作的微小部分; • 能恰当地组织和扩展; • 能使用一些细节来支持论文或所阐述的观点; • 在语法和用法方面还比较规范,但不够熟练; • 有一些意思表达不清
3 分	• 不能适当地组织和扩展; • 使用了不适当的细节来支持或阐述普遍性的观点; • 有明显的不适当的词语或词语形式; • 在句子结构或用法方面有多处错误

---

① 邹申:《语言测试》,379 页,上海:上海外语教育出版社,2005。

续上表

分值	写作技能要求
2分	• 无法组织或扩展； • 很少或没有细节，有不相关的详细说明； • 在句子结构或用法方面有许多严重的错误； • 在写作中心上有严重问题
1分	• 不连贯； • 未能扩展； • 有严重的、已经定型的写作错误
0分	• 无写作行为反应，只是抄写了题目，或者是跑题的，用外语（而非目的语）写的，或者仅仅由若干字母组成

（二）分项评分法

分项评分是给作文中具体表现出来的与作文密切相关的能力或技能分别打分，然后把这些得分作为受试的写作测试成绩。

分项评分只是观察受试写作能力的构成，易于了解受试写作上的强项和弱项。但是，容易出现片面性，缺乏对受试整体写作能力的了解。此外，分项评分相对来说比较费时，评分成本相对较高。详见表7.7。

表7.7 汉语写作分项评分量表

项目与分值 等　次	文体特征 4分	结构 4分	语句通顺 6分	用词准确 6分	表达得体 6分	书写规范 4分
一　等						
二　等						
三　等						

因此，写作评分前量表的制定是一项十分重要的工作，涉及整个写作能力测试信度的高低。写作评分量表的制定和使用一般要关照以下几个因素：

第一，所设项目既要反映出写作能力构成的综合性，又要体现本次写作测试的重点。从构成角度看，不能有所遗漏；从测试目的上看，不能忽略了测试的主要内容。

第二，量表从本质上说，是一个典型范畴，每一个等级集合中都有典型成员，该等级集合中的典型成员与相邻等级集合中的典型成员应该有明显的能力上的差异。但是，也应该承认，在一个等级集合中也包含着若干边缘化的非典型成员，这些非典型化的成员与相邻集合中的非典型成员在能力程度上的差别是不明显的。

第三，量表中具体项目要求的表述既要与测试的难度设计相吻合，也要考虑受试的实际水平。量表中的项目对所有受试来说都是可能发生的，是受试真实水平的具体体现。

第四，量表所设立的项目等级是就一般情况而言的，不排除有些受试在这方面的能力很强，可以属于第一档次，而在那一方面表现出来的能力比较弱，只能属于第三档次甚至第四档次。量表中的各项不要求同等级之间硬性对应划一。

在实际评分过程中，有时为了降低主观性的干扰，提高信度，可以采用一种折中的办法，即用整体评分的办法，两人一组，背靠背地评阅同一篇作文，设定一个分差许可值，当两位评阅人所打的分差不超过许可值时，取两人所打分数的平均值；当两位评阅人所打分数的分差超过许可值时，增加一位评阅人，新增评阅人所打分与前两位中的任何一位的分差不超过许可值，取其平均值；若超过许可值，则再次重复上述办法，直至分差不超过许可值。这种折中的办法可能会增加评分的成本，但测试的信度将会得到提高。

写作能力测试的评分办法是近年来对外汉语教学语言测试研究中的一个重要课题，大家都在探讨如何提高测试的信度。从测试的实践来看，提高评阅人员的素质，尽可能统一评阅人员的评分标准是问题的关键所在。只有评阅人员对标准的认识理解统一了，评价的实际标准才能趋同，而对评阅人员的评前培训是评分标准趋同的重要保证。因此，评阅人员的评前培训也是写作能力测试的一项重要工作。

第八章 试卷设计与施考事项

第一节 试卷设计

试题的设计与试卷的设计是两项不同的工作，试题的设计是从试题的内容、形式上考虑它的科学性，而试卷的设计则是从整份试卷的角度来考虑它的完整性、合理性和规范性。二者都会对测试产生重要影响。

一、测试内容的安排顺序

对外汉语的语言测试，有单项知识或技能测试，也有多项知识技能测试，后者更为常见。无论是从知识的角度，还是从能力或技能的角度，同一份试卷里的不同类型的试题都存在一个排序问题。

排序尽可能把知识类型相同或相近、试题形式相同或相近的排在一起，遵循由易到难的认知规律，让受试发挥出其真实水平。

试题可以从两种不同的角度进行分类：一种是根据测试的内容把它们分为测试听、读、写能力的，即笔试类的和说的能力的，亦即口试类的；另一种是根据试题形式类型分为选择答题和非选择答题。

测试多种知识、多种技能或能力的试题汇集在一份试卷里，它们构成了一个多层级的系统。口试与笔试测试的能力不同，施考的操作程序也应有所不同,因此,在试卷设计时,要将口试与笔试分开。一般情况下,先进行笔试,稍后再进行口试。笔试部分一般按照听、读、写的顺序来安排;按答题形式,则是选择答题在前,非选择答题在后。

二、卷面设计

卷面设计是试卷设计的一个组成部分。卷面设计的原则是科学性、便捷性。科学性是指卷面的安排设计要有利于受试发挥水平,有利于受试是卷面设计的根本原则。便捷性是指卷面的设计安排对受试的答题和对评阅者的评阅都是较为方便的。

卷面设计时,以下几个方面要加以关注:

第一,字体应该成为不同内容的标记,不同的内容字体应该有所区别。卷首说明性文字的字体应该与标示项目的文字区别开来;标识项目的文字又要与提示语、题干的字体区别开来。区别的目的在于突出重点,引起受试的注意,帮助受试提高阅读试题的速度。

第二,尽可能保证同一试题的完整性。同一简短的题干,尤其是选择题的备选项应该尽可能安排在同一页;完形填空题的填空处不应安排在一行的结尾处或开头处。卷面的设计和排版应该力求消除造成受试阅读试题时发生遗漏的可能性,同时又要避免把试题排得支离破碎。

第三,调整答案的正常自然分布。调整答案的工作是专门针对多项选择题的。调整的原则是随机、自然、非规律。调整时要避免三种情况:一是过于集中某一两项;二是相对平均分配,四个匹配选项,每一个的实际几率都是25%;三是实际出现的顺序规律化,如都是A、B、C、D循环出现。

第四,要给受试留出适当的答题空间。预留适当的空间是一个不可忽视的细节,这里的适当包含着科学性的要求。因为预留的空间在客观上有一种暗示作用，预留过大，受试可能会猜测，命题人员要求展开论述；预留过小，受试也可能会猜测，命题者要求概括回答。

三、题干指导语

题干指导语虽然不是试卷的主体部分，但它是试题不可或缺的组成部分，它影响受试对试题的理解，从而影响答题的质量。

题干指导语的作用是使受试更好地理解试题，按照命题人员的设计来完成答题。因此，撰写题干指导语的总的要求是简洁、明确、通俗、一贯。简洁是要求题干指导语不得写得过长，不能增加受试的阅读量；明确是要求题干指导语具体准确，没有歧义；通俗是要求题干指导语必须易懂，受试一看就懂；一贯是指常见题干指导语的表述应该尽可能统一稳定，不要各行其是，避免相同类型试题使用不同的题干指导语，以免受试产生不必要的猜疑或误解。

在对外汉语的测试中，题干指导语可以用汉语，也可以用较为通行的英语。如果受试都来自同一国家，也可以用受试的母语。具体使用哪种语言，主要取决于受试的汉语水平。受试的汉语水平较高的话，一般使用汉语；受试的汉语水平较低的话，一般使用英语。

题干指导语一般位于试题之前，一般采用视觉符号书面语形式，但也不排除使用听觉符号，由命题人员或委托监考人员阅读提示语。通常在两种情况下需要有关人员阅读提示语：一种是听力测试时，题干指导语一般是附在录音带上的；另一种是对只具备初级汉语水平，又是初次参加汉语测试的受试，由于他们汉语的阅读能力有限，同时对汉语测试中的常见题型不太熟悉，有关人员阅读提示语对他们理解试题或许有所帮助。

题干指导语内容简而言之就是告知事项。一般分为两类，一类是告知受试的，另一类是告知主试的。告知受试的一般包括测试目的的说明、答题要求、时间限制、计分方法等具体内容，对于操作复杂或不常见的题目形式，或汉语水平较低的受试，应该提供答题范例。例如：

【210】听力理解题。（每小题2分，共30分）

在这部分试题中，你将听到几段讲话或对话。每段讲话或对话之后，你会听到若干个问题，每个问题都有四个书面答案。请你从中选择唯一正确的答案。

示例：

女：李玉田的对象怎么样？

男：论人品，没的说；论长相，不敢恭维。

女：他不是说非要找个漂亮的吗？

男：这你就不懂了，这就叫"情人眼里出西施"啊！

问题一：李玉田想找一个什么样的对象？

A. 人品好的　　　　　　B. 长相好的

C. 不爱挑毛病的　　　　D. 喜欢恭维人的

问题二：男的认为李玉田的对象长得怎么样？

A. 比较漂亮　　　　　　B. 胜过西施

C. 不太漂亮　　　　　　D. 不敢公开

告知主试的指导语通常与试卷分离，另行印刷，其内容一般是对测试相关工作环节的指导、解释以及有关注意事项等。

第二节　施考事项

测试实施是保证测试信度和效度的一个重要环节。在测试过程中，任何一个细节的失误都可能影响测试结果的客观、真实。如听力理解项目的录音重播、阅读理解项目的超时，都不能真正反映出受试听力能力和阅读能力的真实水平。

要使测试规范有序地实施，应该做好以下三个方面的工作。

首先要制定好测试细则。测试细则是保证测试规范实施的规定性文件。测试的细则应该包括以下内容：测试名称和性质、测试的起止时间和各项目的时间分配、试卷的发放和收回方式、受试须知和监考人员须知、考场及周边环境要求等。

其次是监考人员的培训。培训的目的是使监考或施考人员明确职责，了解规范的操作程序。监考人员虽然不是测试的主体，但他们要引导、监督测试工作按照规范的程序进行，从这个意义上说，监考或施考人员是测试得以顺利进行的保障因素。

最后一项工作是制定测试工作突发事件应急预案。测试工作是一项群体性工作，有的汉语测试涉及成千上万人。涉及的人越多，理论上发生突发性事件的可能性就越大。制订应急预案是一项有备无患的前瞻性工作。

应急预案涵盖的内容包括：监考或施考人员处置突发事件的责任和要求；正确处置各类突发事件的步骤和具体措施；对监考或施考人员失察、失职、不作为的处罚措施。

第九章 测试质量的分析

测试是手段，不是目的。我们把汉语测试作为对外汉语教学的一个组成部分，是希望通过测试获得学生学习过程中的具体信息，如教学效果、学生的汉语水平、试卷的质量、测试的信息等。通过对测试成绩的分析，我们能够得到量化的信息，这些信息可以反过来促进我们的教学。

对外汉语语言测试的质量，或者说测试质量在程度上的差异，在许多方面都有所表现，我们把这方方面面的表现概括为六个方面的具体指标，即效度（validity）、信度（reliability）、难度（difficulty）、区分度（discrimination）、可行性（practicality）和反拨效应（backwash effect）。

第一节 效 度

效度又叫有效性，是指测试在多大程度上测量出了原本计划要测量的内容。

测试效度这个概念本身有一个预设，即对外汉语的语言测试的有效程度有高低之分，有的测试真实而全面地反映了受试所具备的汉语的知识和能力，有的测试则不是那么真实而全面地反映出受试的汉语知识和运用能力方面的情况。

测试效度不是一个孤立的概念，它的具体内涵与测试的目的紧密相连。如诊断性测试是为了发现学习者的问题，测试效度的检测就是要考查测试内容是不是相对集中于某一知识或某一能力上,是不是通过大量设计细致的试题测量出了受试的具体情况。又如推断性测试是考查受试对学过的较为复杂的语言知识和技能的掌握情况,而测试这些内容,就要通过包含分析、归纳、判断、推理等一系列认知心理活动的试题。测试的目的不一样,对效度的认定也不一样。

测试效度可以从不同的角度把它细分为不同的种类[①],我们把效度细分为内容效度、效标关联效度、表面效度和结构效度四种。

一、内容效度

内容效度是指测试样本(即具体试题)与所要测试内容的一致性程度,通俗地说,就是用来测试的试题在多大程度上反映了所要测试的内容。对外汉语语言测试的内容效度也是通过具体试题展示出来的。如我们要测试某一批留学生汉语常用词汇的掌握情况,而用于测试的50道试题也都是关于常用词汇的,那么,这个测试具有较高的内容效度,反之,如果用于测试的50道或部分试题是关于汉字结构的,那么,这个测试就没有内容效度或内容效度较低。

当然,任何一次测试的测试样本都不可能包含所有的测试内容,测试样本只是对所测内容的一个抽样,我们是通过样本了解受试对同类知识、技能的掌握情况。从测试样本自身的内容来看,应该具有典型性,能很好地代表被测试的内容;测试样本从数量上看,应该适当,过多或过少都会影响到测试的效度。

---

① 邹申(《语言测试》,38页,上海:上海外语教育出版社,2005)将测试效度细分为表面效度、内容效度、尺度关联效度和结构效度;杨翼(《对外汉语教学的成绩测试》,98页,北京:北京大学出版社,2010)分为内容效度、表面效度和结构效度;张凯(《语言测验理论与实践》,38页,北京:北京语言大学出版社,2002)分为内容效度、效标关联效度、构想效度。

语言自身的复杂性使得语言测试也变得复杂起来。要提高对外汉语语言测试的内容效度往往会遇到下面两个方面的困难：一是我们不容易清晰地确定测试的内容范围，内容范围的不确定性使得测试样本的典范性难以保障。二是我们对受试是否能回答这些问题也无法确定，或者说，受试回答了这个问题或回答不上这个问题，我们都不能肯定地判定受试是否掌握，因为回答不上某个问题可能与语言的掌握与否有关，也有可能是其他非语言因素造成的。

但是，这并不意味着我们可以放弃对内容效度的追求，内容效度是对外汉语语言测试的一项重要指标。要提高内容效度就要努力关照以下几个方面的因素：

第一，内容的关联性。内容的关联性是指测试样本与测试内容应该高度一致，不能出现与测试目的、测试范围不吻合的试题。如在语法测试的试题中，不应该出现声调、听力理解等内容的试题。

第二，样本的典范性。样本的典范性是知识题要能代表测试的内容特点。如具备初级汉语水平的学习者，声母韵母的配合规律是应该掌握的，因此，针对具备初级汉语水平的学习者，以此作为主要内容的语音测试就具有较好的典范性。

第三，测试内容的代表性。这里的代表性是指试题不能过于集中于某些点上，应该尽可能多地涵盖所要测试的内容。根据对外汉语教学的实践，汉语的知识从大的方面可以分为语音、词汇、语法修辞等；从认知能力着眼又可以分为识别、理解、应用、分析、综合以及评价等六个方面。每类知识、每种能力，其内部或许还可以细分，测试样本应该反映出测试内容的方方面面。

测试内容的代表性不否认在不同层次、不同方面可以有所侧重，选择样本可以根据测试的目的在不同知识、不同能力层面上反映出轻重比例上的差异。

二、效标关联效度

有的学者认为，内容效度"是用检测内容证明测验有效，这属于自己证明自己"，这种证明的方法"是主观性的而非实证性的"。测验的有效性还需要一些外部证据。① 这种看法不无道理。因此，我们需要一些别的方法和公认的测试标准从外部来证明所进行的测试的有效性。公认的测试标准叫作效度标准，简称效标。我们要在公认的测试标准与所进行的测试之间建立起一种关系或关联，这二者之间的关联程度越高，就说明测试的效度越高。这种效度就叫作"效标关联效度"。

效标关联效度可以分为共时效度（concurrent validity）和预测效度（predictive validity）。我们将效度分为这两类，主要是着眼于获得效度证据的时间，可以即时得到效度证据的叫共时效度，反之，不能即时得到而要在将来某个时间里才能得到的叫预测效度。

共时效度建立在大约同时进行的两个测试结果的比较之上。例如，我们设计了一个汉语综合能力的测试，要了解这个测试的效度如何，我们选择了公认的权威测试——HSK 的汉语水平考试中一个测试范围相同、难度大致相同、题型题量相同的测试作为衡量我们设计的测试的尺度，即效标。我们可以让同一拨受试在时间间隔较短的时间里，如上午和下午，先后完成这两个测试，我们随后比较两次测试的成绩。如果这两次成绩出现较高的一致性，那么，我们可以确认，我们所设计的汉语综合能力测试有较高的共时效度；如果两次测试的成绩的一致性程度不高，同样也说明，我们所设计的测试共时效度不高。

---

① 张凯：《语言测验理论与实践》，38 页，北京：北京语言大学出版社，2002。

公认的权威测试不是唯一的效标,老师对受试一贯能力的认定,受试的自我评价,也都可以作为效标。语言是交际工具,因此,共时效度也可以通过具体的交际过程来证明。如要检测某一次汉语口语交际能力测试的效度,我们可以在测试完后举行一次辩论比赛,让受试分成小组围绕某一话题进行辩论,观察每一个受试在辩论中的表现,检查测试成绩与辩论中的表现是否一致。如果基本一致,说先前进行的口语交际能力的测试具有较高的共时效度;如果测试成绩与辩论中的表现相去甚远,同样也说明,已进行的口语测试共时效度不高。

选择和确定效标是提高共时效度的关键,所设计的测试与作为衡量尺度的效标之间应该具有高度的平行性。这种平行性不仅包括内容上的平行,还要尽可能做到形式上的平行。测试与效标之间平行性的具体要求是:在内容上,作为效标的试卷的信度、效度、难度与所衡量的测试的信度、效度、难度应该大致相同,它所提供的比较数据可以印证被衡量测试的质量;在形式上,考试方式、题型题量与被衡量的测试一致。只有这样,二者才能有真正意义上的关联,才有可比性,效标才有公信力。

有些效度证据不是即时能够得到的,而是要在将来某个时间才能得到。换个角度说,有的测试结果不是用来解释受试当下状况的,而是用来推测他们未来情况或学习潜能的。这种所要求证的效度就是我们前面说到的预测效度。我们平时进行的高考、研究生入学考试等都是通过考试来推断受试将来的学习情况,并且以这些受试在大学或研究生期间的学习能力方面的情况为标准,来检测当初的入学成绩是否有效预测了他们入学后的学习能力。

预测效度与共时效度相比有以下特点:

第一,预测效度允许所要进行的测试与作为效标的测试之间有一段时间间隔,不要求像共时效度那样要在较短的时间里先后进行。

第二，对于有些测试来说，如诊断性测试、终结性测试以及随堂测试等，预测效度并不是非得追求的指标。但对分班测试、水平测试以及入学选拔性测试来说，预测效度是一项重要的指标。预测效度与这类测试的功能与目的具有高度的一致性，反过来说，如果这些测试不具有预测效度或预测效度较低，那么，一次测试分出的班级、录取的学生都是随意的、不科学的。

第三，效标与在此之前所做的测试并不要求二者在内容范围、能力范畴、题型题量等方面高度一致，两次测试允许有所不同。如我们某年秋季对来华学习汉语的学生做了分班测试，测试的主要内容是关于汉语的语言基础理论知识，学期结束时，我们测试的内容范围是听说能力。

允许效标与所做测试之间有所不同，是因为我们认为，在一般情况下，对大多数人来说，在语言习得或语言获得的过程中，人们的语言能力，包括二语习得的能力是平衡的。具体地说，如果某人的口语能力强，那么，他的其他语言能力也不会弱；如果某人的语言理论知识扎实，那么，这种扎实的语言理论功底会给他在学习汉语的过程提供许多帮助，他掌握汉语的速度就可能比其他语言理论知识基础薄弱的学习者快。

第四，虽然预测效度也是建立在两次测试结果的比较之上，但测试分数的多少只是一种表面现象，两次测试成绩并不具有可比性，因为两次测试的内容、方式都可以不同，每个个体的分数不可能平移过来，但程度的差异在两次测试中应该是大致相同的，所以，预测效度所要求的比较是两次测试成绩的排序比较，排序先后的差异反映的是程度的高低。

在理解预测效度时，我们应该清楚地认识到，预测效度从某种意义上说是理论上的，是一种静态的、经过提纯后的比较。二语习得是一项复杂的活动，在习得的过程中有许多因素加入其中，有学习方法、学习态度、学习环境、自身基础等诸多问题，如果说这些因素对所有学习者都是共同的话，那么，学习者学习过程中的情绪波动、家庭变故等因素都是个人的，这些个人因素也会影响学习的效果。而我们在比较时都将这些因素排除在外，或者认定这些因素都不曾发生。因此，我们在分析预测效度时要考虑这些因素，尤其是对那些预测效度较低的测试，要认真考虑与语言学习间接相关的因素。

在两次测试中，其能力范畴、语言知识范围可能有所不同，从这一点来看，效标的尺度不是用来表示受试在语言能力、语言知识掌握程度上的相关性，而是表示受试的学习潜能的。这种学习潜能可以表现在学习汉语上，也可以表现在学习其他知识上，如数学、化学、历史等不同的学科。

此外，我们设立的效标具有权威尺度的地位，它是通过观察先前的测试成绩是否与之平行来确定先前测试的预测效度的高低。效标的这种地位是主观上认定的，效标本身的效度似乎是不用证明的。这从理论上说，就有可能发生互为效标、循环证明的现象。

共时效度和预测效度都是统计效度，这两种效度都是建立在两次测试结果的比较之上的，通过比较二者之间的相关系数的高低来表示测试效度的高低。

计算效度系数是一项细致而又复杂的工作。这里既有认知上要注意的问题，也有计算方法上的问题。认知上要注意的是，不能只关注个体的前后相关，因为个体的前后相关并不见得能解释说明两次测试之间的相关关系。我们要关注的是两次测试之间的相关关系，因此，应该把所有个体视为一个整体加以观察。

计算效度系数的方法有多种，具体采用哪一种要视效标分数的呈现形态而定。效标分数的呈现形式是连续分布的，可以用计算测试分数与效标分数的积差相关来求得。具体计算见下面的例子（表 9.1）。①

表 9.1 用期末考试 y 证明分班考试 x 的预测效度

成绩排序	0901		0902		0903		0904		0905		0906		0907		0908		0909		0910	
	成绩	排序	成绩	排序	成绩	排序	成绩	排序	成绩	排序	成绩	排序	成绩	排序	成绩	排序	成绩	排序	成绩	排序
分班 x	58	8	67	6	65	7	83	2	79	4	86	1	70	5	81	3	55	9	51	10
期末 y	64	8	73	5	69	7	87	2	82	4	90	1	72	6	83	3	58	10	60	9
相关系数	$Rxy=1$																			

这是一份某大学国际文化学院 2009 年汉语中级班分班测试和分班后期末测试的成绩与排序明细表。我们将期末测试的成绩与排序作为效标，效标分数呈连续分布状态。表中的 R 代表积差相关系数，x 代表分班测试的成绩，y 代表期末测试的成绩。我们把这两次的成绩收集在一起，计算 x 和 y 两组分数的积差相关系数，得到的结果是两次测试的相关系数为 1。这说明某大学国际文化学院的分班测试与期末测试之间有着较高的相关性，先前进行的分班测试较好地预测了留学生入学后的汉语学习成绩，换句话说，分班测试具有较高的效标关联效度的预测效度。

三、表面效度

"表面效度指的是考试的'表面可信度或公众的可接受度'。按照常理，一个考试看上去测试了预定的技能和能力范畴，那

---

① 张凯：《语言测验理论与实践》，146 页，北京：北京语言大学出版社，2002。

么，这个考试就具有表面效度。"① 对表面效度这一概念的理解，许多学者有着不同的看法。有一种意见认为，表面效度是被试、使用测试的行政人员及其他没有专门受过训练的人来看这个测验是否有效。另一种意见则认为，表面效度指的是测试的表面形式与内容在被试看来是否有效。还有一种意见认为，表面效度是指语言教师觉得这个测试是否有效。

表面效度这一概念从本质上讲就是一种价值判断，判断的主体可以是命题人员以外的任何人，判断的对象是测试样本即试题，判断的标准是测试预定的内容与实际测试的内容是否一致，准确地说，是测试的内容、方式与语言运用实际方式之间的差距的大小。预定内容与实际测试内容一致的，或基本一致的，这种测试的表面效度就高。比如某大学国际文化学院打算测试留学生对汉语轻声、儿化的掌握情况，这个测试是通过口试的方式，让留学生朗读一段文章来完成的。这个测试的表面效度较高。如果这一内容的测试让留学生用书面答题来完成，那么，这个测试的表面效度就较低。一般来说，直接测试的表面效度较高，而间接测试的表面效度都相对较低。

既然表面效度是一种价值判断，那么，就完全有可能存在见仁见智的情况，同一测试可能有人认为表面效度较高，也可能有人认为较低，但我们不能借此否定表面效度的存在价值。表面效度从某种意义上说，是测试设计者关照的基本要素，没有表面效度的约束和对表面效度的追求，测试样本的真实性就没有保障。

四、结构效度

"结构效度是指成绩测试在多大程度上与语言学、第二语言

---

① 邹申：《语言测试》，38页，上海：上海外语教育出版社，2005。

学习和第二语言教学等原理相一致。"①

结构就是关系。结构效度从功能上讲是检测测试在理论上的有效程度。结构效度是在三个假设的基础上提出的，一是假设人们的第二语言能力是由几项技能构成的；二是假设人们的第二语言能力一定会在不同言语交际（口语、书面语）中表现出来，言语交际是人们语言能力的具体表现；三是人们的语言能力可以通过特定的测试把它反映出来，测试是一个很好的窗口，它使我们可以窥视到语言能力个体之间的差异。

语言测试与语言理论是密不可分的，我们所进行的语言测试是在假设人们语言能力构成、语言能力的形成等理论模式的基础上进行的。这些语言能力的模式、语言能力形成过程的模式以及第二语言教学框架等，都是理论上的一种阐述，都是对人们语言能力、语言能力的形成、第二语言教学科学流程的一种解读。如果某一次语言测试的结果能很好地证明语言能力形成的模式，或第二语言教学流程的科学性，我们说，这个测试证明了前面所提出的理论是有效的。一个测试能够证明语言学理论、第二语言教学理论是有效的，其实，它在证明理论有效的同时，也证明了自身的有效性，因为正确的结果只有通过正确的方法才能得到，语言理论、第二语言教学理论的有效性是通过测试的结果揭示出来的，能把语言理论、第二语言教学理论的有效性揭示出来，作为方式或手段的语言测试当然也是有效的。从这个意义上说，结构效度是一种关系效度。它不是仅就语言学理论、第二语言教学理论而言的，也不是仅就语言测试而言的，而是证明语言习得等理论与语言测试的相互关系。因此，判定一个语言测试结构效度的高低，不是仅看测试本身，而是要着眼于它们之间的关系。当它与相关的语言学理论相吻合时，我们认定这个测试的结构效度高；

---

① 杨翼：《对外汉语教学的成绩测试》，99页，北京：北京大学出版社，2010。

当它与相关的语言学理论不相吻合时,我们就认定这个测试的结构效度低。导致结构效度低的原因可能是语言测试设计上的不科学,也有可能是相关语言习得理论的缺陷,所以,对结构效度低的问题要做具体分析。

结构效度既是一个理论上的证明,也是语言测试设计过程中的一个具体追求目标,是对外汉语语言测试科学性的保障。结构效度的高低通过两种方法来确定,一种是定性的方法,定性的方法由专家评定。有关专家根据相关的理论来确定对外汉语语言测试的结构效度。另一种是定量的方法,定量的方法是通过相关因素的相关性分析,揭示不同测试之间或同一测试的不同项目之间的相关程度。这里的相关是指不同测试的数据或同一测试不同项目的数据是否具有相同的变化趋势,二者是否可以建立起一种函数关系。比如,我们所依据的语言能力模式认为,语言能力的高低与写作能力的高低有着较高程度的自然关联;我们进行了一次语法测试和一次写作测试,两次测试所得到的两组数据具有平行的变化趋势,那么,我们说我们所进行的语法测试与写作测试有正相关关系,所测的是同一语言能力构成模式。如果所进行的语法测试与写作测试得到的数据没有呈现出平行变化趋势,那么,或是我们所依据的语言能力模式缺乏有效性,或是我们所进行的语法测试和写作测试缺乏有效性。

在对结构效度进行分析,对所得数据进行解读时,不能随意修订我们所依据的语言能力模式以及技能之间的相关关系,因为我们所依据的理论假设是确定的,我们只能用所得数据来考察二者之间的相关性,而不能理论假设迁就数据,不然的话,就没有有效性可言。

因素分析比较适用于多变量情况,它通过多变量分析来观察这些变量与我们事先所依据的理论假设是否一致。比如,我们认为,作为第二语言的语言能力说到底就是口语能力和书面表达能力。为此，我们设计了四个测试，其中两个用于测试口语能力，另两个用于测试写作能力。成绩都出来后，我们把这些成绩编制出一个4×4的相关矩阵，并用因素分析法把这个矩阵简化，简化的结果是使具有平行变化趋势的变量可以概括成一个因素。如果测口语能力的两次测试可以概括为一个因素，同样，测写作能力的两次测试也可以概括为一个因素，那么，事先假设的语言能力主要是由口语能力和写作能力构成的就得到了证明。这也就说明，事先的理论假设具有一定的有效性，与之相关的汉语测试也具有一定的有效性。[①]

效度是测试有效程度的差异。不同的测试有着不同的目的，不同目的的测试有着不同的效度追求。如水平测试可以不考虑教材、学习年限，追求的是共时效度；成绩测试是检测教学目标是否达到，它要依据教学大纲以及大纲对教学内容的规定，追求的是内容效度。所以说，分类指导是效度考察的重要原则。

影响效度的因素很多，作为测试的实施者，要做好以下这几方面的工作：

第一，科学地编制试卷。试题应该很好地体现测试的内容和结构，难度适中，题量适当，区分度恰当，答题指令清晰，评分标准客观公正。

第二，精心组织，保证测试的顺利进行。要具体做好两项工作，一是创造一个规范的应试环境，如环境安静，试室明亮，二是要准备好需要的设备，如录音设备等。减少或避免无关因素对测试的干扰，保证受试发挥出真实水平。

---

① 张凯：《语言测验理论与实践》，154页，北京：北京语言大学出版社，2002。

第二节　信　　度

测试的信度就是测试本身的稳定程度,通俗地说,信度就是测试成绩的一致性。在通常情况下,如果一个测试设计得科学,那么,对同一拨受试测量多次,各次测量的结果应该是一致的。下面是某国际文化学院语言 B_1 班和语言 B_2 班各自两次测试的成绩（表9.2,表9.3）：

表9.2　语言 B_1 班两次测试情况

学　号	第一次测试		第二次测试	
	成　绩	排　序	成　绩	排　序
2010101	78	6	80	6
2010102	65	9	66	10
2010103	83	5	86	4
2010104	90	2	91	2
2010105	86	3	88	3
2010106	62	10	69	9
2010107	75	7	77	7
2010108	69	8	72	8
2010109	91	1	93	1
2010110	84	4	84	5

表9.3 语言 B_2 班两次测试情况

学 号	第一次测试		第二次测试	
	成 绩	排 序	成 绩	排 序
2010201	62	10	68	10
2010202	78	6	83	5
2010203	71	8	77	7
2010204	87	2	85	3
2010205	83	3	90	1
2010206	66	9	71	9
2010207	92	1	87	2
2010208	75	7	74	8
2010209	79	5	84	4
2010210	80	4	78	6

B_1 班两次测试的成绩一般相差在±3分之内,只有6号同学两次测试成绩相差7分;排序顺序也没有发生大的变化,只是第4与第5、第9与第10的位置分别互换了。这说明,B_1 班两次测试样本具有较高的稳定性。

B_2 班的情况则不一样。两次测试的成绩和排序都发生了较大的变动。从每个学生的成绩来看,变动小于3分的只有3人;变动最大的达7分之多;两次测试排序一样的只有2人。这说明,B_2 班两次测试样本稳定性不高,即信度不高。

一、测量误差

测试信度概念的提出是基于这样一个事实:测试中有些因素的稳定性较差,这些不稳定因素会影响到测试成绩的可靠性。这种不稳定因素,我们称之为测量误差。

测量误差主要是由以下几种因素造成的：

一是受试个体的原因。如两次测试间隔时间虽然不长，但由于遗忘、身体状态不好、情绪波动等原因，使得第二次测试没有第一次测试成绩好，两次分数出现较大误差。

二是测试样本质量不高，有些题目不太科学，这些"问题"样本影响到受试的答题。再如等效试卷的难度很难做到完全相等，实际上，我们只是努力做到大致相等。这种大致上的相等也会造成测量误差。

三是测试环境的差异、设备的不同，如音响效果上的差异、测试过程中的突然停电等突发事件，都会影响受试的情绪从而影响答题。

四是评分方法上的差异。主观试题采用主观评分，主观评分容易产生主观差异。主观评分的不稳定误差分为两种情况，一种是不同评分个体之间的差异导致的测量误差。不同的评分个体对标准的理解把握会有所不同，这种误差是一种客观存在，我们对评阅者进行评阅前的培训，就是想通过培训把个体之间的差异控制在一个可接受的范围内。另一种是同一评阅个体前后两次评阅，由于评阅量大，或许还有一段时间的间隔，有可能出现两次给分不一致的不稳定状况。

如果是标准化测试，原始分需要换算为标准分，在换算的过程中可能需要进行"四舍五入"处理。类似的处理在同一点上重复多次会夸大差异，这种夸大差异也是一种测量误差。

信度和误差是一对矛盾，它们互相对立，又相互联系。任何语言测试都含有不同程度的误差，对外汉语的语言测试也不能例外。平时我们所看到的测试成绩一般来说都反映了受试的真实水平，但是，我们也必须清楚，这成绩包含了误差。信度研究就是要通过一些量化手段来确定测试成绩中误差值的多少，考察测试成绩的稳定程度。

误差分数是相对真分数而言的。所谓真分数是指反映了受试真实能力的分数，而误差分数则是指由于误差造成的分数。测试成绩不等于真实能力，严格地说，它是真实能力与误差的混合体，即便在真分数中也包含着一定的误差因素。

误差分数是随机的，非系统的，它与真分数之间没有相关性。它对测试成绩反映受试真实能力方面的实际影响是双向度的，它有时会提高受试的成绩，夸大受试的实际水平，有时也会降低受试的成绩，低估了受试的能力。

研究信度的基本方法是相关分析。所谓相关是指不同事物之间或同一事物的不同性质之间的某种自然关联。如数学成绩好的学生一般物理成绩也会比较好。把这种相关关系量化所得的数据，就叫作"相关系数"。

相关系数可以分为正相关、负相关和零相关。正相关是指两种相关事物或性质，其中一种的程度提高时，另一种也会出现相应的提高。如起居的规律越强，身体的健康状况就越好。负相关是指两种相关事物或性质，其中一种的程度提高时，另一种则出现相应的降低。如成本越高，利润就越低。零相关则是指两种相关事物或性质没有关联，没有关联也可以视为是一种特殊的关系。

相关关系是指两个变量之间的关系，它们之间的相关程度是通过计算它们之间的相关系数的大小了解到的。表示信度的相关系数叫作"信度系数"。信度系数越高，表明测试的信度就越高，测试的稳定程度就越高。对标准化测试的要求高些，一般要求达到 0.90 以上；教师自主设计的测试信度系数可以相对低些。

相关系数的取值范围在 +1～-1 之间。完全正相关等于 1，完全负相关等于 -1，完全不相关等于 0。计算变量之间相关系数的方法很多。常用的方法有"积差相关法"，即皮尔森积差相关法。

二、计算信度的方法

（一）再测法

再测法（test retest method）是用一套试题在间隔一段时间后让同一批受试接受第二次测试，然后比较两次测试结果，求出两次测试的相关系数，判断测试的稳定性程度。

再测法是建立在这样一种假设基础之上的：两次测试之间受试在学习上都没有获得任何新的进展。再测法的理据是，任何测试的分数总是由真分数和误差分数构成的，我们对同一批受试在不太长的一段时间里用同一套试题进行两次测试，两次的分数会有差别，但不会相差很大，两次的成绩总有一定的联系。这种联系不是第一次测试成绩中的真分数与第二次测试成绩中误差分数之间的联系，也不是第二次测试成绩中真分数与第一次测试成绩中误差分数之间的联系，而是第一次测试成绩中真分数与第二次测试成绩中真分数之间的联系。从理论上说，在这样的间隔时间里，受试的能力没有发生改变，受试也不会发生疲劳现象，试题也没有进行调整，只是简单的重复使用。如果不是因为误差，这两次测试的成绩应该相等。通过计算得出的相关系数反映的是两次测试中的稳定部分，也就是测试的信度。用这样的方法得出的信度叫再测信度。

（二）复本法

大规模测试或标准化测试一般都要准备几份平行试卷，即复本。所用试卷与备用试卷从内容范围、所测能力、难度、区分度到答题要求都应该一样，所不同的只是具体题目，也就是说，平行试卷应该具有等效等值性质。这种等效等值的程度就是副本信度。再测法是求两次测试之间的一致性，而复本法（paralle of method）是求平行试卷之间的一致性。平行试卷之间应该具有等效等值性质，从某个角度来说，这只是一种理论上的追求，要做到完全一致是不可能的,因为影响等效等值的因素很多,任何一个细微的变化因素都可能影响到等值等效。

复本信度也是建立在一个假设之上的,即同一批受试在一个较短的时间里,其能力不发生改变。两次测试成绩的差异就是复本一致性程度的差异。

(三) 对半法

再测法、复本法在操作过程中总会碰到这样或那样的困难,它们既受制于时间,也受制于对象,对测试样本的要求也较高。对半法(split-half method)是一种对相关因素要求不高,较容易操作的一种方法。它把测试题目分成对等的两部分(通常是按奇数、偶数题来分,奇数题为一部分,偶数题为另一部分),通过这两部分试题得分的比较来获得整份试卷的信度。两部分得分越接近,这个测试的信度就越高;如果两个部分的分相差较大,说明这个测试的信度较低。

对半法实际上是复本法的变式,它是在没有复本的情况下,把试卷分为两部分,临时性地产生一个复本。每个复本实际上是半份试卷,两个部分的相关系数也只是部分内容的相关。从这点看,对半法从某种意义上说,是一种以量化为手段进行的定性分析。

为了得到相对准确的数据,我们可以对对半法得到的信度系数进行修正。修正的公式为:

$$r = \frac{2r_{hh}}{1 + r_{hh}}$$

其中:r 为修正后整个测试的信度;r_{hh} 为测试的两半之间的积差相差系数。

信度在测试过程中十分敏感,许多因素都会对它产生影响。我们在测试过程中应该对这些因素予以高度关注。概括起来有这样几个方面:

第一，受试的性质会影响到信度。就一般情况而言，受试之间能力差异越小，同质程度就越高，所进行的测试得到的真分数就越接近；反之，受试之间能力差异越大，同质程度就越低，所进行测试得到的真分数就越悬殊。

测试信度不是一个抽象的指标，它是对特定测试某一性质而言的。同样的测试样本应用于不同的受试，得到的信度系数应该是不同的。"如果把一个适用于异质团体的测验用于一个同质团体，测验的信度就会降低。因此，我们要明确，所谓测验的信度实际上是测验用于一特定团体时的分数的信度。被试组改变了，测验分数就改变了，信度也就改变了。"[①]

第二，测试时间的长短会影响到信度。测试时间的长短与测试的题量是一个问题的两个方面。一般来讲，题量大，所花时间就长；题量小，花的时间就少。另一方面，在规定时间内，有的受试可能答完了所有题目，有的则没有答完，没有答完的还可能具体数量会有所不同。通过这样的分数计算得出的信度系数"不仅包含了受试对题目的反映的差异，也包含了受试答题速度的差异"[②]。正是基于此，有的学者建议，当时间严格限制时，不宜采用对半法或复本法来求得信度系数，而应采用再测法。

与时间密切相关的是题量。一般来说，同一能力的多次检验结论的可靠性一般总要高于一次检验结论的可靠性，因为检验的次数越多，结论的或然性就越小。因此，试题越多，信度就越高。我们可以通过调整题量来调控信度系数。信度系数与题量的关系可以用下面的公式来表示：

---

① 张凯：《语言测验理论与实践》，115页，北京：北京语言大学出版社，2002。

② 张凯：《语言测验理论与实践》，116页，北京：北京语言大学出版社，2002。

$$r_c = \frac{kr_i}{1+(k-1)r_i}$$

其中：r_c 为需要达到的信度系数；r_i 是已有的信度系数；k 为题量，我们可以把 k 当作未知数来求解。

第三，难度也会对信度产生影响。过难或过易都会影响信度。可以想见，一次测试所有的受试都不及格，或都拿满分，它们的难度分别为 0 和 1，而它们的信度系数为 0，因为这里表现出的全部不及格和全部拿满分都是一种虚假的同质。我们一般总是努力地将难度系数调控在 0.5 左右。

第四，区分度直接影响着信度。测试的设计者在编制试题时总是在考虑，有些试题是多数受试可以回答得上来的，有些试题是中等以上水平的受试才能回答的，少数试题是极少数水平很高的受试才能回答得上来的。区分度既关涉每一道题，又涉及每道题与全卷的关系。如果全卷每道题对于高水平的受试来说答对的概率高，低水平的受试答错的概率高，这样的测试得出的真分数是稳定的，其信度也高。所以说，试题的区分度高，其相应的信度也就高，而这是一种正相关关系。

第五，试题的类型以及评分方法对测试的信度也会产生影响。一般来说，评阅者对客观试题的得分影响较小，主观试题则不同。不同的评阅人对同一答案可能有着不同的看法，具体得分就有可能不同，影响测试的信度。这种情况在主观题上表现得更为突出，因此，在试卷题型结构的搭配上，我们要合理地安排主观题与客观题的比例，同时，对主观题的评阅，要在评阅前做好评分细则的制定和评阅人的培训工作，以保证评阅时的客观公正，从而提高测试的信度。

信度与效度是对外汉语教学测试中两项有着不同内涵的测试指标。如前所述，信度是指测试的可靠性，效度是指测试达到预定目的的程度。从测试手段上看，量的测量用以保证测试的高信度,而质的分析用以保证被测对象的高效度。信度是要求做出二元偶值,而效度则是要求做出多值的程度判断。

然而,效度和信度又有着密切的关联。信度是效度的基础,测试结果本身的不可靠,当然就无法证明这些结果是否有效地测试了受试某一方面的语言能力或技能。

第三节 难 易 度

"对外汉语语言测试的效度和信度在很大程度上取决于试题本身质量,而评价试题质量的主要指标就是难度和区分度。"[①]

难度是显示受试答对某试题的比例。它通常用难易度指数或值来表示。难度的计算公式为:

$$P = \frac{R}{N}$$

其中,P 为难度值,R 为答对的人数,N 为受试总人数。

难度值在 0~1 之间,数值越小,表明难度越大;数值越大,表面试题难度系数越低。如下表9.4:

表 9.4

题号	答对人数（R）	受试总人数（N）	难度值（P）
1	0	20	0
2	15	20	0.75
3	10	20	0.5
4	12	20	0.6
5	20	20	1

---

① 杨翼:《对外汉语教学的成绩测试》,104 页,北京:北京大学出版社,2010。

第一题无人答对，难度为 0；第二题 15 人答对，难度为 0.75；第三题 10 人答对，难度为 0.5；第四题 12 人答对，难度为 0.6；第五题全部的受试都答对，难度为 1。

这是对单一试题的难度计算，整卷的难易度也可以计算。计算公式为：

$$\overline{P} = \frac{\sum p_i}{K}$$

其中 $\overline{P}$ 为全卷的平均难度，$\sum$ 表示连加，p_i 表示第 i 个题的难度；$\sum p_i$ 是所有题目难度连加的总和，K 是题数。以上表为例，该 5 题的平均难度为：

$$\overline{P} = \frac{0 + 0.75 + 0.50 + 0.6 + 1}{5} = 0.57$$

大规模的对外汉语成绩测试，全卷难度一般以控制在 0.5 左右为宜。

难易度的掌控，首先，要充分考虑整体与部分的关系，不能把整份试卷的难易度理解为每道题难易度的简单相加。把握好整体与部分的关系，首先要合理地分配难易度的比例，不同难易度的试题要分布均匀，不要使难易度较大或较小的试题过于集中于某一项目。其次，要尽可能地使整份试卷的难易度呈坡度状，难度是一种递升走向。再次，每道试题的难度应有差异，整份试卷的难度控制在 0.3～0.7 之间。难度过高或过低都会使测试无法拉开受试之间的距离。

具体试题的难度与整份试卷的难度相关，但整份试卷的难度相宜，并不意味着每道题的难度都是合适的。以上面表格所说的为例，表中 5 道题的难度为 0.57，就一般情况来说，这是一个较为理想的难易度。但是，第一题的难度为 0，第五题的难度为 1，第一题是全部都答错了，而第五题是全部都答对了。通俗地说，就测试来说，这两道题都没有起到作用。人们习惯把这种题叫作废题。同样道理，如果每道题的难度都在0.5左右，整份试卷的难度当然在0.5左右，似乎是适宜的，但这是一种假象。这种整齐划一的难度不利于高水平受试脱颖而出，也不利于对低水平的受试进一步加以区分。我们所说的0.5左右比较适合是不同等级的难度平均值。

其次，要真正理解难易度的高低是相对而言的，它与测试内容、语言技能本身、受试的能力等都有关系。它是一个变数，不是一个常数。我们所说的控制在0.5左右，实质上也是一个变数，也是相对具体因素而定的。

第四节 区 分 度

区分度是语言测试反映测试质量的一项重要指标。我们判定一道试题的质量，很大程度上是看这道试题的区分度。一般来说，质量高的试题，其区分度一定是高的；质量不太高的试题，其区分度也往往较低。但是，区分度低的试题并不一定是质量低的试题，这个问题，我们下面还会解释。

所谓区分度指的是试题对受试的区分能力。同一道试题，如果其区分度高的话，不同能力水平的受试做这道试题时，应该有所差异。具体地说，水平高、能力强的受试答对这道题的可能性大，水平低、能力相对较弱的受试答对这道题的可能性较小。

区分度这一基本概念有一个预设，即把受试分为水平高、能力强和水平低、能力弱两类。这样的分类是根据测试的实际情况设定的。如果通过HSK6级的为高水平，那么，只通过HSK4级的为低水平；如果通过HSK4级的为高水平，那么，只通过HSK3级的为低水平。当然，也可以用其他标准来确定。

正因为如此，区分度是相对的，是相对特定受试群体而言的，不同的群体对区分度有不同的要求，不同类型的测试对区分度也有不同的要求。对于学业水平测试，测试的是对教学大纲规定内容的掌握情况，区分度指标显得不是那么重要，而对选拔性测试就应该凸显区分度，反映受试之间能力、水平上的差异。这也就是说，区分度不是衡量试题质量的唯一指标。如前所述，在学业水平的测试中，根据教学大纲的要求，设计测试某一基本概念的试题，很可能多数受试能够答对这道题，它的区分度并不高，但它是该课程中的重要内容，不能因此而否定它。

在实际的操作中，我们通常把某试题的分数与整卷总分的相关系数作为试题区分度的指标称为区分指数。相关系数越高，区分指数就越大，区分能力就越强。区分指数的取值范围一般是 1～-1。最大值为1，最小值为-1。1是最好的区分度，意为所有的高分者都答对了这道题，所有的低分者都答错了这道题；0表示没有区分度，意为高分者与低分者中答对的人数相等；-1表示负区分度，意为所有的低分者都答对了这道题，而所有的高分者都答错了这道题，它说明这道题本身就有问题。

在一般情况下，区分度指数大于或等于0.4是可接受的，小于0.4则要查找原因，进行修改或撤换。

计算区分度的常用方法是极端分组法。极端分组法的具体做法是，先按照受试整卷得分或某项目得分分成高分和低分两组。分组的情况视受试的人数而定，受试人数较少时，按总分排队，从中间划开，各组一半；受试人数较多时，仍然是按总分排队，中间划开，取得分最高的和得分最低的各27%，两组人数相等。分组确定后，按下面的公式计算出区分度指数：

$$D = P_u - P_i$$

其中 D 为区分度指数；P_u 为高分组在某题上的答对率；P_i 为低分组在同一题上的答对率。

P_u、P_i 的算法分别是：

$$P_u = \frac{高分组答对的人数}{高分组总人数}$$

$$P_l = \frac{低分组答对的人数}{低分组总人数}$$

区分度指数的计算公式可以改写为:①

$$D = \frac{高分组答对的人数 - 低分组答对的人数}{一组的总人数}$$

我们以下面表格中的数据为例来计算其区分度指数。我们先把50位参加对外汉语成绩测试的学生从两个极端（即高分和低分）各选出27%作为高分组和低分组，高分组和低分组各14人（表9.5）。

表 9.5

题号	高分组		低分组		区分度指数	备注
	答对人数	答对率/%	答对人数	答对率/%		
1	11	78.6	4	28.6	0.5	
2	13	92.6	2	14.3	0.79	
3	8	57.1	6	42.8	0.14	
4	7	50	7	50	0	
5	4	28.5	12	85.7	-0.57	
6	14	100	0	0	1	

第1题高分组答对人数比低分组多7人，区分度指数是0.5；第2题高分组多11人，区分度指数是0.79；第3题仍然是高分组答对的人数多，但只多2人，区分度指数较低，仅为0.14；第4题高分组与低分组答对人数相同，区分度指数为0；第5题是低分组答对人数比高分组多，区分度指数是一个负数，

---

① 张凯：《语言测验理论与实践》，86页，北京：北京语言大学出版社，2002。

为 -0.57；第 6 题是一种理想的状态，高分组的全部答对，而低分组的全部答错，区分度指数为 1。

还有一种更为简便的方法，即把受试分为高分组和低分组之后，算出两组各自的答对率，然后用高分组的答对率减去低分组的答对率，得到的就是该题的区分度指数。如果高分组的答对率低于低分组，那么，该题的区分度指数就为负值。

有的学者还提出点双列相关系数（point biserial correlation coefficient）、双列相关系数（biserial correlation coefficient）计算方法。这些方法虽然计算精确，但比较繁复，不够简明。①

测试从某种意义上说，就是要把受试的差距拉开，把他们之间的差距反映出来，这是能力测试或水平测试的主要目的之一。为了达到这一目的，在测试中要尽可能多地使用区分度高的试题。但我们同时也要明白，答对率与区分度高并不是简单的正相关关系，不是答对率高，区分度就高。事实上，是当答对率在 0.5 时，区分度才最高。换个角度说，在能力测试或水平测试中，测试的设计者并不希望有很高的答对率；对于成绩测试人们则希望有较高的答对率，事实上也允许出现较高的答对率。这也表明，区分度主要是针对能力、水平类测试而言的，成绩测试则对此不太关注。为此，有人提出在成绩测试中用"教育敏感度"来取代区分度。

教育敏感度概念的依据是，人们对没有学过的知识答对的可能性极小，对学过的知识答对的可能性大。因此，可以用教育后的答对率减去教育前的答对率。这两个数据之间的差异就是同一组受试对教育敏感度的差异。教育敏感度的取值也在 -1 和 1 之间。其值越接近于 1，试题的教育敏感度就越高。其实，所谓教育敏感度就是成绩测试中的区分度指数。所不同的是，在能力测

---

① 张凯：《语言测验理论与实践》，86 页，北京：北京语言大学出版社，2002。

试、水平测试中，区分度指数反映的是试题对不同受试能力、水平差异的敏感程度，而教育敏感度反映的是试题对教学前后差异的敏感程度。

教育敏感度的计算公式为：

$$D = P_{post} - P_{pre}$$

其中 D 为教育敏感度值，P_{post} 为教育后试题的答对率，P_{pre} 为教育前试题的答对率。下面我们来看一个教育敏感度计算的实例。受试20人，题量为5题。详见表9.6。

表 9.6

题号	P_{post}	P_{pre}	D
1	18人	4人	0.7
2	15人	2人	0.65
3	14人	8人	0.3
4	10人	6人	0.2
5	10人	0人	0.5

第1、第2题的教育敏感度分别为0.7和0.65，表明这两道题反映了教育活动对受试的作用；第3、第4题的教育敏感度分别为0.3和0.2，敏感度较低。这两道题都没有反映教学活动对受试的作用。

第五节 选择项分析

前面我们对效度、信度、难易度、区分度等指标的分析是着眼于整份试卷的，下面我们用这些指标去考察每道题与全卷在某一方面的关系。选择项的分析纯粹属于对具体试题的分析，是测试、评阅工作结束之后对多项选择题每个选项的被选情况的追溯性的检讨。它是一项具体而又重要的工作，其重要性在于，如果没有这项工作，从某种意义上说，我们对测试的结果只是消极地接受，我们只知道其然，这不是我们进行测试的全部目的所在。我们对选择项进行逐项分析，就是要使消极接受变为积极完善，就是要知其然也知其所以然。

对选择项的逐项分析与对测试成绩的分析具有同等价值，它与效度、信度、区分度的数值分析的差别仅仅在于对象的不同，目的是一致的，都是为了提高和完善测试质量。效度等数值的分析是一种结果性分析，从性质上看，是静态分析；选择项的逐项分析是一种过程分析，从性质上看，是动态分析。选择人数的多少、选与不选，其实就是结果产生的过程。过程的展示使得提高和完善试题质量有了明确的指向性。下面我们对几道选择题进行个案分析。

【211】刘校长_____你去他办公室一趟。
A. 想　　　　　　　B. 要
C. 告诉　　　　　　D. 得

这是一道语法结构题，受试18人。我们先将这18人按得分的高低顺序进行排序，分为三组，分别为高分组、中等组和低分组，每组6人，然后计算出这道题的难易度和区分度。详见表9.7、表9.8、表9.9。

表9.7

组别	答对人数	难易度	备注
高分组	5	0.55	
中等组	3		
低分组	2		

表9.8

组别	答对人数	区分度	备注
高分组	5	0.5	
低分组	2		

表9.9

组别	选项				备注
	A	B*	C	D	
高分组	1	5			带*号为正确选项
低分组	1	2		3	

A项吸引了高分组和低分组各一位同学，起到了干扰项的作用。B项是正确选项，高分组的同学多数选了它，低分组只有三分之一的同学选了它。C项无论高分组还是低分组都无人问津。D项只对低分组有诱惑力。我们通过对受试选择的描写可以看出，高分组对由动词"要"构成的兼语结构基本理解和掌握，而低分组则不太理解，这在今后的教学过程中有待加强。选择项C项没有起到干扰的作用，必须对它进行修改，可改为"说"，增强它的干扰性。此外，A项虽然起到了一定的干扰作用，但是这是一个问题选项。在口语的语境中，可以用"想"来充当兼语结构的第一个动词，这句话在口语中是可以接受的，不能算错。只不过用"想"时，致使性不是强制性的，显得委婉一些。因此，A项也应该修改，改为更为典型的非正确选项"使"。

再来分析一道阅读理解的多项选择题。

【212】阅读下面的短文，选出与短文内容一致的一项。

现如今网络文学困扰着传统作家，使传统作家产生了强烈的危机感。这说明传统与现实产生了矛盾，是件坏事。但换个角度看，或许也是件好事，这种危机折射出了网络写手存在的价值，使网络写手看到了曙光。网络作家在自己熟悉的语境中待得很舒服,他们很看重那种无拘无束、自由自在,他们对在大雅之堂上摆个造型、亮个相,一点也不感兴趣。不知你们察觉出来没有,文学创作两大阵营的碰撞已悄然拉开了序幕。

A. 传统作家安于现状
B. 传统作家很喜欢网络作家
C. 网络文学对传统作家有一定的影响
D. 网络文学与传统文学的创作将会有大的冲突

有24位受试做了这道题。我们按成绩的高低顺序把这24位受试分为高分组、中等组和低分组3组,每组8人。该题难易度、区分度具体情况如表9.10至表9.12。

表9.10

组别	答对人数	难易度	备注
高分组	3		
中等组	2	0.46	
低分组	6		

表9.11

组别	答对人数	区分度	备注
高分组	3	−0.38	
低分组	6		

表9.12

组别	选项				备注
	A	B	C	D*	
高分组	1	0	4	3	带*号为正确选项
低分组	0	1	1	6	

这道题的难易度是 0.46，难度适中；区分度是 -0.38，是负数值。高分组选择正确项的只有 3 人，另有 4 人选 C 项，1 人选 A 项。低分组则有 6 人选正确项，选 B、C 的各有一人。通过进一步了解情况发现，低分组选正确项的理由是，原文中最后一句已经写明两大阵营的碰撞已经拉开了序幕，"碰撞"通常是指大的冲突，现在虽然不大，但序幕已经拉开了。而高分组的受试则认为，两大阵营之间大的冲突将会发生，但现在还没有发生；C 项的"网络文学对传统作家有一定的影响"与原文的内容是一致的。

分析后可以看出，这道题 C、D 两个选项设计都不够严谨。C 项中的"一定的"语义上具有模糊性，"一定的影响"可以指较大的影响，也可以指不太大的影响。D 项可以做两种理解，一种理解是当下没有冲突，将来一定会有冲突；另一种理解是当下已经有了小的冲突，接下来会有大的冲突。正是 C 项的模糊性和 D 项的多义性使得高分组选择了 C 项，从而导致该题的区分度出现了负数值。

若要做修改，C 项可以改为"网络文学对传统作家还未产生影响"；D 项则可以改为"网络文学与传统文学继而还会发生大的冲突"。

再看一道听力理解题：

【213】听录音，然后回答问题。

（录音文本）哎哟……不行不行，我好难受，我挺不住了。开始我还想可能跟往常一样，喝口热开水，躺一会儿，就没事了。哪知道这回这么厉害。挺不住了，不行，疼得我直冒冷汗。还得麻烦您，陪我去打一针。

问："我"将要去的地方是

A. 宿舍　　　　　　　B. 医院
C. 图书馆　　　　　　D. 教室

受试还是 24 人，我们也仍然将受试分为高分组、中等组、低分组 3 组。这题的具体数值如表 9.13 至表 9.15：

表 9.13

组别	答对人数	难易度	备注
高分组	8		
中等组	7	0.88	
低分组	6		

表 9.14

组别	答对人数	区分度	备注
高分组	8	0.25	
低分组	6		

表 9.15

组别	选项				备注
	A	B	C	D*	
高分组	0	0	0	8	带＊号为正确选项
低分组	2	0	0	6	

这道题的难度较低，区分度也较低，24 人中只有 3 人选择错误。测试内容是听力理解，但实际上只有听，无需理解，因为肠胃不舒服，要去的地方当然是医院，这是依据基本的生活常识就可以判断的，与语言的知识和技能没有直接的关联，所以难度和区分度都比较低。

第十章 成绩、常模与等值

成绩的取得只是整个测试工作的一部分，对成绩的解读是对外汉语语言测试的一项重要工作。解读得科学与否既关乎到对我们前面教学工作的检讨，又关乎到我们对学习者客观而准确的评价。

第一节 成绩分析的基本概念

一、原始分与导出分数

一般来说，测试得到的成绩就是分数，这个分数我们称之为原始分。成绩虽然是在测试中得出的，但是，不能孤立地去看一个分数，分数只有在比较中才能显示出其真正的价值，没有参照系的分数是毫无意义的。例如，一位留学生从国外的一间孔子学院的教参上找到一份试卷。做完后请老师批改，得了80分。这80分是一个客观存在，但留学生不知道自己考得好还是不好，因为它没有参照系，比较意义不明确。如果这次测试的平均分是75分，那么，80分只是一个略高于平均分的水平；如果这次测试的平均分是60分，那么，80分是一个相当不错的成绩。要使意义明确起来，就要设置一个测度并且规定出零点和单位，然后进行转换。转换之后得到的分数为导出分数。

导出分数也叫作转换分数，导出分数有两种属性，一是有所权衡，对分数做了一番处理。如果一次测试的总分为100分，其中语法题 20 道，30 分；词汇题 20 道，30 分；阅读理解题 2 道，20 分；写作题 1 道，20 分。原始分中词汇和语法的分量比较重，测量的主要是语言知识。如果我们主要想测量受试产出性的写作能力，我们可以进行转换，对测试项目的分值进行调整，对写作题给予较多的权重。比如可以调整为：语法题 20 道，20 分；词汇题 20 道，20 分；阅读理解题 2 道，10 分；写作题 1 道，50 分。这样与测试的目的相一致。

导出分数的另一个属性就是我们上面所讲的比较。只有设立一个参照系，成绩才有意义。设立参照系有两种方法，一种是 z 分数法，一种是 t 分数法。

（一）z 分数法

z 分数表示某一具体分数离平均分有多少标准差单位。求得 z 分数的计算公式为：

$$z = \frac{X - \overline{M}}{SD}$$

其中，X 为某一分数，$\overline{M}$ 为考试平均分，SD 为标准差。比如某班 A 同学的成绩为 87 分，这次测试的平均分为 67 分，标准差为 10，那么 A 同学的 z 分数为：

$$z = \frac{87 - 67}{10} = 2$$

如果同班 B 同学的成绩为 77 分，那么 B 同学的 z 分数为：

$$z = \frac{77 - 67}{10} = 1$$

这里 A 同学的 2 与 B 同学的 1 都不是一个具体的分数，而是指这两位同学的分数与全班平均分的距离，指高于或低于平均分几个标准差。标准分可以是正分，也可以是负分；正分表明高于平均分，负分表明低于平均分。通过与平均分的距离来看，A 同学的水平要高于 B 同学，因为 A 同学高于平均分两个标准差，

B 同学只高于一个标准差。

（二）t 分数法

z 分数的直观感较强，一看便知自己与平均水平的差距，但它有时也会出现一些难以解释的问题。比如，当学生的成绩低于平均分时，就会出现负分；学生的成绩与平均分相同时，就会出现 0 分。为了避免出现这种情况，人们就想出另一种方法，用 t 分数来代替 z 分数：

$$t = 10z + 50$$

我们仍然以上面 A 同学和 B 同学的成绩为例，A 同学的 t 分数是 $10 \times 2 + 50 = 70$；B 同学的 t 分数是 $10 \times 1 + 50 = 60$。

测试成绩常见的呈现形式有两种，一种是百分制，另一种是等级制。两种成绩呈现形式各有特点，百分制可以反映出个体之间的细微差别，拉开个体之间的差距，就题型来看，客观题更适合百分制；等级制是笼统地反映个体的等级归属，主观题较适合等级制。

成绩呈现还有一些变通形式，如雅思考试的成绩报告，既给出分数、等级，也给出相应的能力、水平的描述。这种描述性的表述实际上是受试能力的分项细化，是百分制、等级制的很好补充。

此外，还有一种常见的呈现形式——既报告总分，也告知单项分。这种形式不仅可以使受试知道自己所处的位置，同时也能了解到自己的具体表现。

二、及格标准

在测试实践中，一般都设定百分制的 60 分为及格标准。及格标准从本质上说，是一个人为设定的标准。这种及格线既不考虑试题的难度，也不考虑实际的结果。从某种角度看，及格标准也是一种评价的参照系。

60 分的及格线是一个惯常的做法，有时容易脱离实际，不能反映受试的真实水平。为了使及格线与受试的实际水平有机地结合起来，可以采取相应的措施，使得及格线的确定更加科学。首先，在试题的设计过程中，就应该将难度系数的大小与及格线的确定结合起来一并考虑，避免出现大部分或绝大部分不及格的尴尬局面。

其次，要考虑到受试的实际水平。我们可以把及格线看作是一个变量，它是随着实际的测试而定的。比如可以考虑以平均分为及格线，这样可以兼顾到受试的实际。这样的变通有利于保护学习者的自信心。对于选拔性测试，我们也可以将入围人数作为及格标准确定的主要参照因素。

再次，及格标准应该联系测试类型和目的，关照单个项目的成绩，即及格标准基于单项最低分数之上。如一个以写作能力为主要测试目的的测试，作文写作题是 50 分。为了凸显测试的目的，我们可以规定作文写作题要达到 30 分才算达到及格标准；如果作文写作没达到 30 分，总分无论多少都不能视为及格；作文写作达到 30 分，总分达不到及格线的，也不能视为及格。这样可以避免学生只考虑某一方面的能力的提高，达到及格线。

总而言之，及格标准的确定是一项讲究科学，关照后续效应的工作。作为及格标准，它是一个常量，但作为这个标准的确定，又应该把它看作是变量。

三、正态分布

正态分布（normal distribution）是数理统计上的概念，是指一种连续随机变量概率分布状态。这种分布的特征是中间多，两头少。这里所说的连续随机现象表现在数值上的特征是不确定性，从性质上看，是一种变量。这种变量具有随机变化的属性，即既有偶然性又有规律性。我们把具有这种变化特征的变量称为随机变量。

平时我们的对外汉语语言测试的成绩分布多数为正态分布，高分段的和不及格的都少，大多在80分左右。其实，不光是测试结果呈正态分布状态，人类社会里许多事物也呈正态分布状态，所以，正态分布也有人称之为常态分布。

与正态分布相对的是非正态分布。就语言测试来说，非正态分布可以细分为两种情况，一种是所谓正偏态分布，是指受试大多集中在低分段；另一种是负偏态分布，是指受试大多集中在高分段。

无论何种分布状态都与两方面的因素有关，一个是它是受试真实水平的反映；另一个是与试卷的难度有关，如正偏态的出现说明试题相对较难，而负偏态的出现则表明试题相对较容易。

第二节 成绩分析的类型

对外汉语教学过程中的语言测试以及对测试成绩的解读无论是给教师还是给学生都会带来影响。这种影响我们称之为反拨效应。反拨效应可分为积极的和消极的两种。积极的反拨效应是指测试的内容、方式与原先所设定的课程目标具有很高的相似性。测试内容是学习内容的再现，更是言语交际、实际言语生活的再现。这样的测试会促进学习者的学习。反之，如果某一测试的内容、方式与课程的目标、实际的言语生活不一致，或者有很大的不同。那么就会使学习者进入无意识状态，学习热情降低，并怀疑自己的学习方法。这样的反拨效应叫作消极的反拨效应。如何使测试成绩产生积极的反拨效应，关键在于对测试成绩的解读。

对成绩的解读一般有三种方式，这三种方式与各自的目的相关联。第一种是判断性描述。做这样的成绩解读往往是依据事先认可的标准，把所得的成绩与之进行比较，看看受试是否达到这一标准。对成绩进行判断性描述，适合于大规模的标准化测试。判断性描述可以用量表的形式呈现出来。具体的做法是，把受试的成绩从高到低列表直观地呈现出来，使每个受试都了解自己在这次测试中所处的位置。判断性描述也可以是根据成绩划分为若干等级的定性描述，等级的设置与汉语的能力水平有直接的关联。

第二种是行为性描述。这类测试是以特定的语言交际活动为主要内容，考查受试特定的语言能力。行为性描述是根据所得成绩对受试是否具备某种语言交际行为能力进行描述。对导游、公关人员所做的语言测试所取得的成绩比较适合于行为性描述。

第三种是诊断性描述。诊断性描述是把所得到的成绩视为学习者在学习汉语的过程中各种语言要素、语言能力掌握情况的分析性反馈。通过对成绩的解读，应该使受试明白哪些掌握得比较好，哪些能力还有待提高。从对外汉语教学实践来看，诊断性描述使用得最为普遍。

无论怎样解读，都不能简单从事，对每一等级的能力应该有细化的分析，只有细化的描述才能服众。描述的结果应该反映出个体之间的差异，对判断性描述和行为性描述来说，个体之间的差异就是入围不入围，符合不符合的具体依据。成绩的描述还应该凸显个体各方面的能力，尤其是弱点，使之明白今后努力的方向。

第三节　成绩分析

一、集中量的类型与分析

成绩解读既要揭示出受试的平均水平或普遍趋势，又要揭示出个体之间的差异。通过成绩分析得到的数值，有些反映的是大量数据集中于某一点的现象，这种数值我们称之为集中量，集中量一般包括平均数、中位数、众数等；有些数据反映的是数据之间的离散状态，我们称之为离散量，离散量一般包括标准差、全距、四分位间距等。下面我们对这些数据逐一加以介绍。

(一) 平均数

在对外汉语的教学实践中，我们发现，每次测试之后，无论是教师还是学生，对测试成绩的关心，主要体现在对两种数据的关注上，一个是自己多少分，另一个是平均多少分。教师关注这两个数据，是关心自己所教的班级在同类中居于怎样一个位置；学生关注这两个数据，是关心自己在同学中所处的位置。对自己所处位置的认同与否，都与平均数 (mean) 有关。平均数有时充当参照系的角色，一般来说，高于平均数是可接受的，低于平均数是不可接受的。

平均数又叫均值，是指用来计算被测群体的分数集中趋势的一种常用方法。平均数的高低可以反映测试的难易程度，平均数高的测试，一般来说，难度相对较低，平均数低的测试，难度往往较高。

平均数的计算方法是，把一组数据的所有数据相加，再除以数据的个数，得到的就是这组数据的平均值。平均数的计算公式为：

$$\overline{X} = \frac{\sum X}{N}$$

其中，$\overline{X}$ 为平均数，$\sum$ 表示若干数相加，X 为每个分数的值，N 为数据的个数。如某大学国际文化学院 2010 年第二学期语言 C 班精读课测试得分情况如表 10.1。

表 10.1

学号	100301	100302	100303	100304	100305	100306	100307	100308
成绩	68	74	86	89	91	90	76	83

平均数即为：

$$\bar{X} = \frac{68+74+86+89+91+90+76+83}{8} = 82.125$$

我们对于平均数的认识不能停留在简单的数据上，要了解形成这组数据的原因。有时单从数据来看，没有什么特别之处，但深入分析可以发现，平均数只是一个表象，实际的平均水平可能要低一些或高一些。导致或高或低的主要原因是受试人群中有少数受试的分数极高或极低，他们过高或过低的成绩影响到了平均数。如表 10.2 是某大学国际文化学院一语言中级班期中测试成绩。

表 10.2

学号	101	102	103	104	105	106	107	108	109	110	111	112
成绩	85	80	73	74	68	66	80	62	63	60	93	95

平均数即为：

$$\bar{X} = \frac{85+80+73+74+68+66+80+62+63+60+93+95}{12} = 74.9$$

这个班的 11 号和 12 号同学是中途插班进来的，没有参加分班测试。他们只是谦虚地表示只能上中级班。这两位的实际水平其实比较高，大概能达到 HSK 新 6 级的水平，他们不仅有华裔背景，而且在南方某大学学习过三年。由于他们的高分带高了整个班级的平均数；如果除去他们的成绩，平均数就会降到 70.1。

反过来也会出现另一种情况。某一两位受试的低分带低了整个群体的平均数。以上面的数据为例，如果那两位插班进来的成绩分别为 20 分和 28 分，那么，平均数则为 53 分。这也不是这个班的真实的平均水平。

（二）中位数

中位数（median）是指位于按一定顺序排列的一组数据中央位置的数值。中位数的确定分为两个步骤，首先是把所有受试的成绩进行从低到高的排序，然后选取这个数列中央的数值作为中位数。如果这个数列的个数为奇数，中位数就只有一个。如下面是某国际文化学院语言中级班一次测试的成绩序列：

70，73，73，75，76，80，81，87，88，90，93

这个班共有 11 人，中位数是 80。

如果序列数值的个数为偶数，那么，就取这个数值数列中间的两个数的平均值。某国际文化学院语言高级班共有 12 人，一次期中测试的成绩如下：

61，61，70，71，78，79，80，83，84，85，88，90

居于中间的两个数据是 79 和 80。它的中位数为：

$$(79+80) \div 2 = 79.5$$

中位数虽然属于集中量考察范畴，但实际上它只涉及一个或两个数值，从某种角度来看，是一种抽样。这样的抽样由于涉及面十分有限，所以容易产生抽样误差，它的稳定性不及平均数。平均数之所以稳定性较强，是因为平均数的求得使每一个数值都参与进来了，每一个数值都对平均数产生了影响。

就一般情况看，平均数与中位数是趋同的。如前面说到的某国际文化学院语言中级班某次测试的中位数是 80，而它的平均数是 80.5。但是，有时平均数与中位数相差较大，如前面提到的某国际文化学院语言高级班期中考试的中位数是 79.5，而平均数则为 84.3，二者相差 5 分左右。平均数与中位数相差较大，表明有些测试环节存在问题。如某国际文化学院语言高级班期中测试的实际情况是，成绩为 60、61 分的两位学生是中途插班进来的,他们没有参加开学时的分班测试,按照他们的实际水平应该参加中级班的学习。

(三) 众数

众数(mode)是在一组测试成绩中出现频数最高的数值。如有一组测试成绩为 60, 64, 68, 68, 68, 70, 70, 73, 75, 80。有三位受试的成绩为 68, 68 就是这组测试成绩的众数。在一组成绩中,有时众数可以不止一个。如有一组测试成绩为 57, 60, 63, 63, 65, 68, 68, 70, 71, 73, 其中 63 与 68 各出现两次, 63 与 68 就都是这组测试成绩的众数。

众数的获得最为简单,无需计算,只要观察即可。众数本身是一种客观存在,它不受两端极端数值的影响。众数的作用一般体现在以下三个方面:

第一,快速找出一组成绩的代表值;

第二,快速找出一组成绩分布的基本面,即相对最大集中点;

第三,找出众数,通过与平均数、中位数的比较,判断频数分布的形态。

结合前面所讲的平均数、中位数来看,平均数、中位数、众数的大小与频数的分布形态有直接的关系。如果频数分布为正态分布,平均数、中位数、众数三者应该重合在一点上,即平均数=中位数=众数。如下面是某国际文化学院 2011 年 C2 班期中考试的成绩:

66, 67, 68, 69, 71, 71, 71, 73, 73, 74, 76,

这次考试成绩的频数分布状态为正态分布,其平均数为 70.8;中位数为 71;众数为 71。

当频数分布为偏态分布时,平均数、中位数、众数三个数值不可能重合。如果是正偏态分布,一般表现为平均数>中位数>众数。如下面是一组测试成绩:

58，62，63，64，65，65，65，67，68，69，70，71，72，73，74，76，78

这次测试成绩的分布为正偏态分布。平均数为68.23；中位数为67；众数为65。三项数值的关系为：平均数68.3＞中位数67＞众数65。

如果是负偏态分布则相反，一般表现为平均数＜中位数＜众数。如下面是一组测试成绩：

61，62，62，64，65，66，68，69，69，69，70，71，72

这次测试成绩的分布为负偏态分布。平均数为66.8；中位数为68；众数为69。三项数值的关系为：平均数66.8＜中位数68＜众数69。

众数并不具备集中量所要求的准确、稳定的特征。众数的频数与其解释力成正比例关系，频数越大，解释力就越强；频数越小，其或然性就越大，解释力就越小。如下面有两组测试成绩，每组10个：

A组：58，61，62，64，66，66，66，66，66，68
B组：61，63，68，68，69，71，72，73，74，74

A组的众数为66，频数为5；B组的众数为68和74，两个众数的频数都为2。相对来说，A组的众数可以用来解释这一组受试能力、水平的大致情况，而B组的众数只是告诉了我们，10人之中有两个68分，两个74分。

二、离散量的类型与分析

在频数分布中，数值之间存在着分布范围大小上的差异，或者说整齐度上的差异，这些差异其实都是离散程度上的差异。反映离散程度差异的量，我们称之为离散量。离散量与分布范围、整齐度直接关联，具体说，离散量越大，数值分布范围就越广，就越不整齐；反之，离散量越小，数值分布的范围就越窄，相对就越整齐。离散量一般包括全距、四分位间距、标准差和差异系数等。

（一）全距

全距（range）是反映同一次测试中最高分与最低分之间距离的数据，是把一次测试成绩从低到高排序之后，用最高分减去最低分得到的值。全距数值的大小反映着受试整体水平的状况，全距数值大，意味着个体之间的差距比较大；全距数值小，则说明个体之间的差异不太大。

利用全距来判断一个群体中个体之间的差异状况有一定的参考价值，但也要具体情况具体分析，有时全距数值并不能真实地反映个体之间的差异，有些全距数值大，但个体之间的差异并不大。其实，从本质上看，全距反映的只是某一特定个体（即最高分）与另一特定个体（即最低分）之间的差异，它能说明这个群体某一方面的状况，但这一状况未必典型。这也可以说明，仅以全距数据就对受试的整体水平、个体差距做出判断未必科学。因此，就有了另一种成绩分析统计指标——四分位间距。

（二）四分位间距

四分位间距反映的是数值分布的离散状态，这一点与全距是一样的，所不同的是，全距是粗线条的描绘，而四分位间距要精细得多，计算步骤也要繁复一些。计算四分位间距先把测试成绩从低到高进行排序，然后把这个成绩序列分为四等份。第一个四分位的值取这个成绩序列四分之一处的值，第二个四分位的值取这个成绩序列正中间的值，第三个四份位的值取这个成绩序列四分之三处的值；再将四分之三处的值减去第一四分位的值，其差就是四分位间距。如表10.3是某国际文化学院语言C2班一次测试成绩情况：

表 10.3

成绩排序	1	2	3	4	5	6	7	8
成 绩	65	67	68	70	71	74	76	77
四分位位置				第一				第二
成绩排序	9	10	11	12	13	14	15	16
成 绩	79	81	83	86	87	89	92	93
四分位位置				第三				

86（第三四分位）-70（第一四分位）=16

语言 C2 班这次测试成绩的四分位间距是 16。

同一学院的语言 C3 班测试成绩排序情况如表 10.4：

表 10.4

成绩排序	1	2	3	4	5	6	7	8	9	10	11	12
成 绩	75	76	78	81	82	83	84	85	87	88	90	92
四分位位置			第一			第二			第三			

87（第三四分位）-78（第一四分位）=9

如果用全距的统计方法，两个班的全距分别为：

C2 班：93-65=28

C3 班：92-75=17

全距与四分位间距都能表示一组成绩数据的离散程度，但二者反映的侧重点有所不同。全距侧重表现一组成绩中最高分与最低分之间的跨度，反映的是最高分与最低分之间的距离。由于最高分与最低分各自都有一段存在着一个相对大的延伸空间，如最高分的最高端、最低分的最低端，在理论上存在发生小概率事件的可能性，这样一来，带有小概率事件性质的最高分和最低分可能会夸大离散程度。正是这样的原因，所有的全距若换用四分位间距的计算方法,其结果都是四分位间距的数值要小于全距的数值。四分位间距侧重表现的是数值间的离散程度。由于计算时所抽取的样本是在以成绩序列中的两个点,这两个点各自前后都有其他数据,即便某一数值或许存在着或然性,但是这个数值本身不会有延伸的空间,对数值所反映的程度不会产生大的影响。

(三) 标准差

标准差是成绩分析的一项重要指标,它反映的是所有分数的分布状况、分数与平均分的实际距离的程度。我们前面所讲的全距、四分位间距等都只是粗线条地反映出某次测试成绩的整体的离散程度,而标准差反映的是个体与平均分的差异。标准差的计算公式为:

$$SD = \sqrt{\frac{\sum d^2}{N}}$$

其中 d 为离差,即每个分数与平均分的差,高于平均分的为正数,低于平均分的为负数;$\sum$ 为总和;N 为总频数。

我们仍以上面提到的某国际文化学院两次测试成绩为例,来计算这两次测试成绩的标准差。为了简化计算,我们将平均分取值为整数 68 和 67。平均分为 68 的一组为 A 组(表 10.5),平均分为 67 的一组为 B 组(表 10.6)。

A 组:

表 10.5

成绩	58	62	63	64	65	65	65	67	68
离差(d)	-10	-6	-5	-4	-3	-3	-3	-1	0
离差平方(d^2)	100	36	25	16	9	9	9	1	0
成绩	69	70	71	72	73	74	76	78	
离差(d)	1	2	3	4	5	6	8	10	
离差平方(d^2)	1	4	9	16	25	36	64	100	

总计：460

$$SD = \sqrt{\frac{460}{17}} = \sqrt{27.06} = 5.2$$

A 组测试的标准差为 5.2。

B 组：

表 10.6

成　绩	61	62	62	64	65	66	68	69	69	69	70	71	72
离差（d）	-6	-5	-5	-3	-2	-1	1	2	2	2	3	4	5
离差平方（d^2）	36	25	25	9	4	1	1	4	4	4	9	16	25

总计：163

$$SD = \sqrt{\frac{163}{13}} = \sqrt{12.54} = 3.54$$

标准差的值越大，表明分数的离散程度越高，分布的范围越广，分数越不整齐。反之，标准差的值越小，其离散程度也就越低，分数的分布范围就越小，分数也就相对整齐。标准差与集中量的相关系数无直接关系，如中位数、平均数、众数的相同或相近，标准差可以有较大的差异。如 A 组的平均数为 68，B 组的平均数为 67，平均数相差 1，而 A 组的标准差为 5.2，B 组的标准差为 3.54。这表明 A 组分数的离散程度高于 B 组，其分布更广，受试间的差异更为明显。

标准差值的大小不能简单地判定好或不好，因为不同类型的测试对标准差的要求不一样，如学能测试的目的就是要将受试区分开来，以便于选拔，因此，标准差相对要大些才好；成绩测试的目的在于检查学生是否掌握了所学的内容，无论是教师或学生都希望较好地掌握所学的内容，标准差应该小一些。

我们对标准差的解读是直接比较标准差数值的大小，这是一种非常直观的办法，但是，实际上直接进行比较，可比性不强，因为，平均数、受试人数这两个数值都与标准差有着直接的关联，平均数的不同、受试人数的不同都可能影响到标准差。换句话说，有时标准差的不同，有可能是平均数不同或受试人数不等的反映。为了撇开平均数、受试人数的影响，我们要用相对差异量进行比较。相对差异量即差异系数，指的是标准差与其算术平均数的百分比。其计算公式为：

$$CV = \frac{SD}{M} \times 100\%$$

其中 CV 为差异系数；SD 为标准差；M 为算术平均数。

我们将上面 A 组、B 组的平均数和标准差代入公式：

A 组：$CV = \frac{5.2}{68} \times 100\% = 7.65$

B 组：$CV = \frac{3.54}{67} \times 100\% = 5.28$

参 考 文 献

[1] 北京语言大学汉语水平考试中心：《中国（高等）汉语水平考试大纲》，北京：北京语言大学出版社，2003。
[2] 陈宏：《在语言能力测试中如何建立结构效度》，载《语言教学与研究》，1997年第2期。
[3] 陈宏：《结构效度与汉语能力检测》，载《世界汉语教学》，1997年第3期。
[4] 陈若凡：《谈成绩测试的科学化》，载《世界汉语教学》，2002年第2期。
[5] 陈昭玲：《大型对外汉语口语成绩测试的探索》，载《汉语学习》，1998年第4期。
[6] 高兰生、陈辉岳：《英语测试论》，南宁：广西教育出版社，1996。
[7] 桂诗春：《标准化测试——理论、原则与方法》，广州：广东高等教育出版社，1986。
[8] 韩宝成：《语言测试的新进展：基于任务的语言测试》，载《外语教学与研究》，2003年第5期。
[9] 贾笑寒：《日本国内的汉语能力考试及其借鉴意义》，载《语言文字应用》，2006年第2期。
[10] 李海燕、蔡云凌、刘颂浩：《口语分班测试题研究》，载《世界汉语教学》，2003年第4期。
[11] 李筱菊：《语言测试科学与艺术》，长沙：湖南教育出版社，1997。

[12] 刘镰力、宋绍周、姜德梧：《关于高等汉语水平考试的设计》，载《语言文字应用》，1993年第3期。
[13] 刘镰力、李明、宋绍周：《高等汉语水平考试的设计原则与试卷构成》，载《语言教学与研究》，1994年第1期。
[14] 刘润清、韩宝成：《语言测试和它的方法》，北京：外语教学与研究出版社，2000。
[15] 刘颂浩：《汉语等距离完形填空测试报告》，载《世界汉语教学》，1995年第2期。
[16] 刘珣：《对外汉语教育学引论》，北京：北京语言大学出版社，2000。
[17] 刘英林：《试论对外汉语教学的测试问题》，《对外汉语教学论文选》，中国教育学会对外汉语教学研究会编制，1994。
[18] 鲁健骥：《多项选择答案测试：出题技巧与题目分析》，载《对外汉语教学》，1984年第4期。
[19] 全国大学英语四、六级考试委员会：《大学英语口语考试大纲及样题》，上海：上海外语教育出版社，1999。
[20] 崔颂人：《略谈对外汉语成绩考试的改进》，载《语言教学与研究》，2006年第4期。
[21] 沈开木：《现代汉语话语语言学》，上海：商务印书馆，1996。
[22] 盛炎：《语言教学原理》，重庆：重庆出版社，1990。
[23] 王振亚：《现代语言学测试模型》，郑州：河北大学出版社，2009。
[24] 武尊民：《英语测试的理论与实践》，北京：外语教学与研究出版社，2002。
[25] 肖鸣政：《试卷编制的方法与技巧》，南京：江西教育出版社，1989。

[26] 杨翼:《汉语教学评价》,北京:北京语言大学出版社,2008。

[27] 杨翼:《HSK(高等)挑错题的编制》,载《汉语学习》,1998年第3期。

[28] 杨翼:《诊断性测试在对外汉语教学中的应用》,载《语言教学与研究》,2001年第2期。

[29] 杨翼:《对外汉语教学的成绩测试》,北京:北京大学出版社,2010。

[30] 张凯:《语言测验理论与实践》,北京:北京语言大学出版社,2002。

[31] 张敏强:《教育测量学》,北京:人民教育出版社,1998。

[32] 朱正才、范开泰:《语言听力理解能力的认知结构与测试》,载《语言教学与研究》,2001年第3期。

[33] 邹申:《语言测试》,上海:上海外语教育出版社,2005。

[34] 邹申、杨任明:《语言测试简明英语测试教程》,北京:高等教育出版社,2005。

[35] 邹申:《语言教学大纲与语言测试的衔接》,载《Foreign Language World》,2003年第6期。

[36] 周国光、张林林:《现代汉语语法理论与方法》,广州:广东高等教育出版社,2003。

后 记

语言测试是从外语教学领域开始的，汉语的母语教学是不搞的，至多也就是在教育学课程的教育测量章节中做个简单的介绍，在教学实践中主要是根据经验来命制试题。

我是搞汉语本体出身的，对外汉语教学算是半路出家。由于工作的关系，我接触到了语言测试的一些问题，观察到了一些语言测试的有趣现象，这些问题和现象常常引发我去思考。我以为，教学经验对试题的命制固然重要，但科学的精神和方法是命制高质量试题的保障。汉语测试应该有自己的理论、方法。我将这一想法告诉华南师范大学何广铿教授后，何教授鼓励我，手把手地教我。可以说，是在他的督促下，历时一年半才完成这部书稿的，所以，我是将它看作我交给何教授的一份作业。当然，更多的是心存感激。书中也有一些是我的一些感悟，如有谬误，是我理解有误，责任在我。

编写此书，我参考了许多前辈和时贤的论著，获益良多；我也引用了不少学者的研究成果；部分试题语料选自一些报纸杂志或一些教材、试题集，在此一并致以衷心的谢意。

由于学力和水平所限，书中或许存在不成熟的观点，甚至谬误，恳请同行不吝赐教。

张林林

2012 年于印度尼西亚棉兰